"十四五"职业教育国家规划教材

职业教育汽车类专业新形态教材

QICHE DIPAN JIXIE WEIXIU

汽车底盘机械维修

（第2版）

主　编　何向东

副主编　韦益勋　李国兵　李自林

重庆大学出版社

内容提要

本书是职业教育汽车专业系列教材之一，结合职业教育汽车运用与维修专业特点而编写。其主要内容包括汽车离合器的检修、传动轴及驱动桥的检修、手动变速器的检修、自动变速器的检修、悬架系统的检修、转向系统的检修和制动系统的检修7个常见的维修工作项目，共计17个学习任务。

本书可作为职业教育汽车运用与维修专业的教材，也可供汽车维修及相关技术人员参考阅读。

图书在版编目(CIP)数据

汽车底盘机械维修 / 何向东主编.--2版.--重庆：重庆大学出版社，2022.1(2023.7重印)

职业教育汽车类专业新形态教材

ISBN 978-7-5689-1584-7

Ⅰ.①汽… Ⅱ.①何… Ⅲ.①汽车—底盘—车辆修理—职业教育—教材 Ⅳ.①U472.41

中国版本图书馆CIP数据核字(2022)第011273号

职业教育汽车类专业新形态教材

汽车底盘机械维修

(第2版)

主　编　何向东

副主编　韦益勋　李国兵　李自林

策划编辑：杨　漫

责任编辑：姜　凤　　版式设计：杨　漫

责任校对：邬小梅　　责任印制：赵　晟

*

重庆大学出版社出版发行

出版人：饶帮华

社址：重庆市沙坪坝区大学城西路21号

邮编：401331

电话：(023) 88617190　88617185(中小学)

传真：(023) 88617186　88617166

网址：http://www.cqup.com.cn

邮箱：fxk@cqup.com.cn (营销中心)

全国新华书店经销

重庆市正前方彩色印刷有限公司印刷

*

开本：787mm×1092mm　1/16　印张：12　字数：278千

2019年12月第1版　2022年1月第2版　2023年7月第2次印刷

ISBN 978-7-5689-1584-7　定价：38.00元

PREFACE 前言

党的二十大提出：要坚持科技自立自强、人才引领驱动，加快建设科技强国、人才强国，落实立德树人根本任务，培养德智体美劳全面发展的社会主义建设者和接班人，坚持尊重劳动、尊重知识、尊重人才、尊重创造，广大青年立志做有理想、敢担当、能吃苦、肯奋斗的新时代好青年。

本书力图把专业知识通过企业岗位的具体工作任务来呈现，最终提高学生的职业能力。书中内容按照一体化教学方案设计，有利于拉近学校课堂教学与企业生产的距离，体现专业技术特征和职业特性，让学生感受职业氛围；开展一体化教学还有利于新技术、新工艺、新产品快速引入专业教学，保持教材、生产实际、学生和实训设备的协调。

本书积极贯彻现代职业教育体系背景下汽车类专业中高本衔接和现代学徒制试点工作，落实校企合作、参照汽车类专业项目技能大赛的标准，以期真正实现"以赛促教，以赛促学"的目的。同时，让学生在典型工作任务的实践中去思考，明确工作规范和要求。

本书配有电子课件供教师教学参考，可从重庆大学出版社的资源网站下载。

本书由广东清远市职业技术学校何向东担任主编，广东清远工贸职业技术学校韦益勋、广东佛冈县职业技术学校李国兵和荔浦市职业教育中心学校李自林担任副主编。本书具体编写分工为：何向东编写项目二、项目三和项目五，李国兵编写项目一、项目四，韦益勋编写项目六，李自林编写项目七，全书由何向东统稿。本书在编写过程中，得到广东省内许多汽车维修企业（如清远咖域汽车服务有限公司祝志勇）、4S 店的岗位专家（如清远市汽车维修行业协会刘海军）提供项目故障案例分析和兄弟学校老师的大力支持，在此表示衷心的感谢。

由于编者水平有限，书中难免有不足之处，敬请各位同仁及广大读者提出修改意见和建议，以便再版修订时改正。

编　者

2021 年 9 月

CONTENTS 目 录

项目七　制动系统的检修

参考文献

项目一 | 汽车离合器的检修

【案例导入】

问：师傅，我的手动波汽车近几个月行驶无力，是不是离合器出现打滑故障，离合器打滑的原因有哪些？

答：离合器打滑的现象是汽车用低速挡起步时，放松离合器踏板后，汽车不能起步或起步困难；汽车加速行驶时车速不能随发动机转速的提高而提高，感到行驶无力，严重时产生焦糊味或冒烟等现象。

打滑的主要原因：一是离合器踏板没有自由行程，使分类轴承压在分离杠杆上；二是从动盘摩擦片、压盘或飞轮工作面磨损严重，离合器盖与飞轮的连接松动，使压紧力减弱；三是从动盘摩擦片油污、烧蚀、表面硬化、铆钉外露、表面不平，使摩擦系数下降；四是压力弹簧疲劳或折断，膜片弹簧疲劳或开裂，使压紧力下降；五是离合器操作杆系卡滞，分类轴承套筒与导管间油污、尘埃严重，甚至造成卡滞，使分离轴承不能回位；六是分离杠杆弯曲变形，出现运动干涉，不能回位，等等。

【项目概述】

离合器是手动变速器车辆的重要组成部分，如图 1-1-1 所示。由于使用时间的增加，会出现离合器分离不彻底、打滑、异响、起步发抖等故障现象。

图 1-1-1　汽车离合器

/任务一/ 离合器踏板位置的检查与调整

【学习目标】

通过本任务的学习,应达到以下学习目标:

- 能叙述离合器的安装位置及作用;
- 能叙述离合器的常见类型;
- 能叙述离合器操纵机构的作用、类型及结构特点;
- 能理解离合器踏板的自由行程含义;
- 能规范地对离合器踏板自由行程进行检测与调整;
- 能规范地对液压式离合器操纵机构进行排空。
- 树立安全意识、节约意识、环保意识和客户至上的意识。
- 养成职业规范的工作作风。

【任务引入】

一辆手动丰田卡罗拉(1.6 L)轿车,行驶了 12 000 km。车主需要你按照维护标准和要求对离合器踏板位置进行检查与调整。

【任务准备】

一、离合器的安装位置及作用

1.离合器的安装位置

离合器是汽车传动系统的重要组成部分,安装在发动机与变速器之间,如图 1-1-2 所示。

图 1-1-2　离合器的安装位置

2.离合器的作用

离合器的作用如下：

(1)传递发动机的扭矩。

(2)在换挡和停车的过程中暂时切断动力传输，保证变速器换挡平顺。

(3)通过扭转减振系统，减小发动机的振动，降低变速器的噪声。

(4)使发动机与传动系统逐渐接合，保证汽车平稳起步。

(5)限制所传递的转矩，防止传动系统过载。

二、离合器的总体结构及工作原理

1.离合器的总体结构

离合器的总体结构如图 1-1-3 所示。压紧装置(膜片弹簧)将从动盘压紧在飞轮端面上，发动机转矩靠飞轮与从动盘接触面之间的摩擦作用而传递到变速器输入轴。

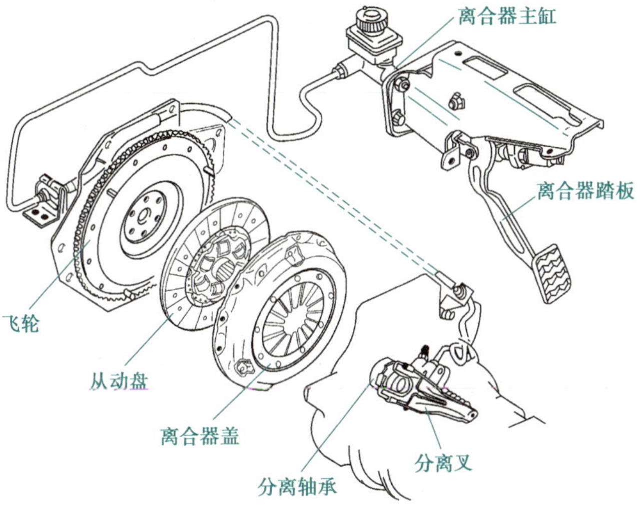

图 1-1-3　离合器的总体结构

2.离合器的工作原理

离合器的工作原理如图 1-1-4 所示。从动盘通过花键和变速器输入轴相连，可以前后运动。在离合器压紧弹簧(膜片弹簧式和周布弹簧式)作用下，离合器处于接合状态。

● 分离过程：当驾驶人踩下离合器踏板时，分离套筒和分离轴承在分离叉的推动下，推动从动盘克服压紧弹簧的力而后移，使离合器处于分离状态，中断动力传动。

● 接合过程：当驾驶人逐渐抬起离合器踏板时，压盘在压紧弹簧的作用下前移逐渐压紧从动盘，此时从动盘与压盘、飞轮的接触面之间产生摩擦力矩并逐渐增大，动力由飞轮、压盘传给从动盘经轴输出。在这一过程中，从动盘及轴转速逐渐提高，直到与主动部分转速相同，主、从动部分完全接合。

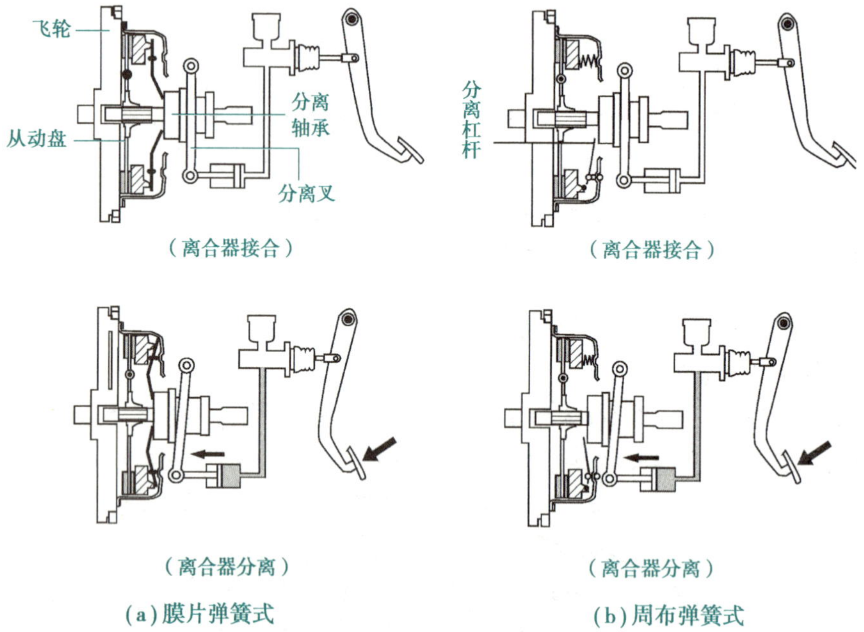

图 1-1-4　离合器的工作原理

三、离合器的常见类型

目前，常见的汽车离合器有干式摩擦片式离合器和湿式摩擦片式离合器两种类型。干式摩擦片式离合器多用于手动变速器的汽车，如图 1-1-5 所示；湿式摩擦片式离合器多用于自动变速器的汽车，如图 1-1-6 所示。

图 1-1-5　干式摩擦片式离合器

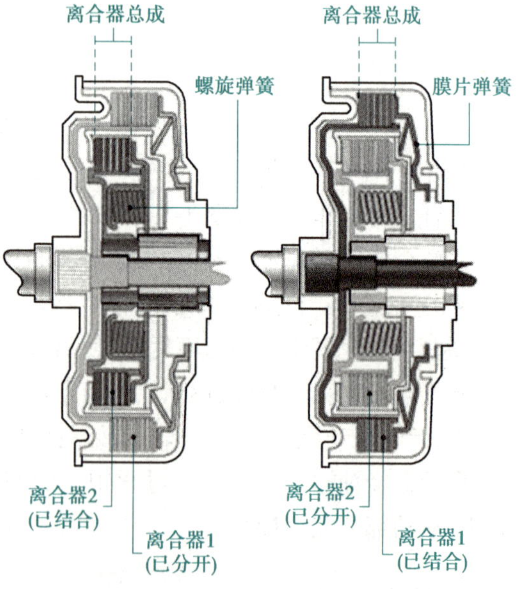

图 1-1-6　湿式摩擦片式离合器

摩擦离合器是指利用主、从动部分的摩擦作用来传递转矩的离合器，如图 1-1-7 所示。

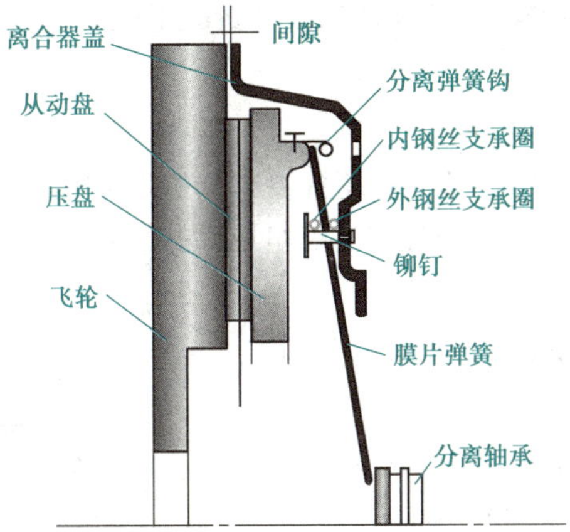

图 1-1-7　摩擦离合器

四、离合器操纵机构的作用及类型

1.离合器操纵机构的作用

离合器操纵机构是驾驶人借以使离合器分离，又使之柔和接合的一套机构，它起始于离合器踏板（图 1-1-8），终止于离合器的分离轴承。

在配备手动变速器的车辆中，为了使离合器正常工作，必须保证离合器主动部分与从动部分可以迅速分离，又可以平顺接合，这就是离合器操纵机构的作用。

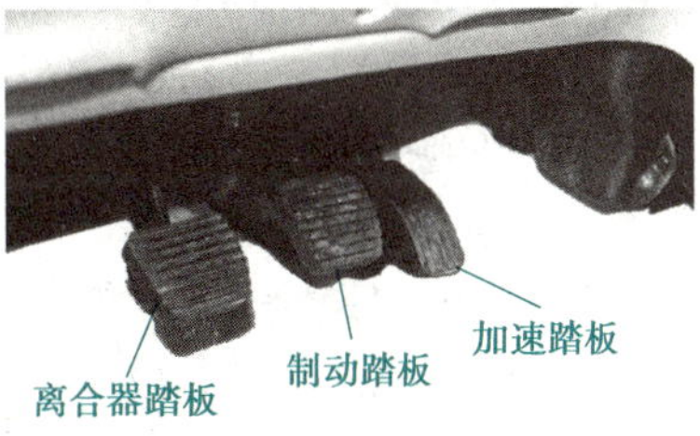

图 1-1-8　左起第一个为离合器踏板

2.离合器操纵机构的类型

离合器操纵机构按照分离离合器时所需操纵力的不同，分为人力式和助力式。人力式又可分为机械式和液压式；助力式又可分为气压助力式和弹簧助力式。人力式操纵机构是以驾驶人作用在踏板上的力作为唯一的操纵力。助力式操纵机构除了驾驶人作用在踏板上的力之外，一般主要以其他形式的力作为操纵力。

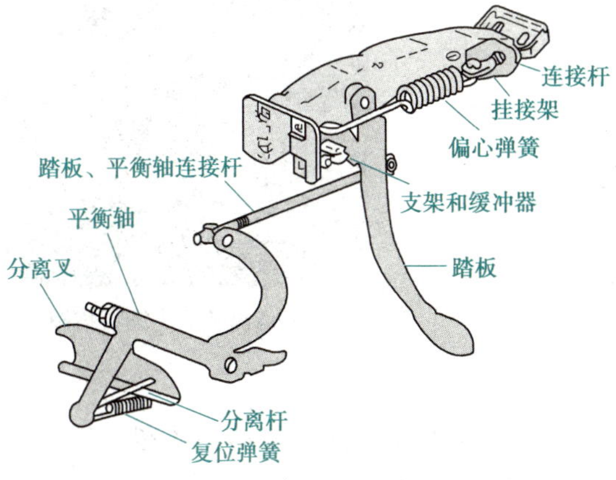

图 1-1-9　机械杆式传动操纵机构

1）机械式操纵机构

机械式操纵机构有杆式传动和拉索式传动两种。

- 机械杆式传动操纵机构：主要由踏板、连接杆、分离叉及复位弹簧等组成，如图 1-1-9 所示。
- 机械拉索式传动操纵机构：与杆式

传动基本相同，只是杠杆传动中的拉杆用拉索来代替，如图 1-1-10 所示。机械拉索式传动操纵机构主要由离合器踏板、拉索、分离叉及复位弹簧等组成。

2）液压式操纵机构

（1）结构

液压式操纵机构主要由离合器踏板、离合器主缸（或称离合器总泵）、离合器工作缸（或称离合器分泵）、储油罐、分离轴承和分离叉等组成，如图 1-1-11 所示。

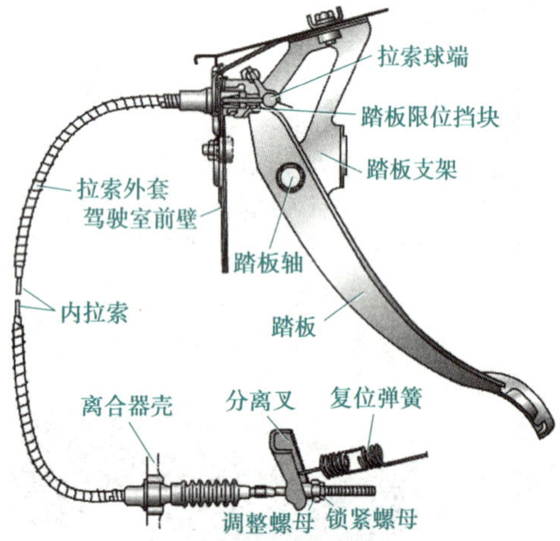

图 1-1-10 机械拉索式传动操纵机构

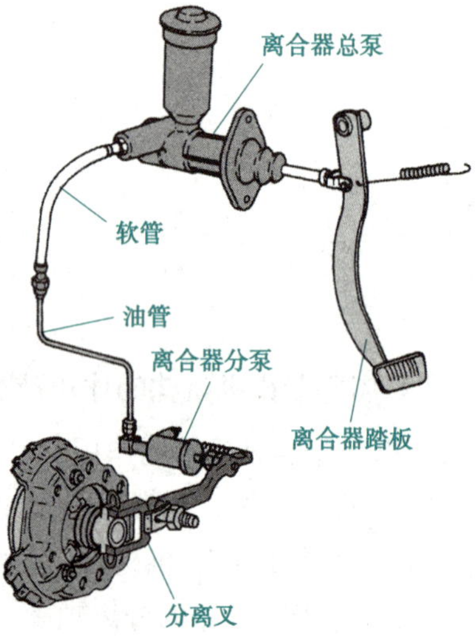

图 1-1-11 液压式操纵机构

• 离合器主缸：图 1-1-12（a）、图 1-1-12（b）分别为离合器主缸结构图和实物图。主缸壳体上的回油孔、补偿孔通过进油软管与储液罐相通。主缸内装有活塞，活塞两端装有皮碗，左端中部装有单向阀，经小孔与活塞右方主缸内腔的油室相通。当离合器踏板处于完全放松位置时，活塞左端皮碗位于回油孔与补偿孔之间，两孔均与储液罐相通。

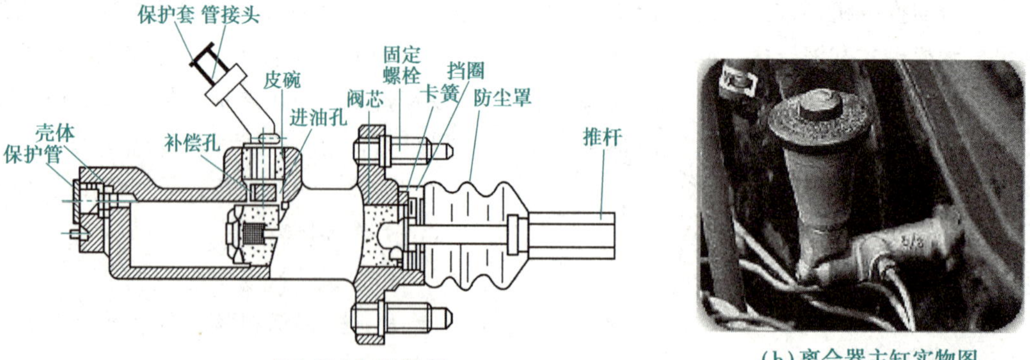

（a）离合器主缸结构图

（b）离合器主缸实物图

图 1-1-12 离合器主缸

• 离合器工作缸：图 1-1-13（a）、图 1-1-13（b）分别为离合器工作缸结构图和实物图。离合器工作缸内装有活塞、皮碗、推杆等，壳体上还设有放气螺钉。当管路内有空气存在而导致离合器不能分离时，需要拧出放气螺钉进行放气。离合器工作缸活塞直径略大于主缸活塞直径，故液压系统具有增力作用，以使操纵轻便。

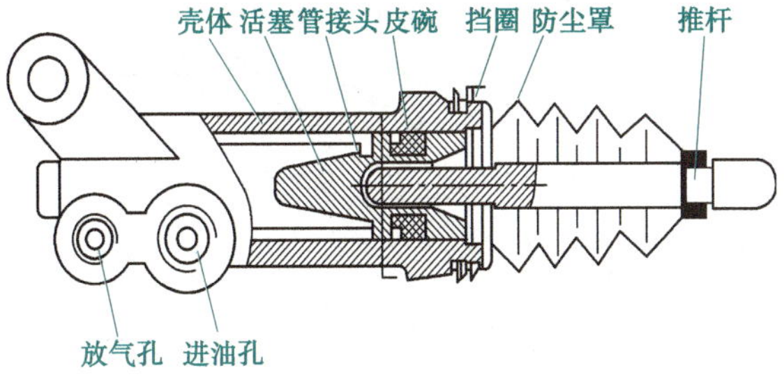

(a)离合器工作缸结构图

(b)离合器工作缸实物图

图 1-1-13　离合器工作缸

(2)液压式操纵机构工作原理

• 分离过程：当离合器踏板踩下时，离合器主缸推杆推动主缸活塞，离合器主缸产生油压，压力油经油管使工作缸的活塞推出，经推杆推动分离叉，推移分离轴承等使离合器分离。

• 接合过程：当离合器踏板放松时，踏板复位弹簧将踏板拉回，离合器主缸油压消失，各机件复原，从动盘利用其和压盘、飞轮接触面的摩擦将发动机转矩由输出轴传给变速器，离合器处于接合状态。

五、离合器的自由间隙及离合器踏板的自由行程

1.离合器的自由间隙

由离合器的工作原理可知，当从动盘摩擦片磨损变薄后，为了保证离合器能处于接合状态，传递发动机转矩，则压盘必须向前移动。此时膜片弹簧(或分离杠杆)外端和压盘一起向前移，其内端向后移。如果膜片弹簧(或分离杠杆)与分离轴承之间没有间隙，则由于机械式操纵机构的干涉作用，压盘最终无法前移，即导致离合器不能接合，出现打滑现象。为此，在离合器膜片弹簧(或分离杠杆)内端与分离轴承之间预留一定的间隙，这个间隙称为离合器的自由间隙，如图 1-1-14 所示。

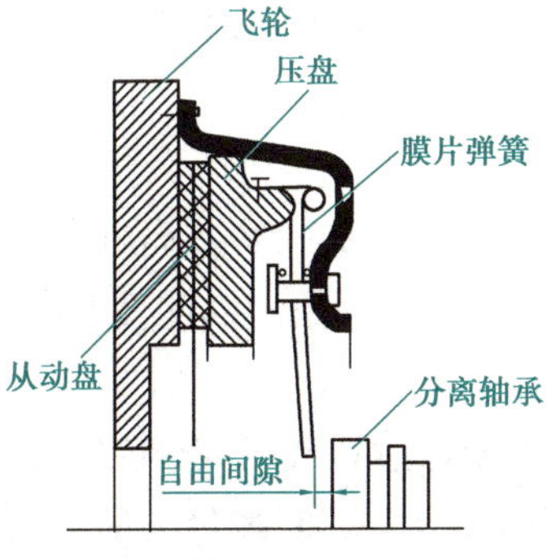

图 1-1-14　离合器的自由间隙

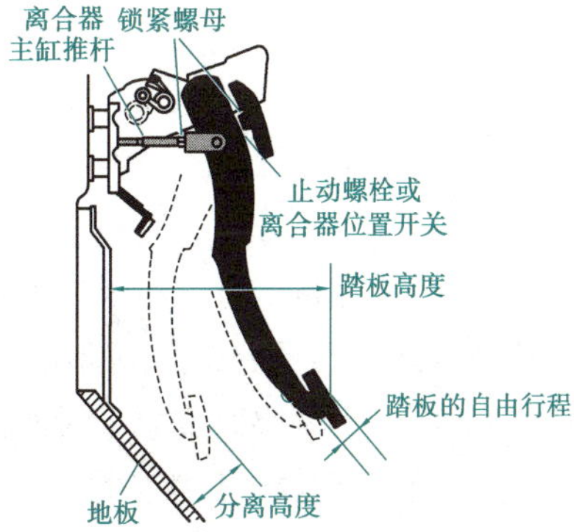

图 1-1-15　离合器踏板的自由行程

2.离合器踏板的自由行程

离合器踏板的自由行程是指驾驶人踩离合器踏板时，消除操纵机构的间隙以及弹性变

形的距离，也就是离合器踏板在自由状态到分离轴承与膜片弹簧（或者分离杠杆）接触并推动膜片弹簧（或者分离杠杆）开始移动，这一段时间内离合器踏板的移动距离，如图 1-1-15 所示。

☆ 注意事项

离合器踏板的自由行程过大，会造成离合器分离不彻底，离合器踏板没有自由行程或自由行程过低，会造成离合器打滑故障。

六、离合器踏板自由行程的测量方法

用一适当长度的钢直尺抵在驾驶室底板上，先测量踏板完全放松时的高度，记录此测量值；再用手轻按踏板，当感到压力增大时（表示分离轴承端面与膜片弹簧端面接触）停止推踏板，再测量踏板高度，两次测量的高度差，即为踏板的自由行程，如图 1-1-16（a）、图 1-1-16（b）所示。

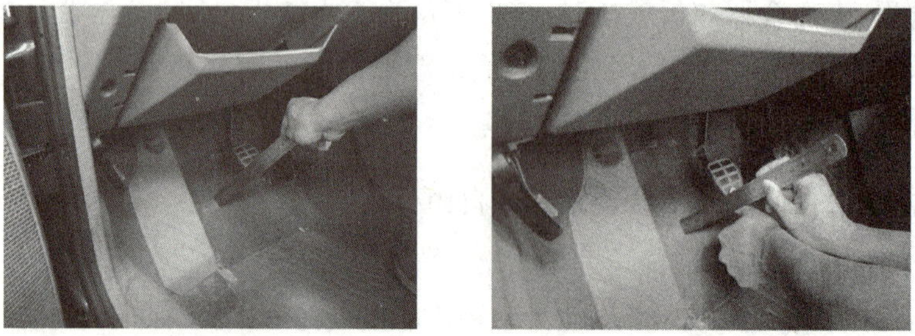

（a）先测量踏板完全放松时的高度　（b）再用手轻按踏板测量踏板的高度

图 1-1-16　离合器踏板自由行程的测量

测量踏板的自由行程后，应与该车型的技术标准相比较，如不符合要求，应进行调整。

1.机械拉索式离合器踏板的具体调整方法

通过调整离合器踏板与分离叉之间拉线的长度来改变离合器的自由行程的大小。

具体调整方法：如图 1-1-17 所示，通过调节拉索与分离叉之间的调节螺栓来改变拉索的长度，以达到改变离合器踏板与分离叉之间的长度的目的。

2.液压式离合器踏板的具体调整方法

液压操纵式离合器踏板的自由行程，一般是主缸活塞与其推杆之间和分离杠杆内端与分离轴承，或膜片弹簧与分离轴承之间两部分间隙之和在踏板上的反映。因此，踏板自由行程调整就是这两处间隙的调整，如图 1-1-18 所示。

具体调整方法：调整时先调整主缸活塞与推杆间隙，有的通过调整螺母调整推杆的长度，有的通过踏板臂与推杆相连的偏心装置调整推杆的伸出长度。其间隙量有的可直接测量，有的则测量此间隙在踏板上反映的自由行程量。

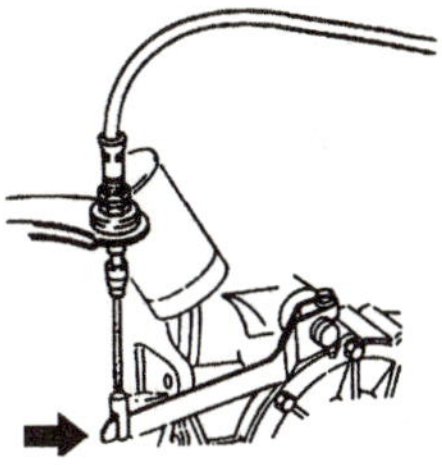

图 1-1-17　通过调节拉索与分离叉之间的调节螺栓

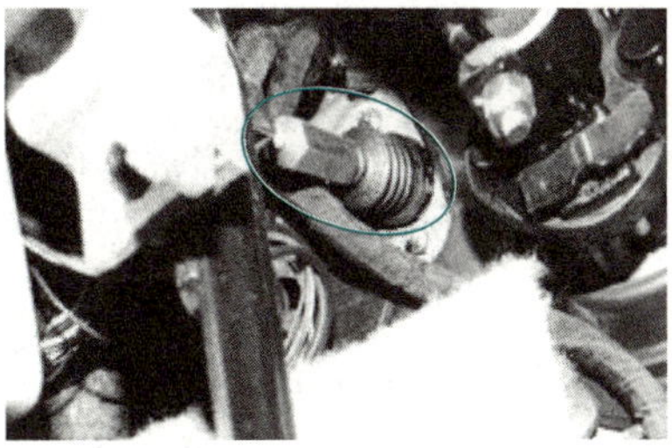

图 1-1-18　液压操纵式离合器踏板的自由行程

【任务实施】

一、准备工量具和设备

(1)工量具:组合工具、扭力扳手、钢直尺等。

(2)设备:手动变速器的卡罗拉轿车或其他手动变速器的轿车。

(3)维修手册、评分表等。

二、作业前的准备工作

(1)现场安全确认:车辆、举升机、工位。

(2)车辆防护:三件套、翼子板布、前格栅布、车轮挡块、干净抹布等。

三、完成车辆基本信息表的填写

请完成车辆基本信息表,见表 1-1-1。

表 1-1-1　车辆基本信息表

项　目	具体信息
车牌号码	
行驶里程	
发动机型号及排量	
车辆识别代码(VIN)	

四、离合器踏板位置检查与调整

请查阅维修手册，根据以下步骤进行作业。

1.检查与调整离合器踏板高度

(1)翻起地毯。

(2)检查并确认离合器踏板高度是否正确，如图 1-1-19 所示。

(3)松开锁紧螺母并转动限位螺栓，如图 1-1-20 所示，直至获得正确的离合器踏板高度。

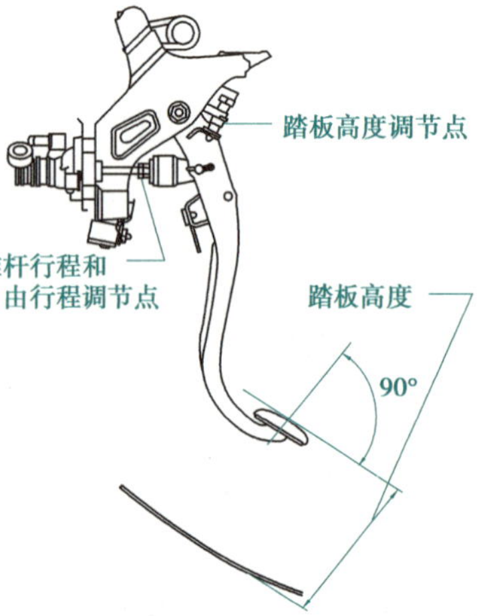

图 1-1-19　检查离合器踏板高度

图 1-1-20　松开锁紧螺母并转动限位螺栓

(4)拧紧锁紧螺母(拧紧力矩为 16 N·m)。

2.检查离合器踏板自由行程和推杆行程

(1)检查并确认离合器踏板自由行程和推杆行程是否正确，如图 1-1-21 所示。

①踩下离合器踏板直至开始感觉到离合器阻力。离合器踏板自由行程为 5.0~15.0 mm。

②轻轻踩下离合器踏板直至阻力开始增大。离合器踏板顶端处的推杆行程为 1.0~5.0 mm。

(2)如有必要，需调整离合器踏板自由行程和推杆行程。

①松开锁紧螺母并转动推杆，如图 1-1-22 所示，直至获得正确的离合器踏板自由行程和推杆行程。

②拧紧锁紧螺母(拧紧力矩为 12 N·m)。

③调整好离合器踏板自由行程后，检查离合器踏板高度。

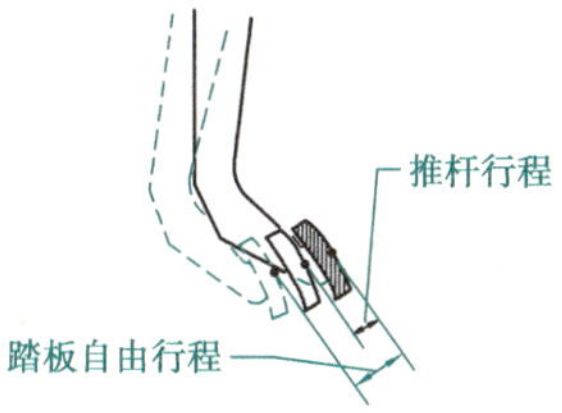

图 1-1-21　检查离合器踏板自由行程

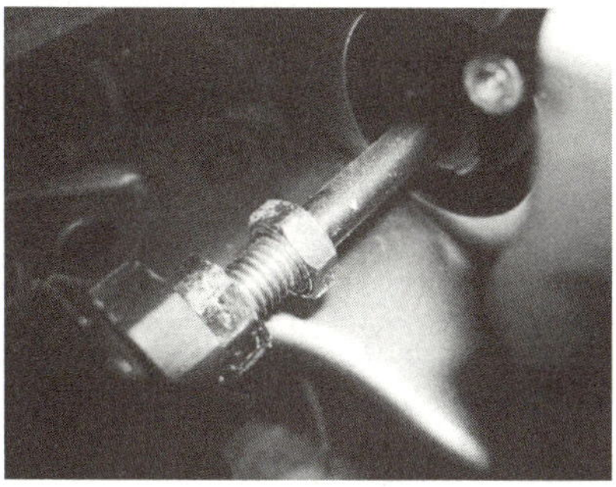

图 1-1-22　松开锁紧螺母并转动推杆

3.检查离合器分离点

(1)拉紧驻车制动器操纵杆。

(2)安装车轮挡块,如图 1-1-23 所示。

(3)启动发动机并使其怠速运转。

(4)未踩下离合器踏板时,缓慢移动变速杆至倒挡直至与齿轮接触。

(5)逐渐踩下离合器踏板,并测量从齿轮噪声停止点(分离点)到离合器踏板行程终点位置的行程距离,如图 1-1-24 所示。

图 1-1-23　安装车轮挡块

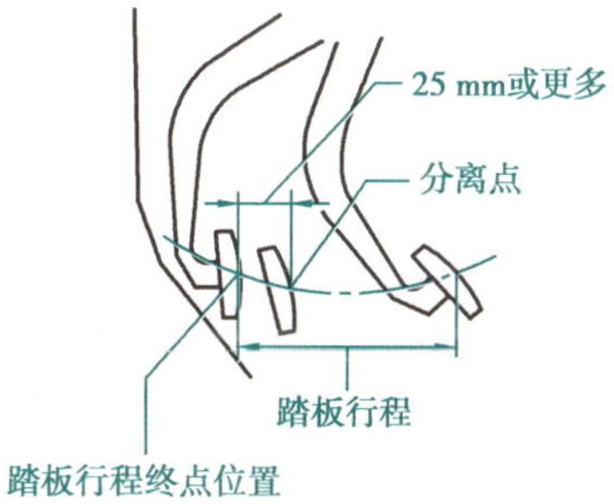

图 1-1-24　检查离合器分离点

4.离合器液压系统油液的检查与放气

(1)检查制动液储液罐内油液是否充足,如图 1-1-25 所示,不足应加注。

(2)拆下放气螺塞盖,如图 1-1-26 所示。

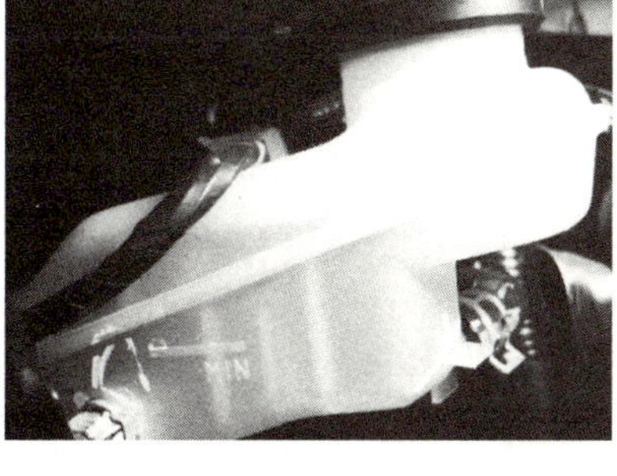

图 1-1-25　检查制动液储液罐内油液是否充足

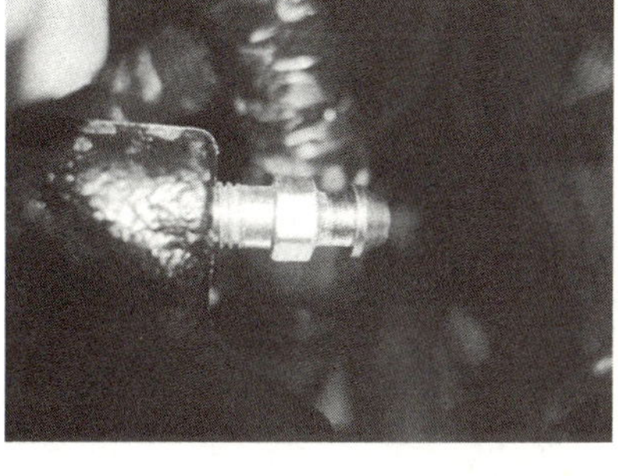

图 1-1-26　拆下放气螺塞盖

(3)将塑料管连接至放气螺塞,如图 1-1-27 所示。

(4)踩下离合器踏板数次,并在踩下离合器踏板时松开放气螺塞,如图 1-1-28 所示。

(5)离合器油液不再外流时,拧紧放气螺塞,然后松开离合器踏板。

(6)重复第(4)、第(5)步操作,直至离合器油液中的空气被全部放出。

(7)拧紧放气螺塞(拧紧力矩为 8.3 N·m)。

(8)安装放气螺塞盖。

(9)检查并确认离合器管路中的空气已全部放出。

(10)重新检查储液罐中的油液液位。

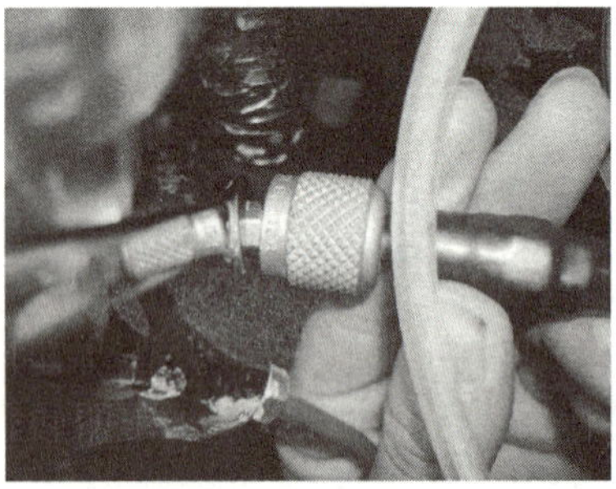

图 1-1-27　将塑料管连接至放气螺塞

图 1-1-28　松开放气螺塞

【任务评价】

(1)请完成离合器踏板位置的检查与调整评价项目,填写表 1-1-2。

表 1-1-2　评价表

评价内容	记录要点
本次任务中,你主要完成了哪些操作?	
本次任务中,你掌握了哪些知识点?	
在学习过程中,你做了哪些安全措施?请举例。	
在学习过程中团队合作和 6S 管理践行情况如何?	
你在本次任务学习中还存在哪些问题?	

(2)请根据你实训的实际情况完成以下内容的填写。

①检查并确认踏板高度应为________ mm,如不符合技术要求应调整。

②离合器踏板自由行程应为________ mm，推杆行程应为________ mm。

③检查离合器分离点，从踏板行程终点位置到分离点其标准距离应为________ mm。

/任务二/ 离合器分离不彻底的检修

【学习目标】

通过本任务的学习，应达到以下学习目标：

- 能叙述离合器的具体结构；
- 能叙述膜片弹簧式离合器的结构；
- 能叙述周布弹簧式离合器的结构；
- 能规范地对离合器总成进行拆卸、安装与调整；
- 能规范地对离合器总成各主要零件进行检测。
- 树立安全意识、节约意识、环保意识和客户至上的意识。
- 养成职业规范和精益求精的工作作风。

【任务引入】

一辆手动卡罗拉型轿车用低速挡起步时，放松离合器踏板后，汽车不能起步或起步困难；汽车加速行驶时，车速不能随发动机转速的提高而提高，感到行驶无力，严重时产生焦煳味或冒烟等现象。车主需要你对离合器进行检测，确定故障部位并进行修理。

【任务准备】

一、离合器的结构

各类离合器的结构基本相同，都是由主动部分、从动部分、压紧装置和操纵机构组成。

- 主动部分：发动机飞轮、离合器盖和压盘是离合器的主动部分。图 1-2-1 为离合器盖和压盘。

图 1-2-1 离合器盖和压盘

- 从动部分：由离合器摩擦片总成和从动轴组成。离合器摩擦片总成由从动盘本体、摩擦片和减振器盘组成。从动轴就是变速器的一轴(即输入轴)。图 1-2-2 为离合器摩擦片总成。

● 压紧装置:在膜片弹簧压力作用下,压盘压向飞轮,使飞轮和压盘与从动盘的两个摩擦面压紧。

● 操纵机构:驾驶人借以使离合器分离或结合的一套机构。它起始于离合器踏板,终止于离合器壳内的分离轴承。它包括离合器踏板、分离拉杆、分离拨叉、分离套筒、分离轴承等,图 1-2-3 为离合器分离拨叉和分离轴承总成。

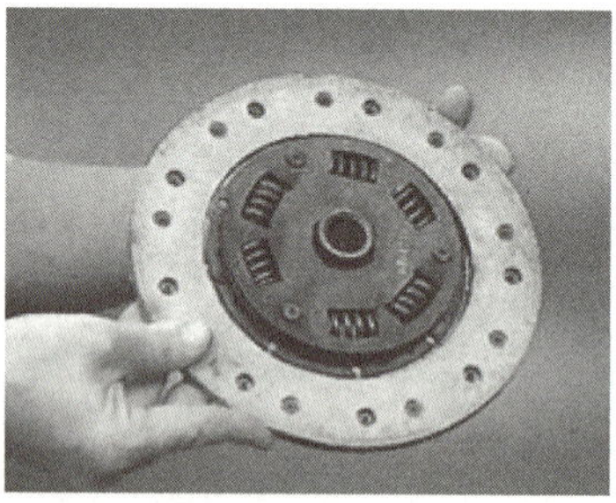

图 1-2-2 离合器摩擦片总成

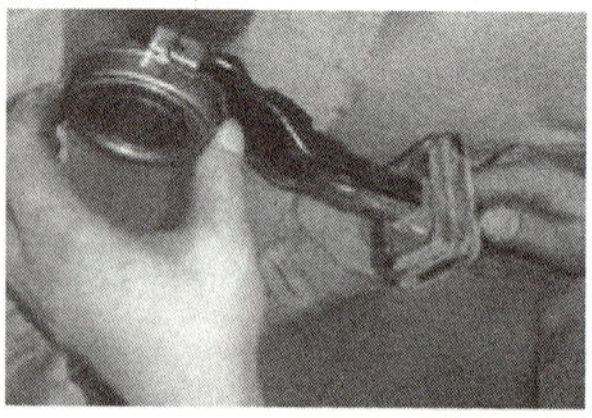

图 1-2-3 离合器分离拨叉和分离轴承总成

二、典型离合器的结构

1.膜片弹簧式离合器的结构

膜片弹簧式离合器主要由主动部分、从动部分、压紧装置与分离机构、操纵机构组成,如图 1-2-4 所示。

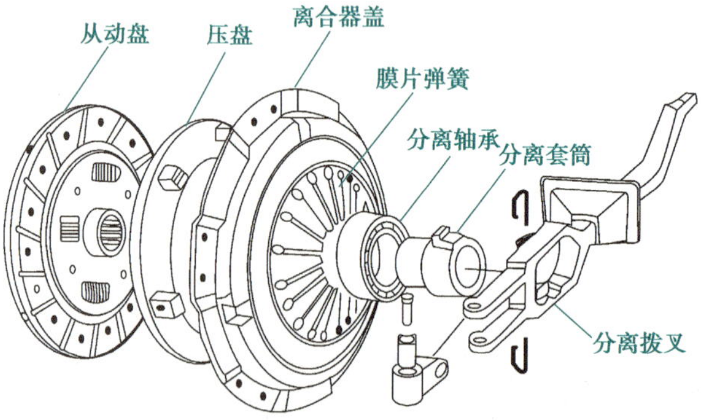

图 1-2-4 膜片弹簧式离合器的结构

● 主动部分:由飞轮、离合器盖和压盘组成。主动部分与发动机曲轴连接在一起。离合器盖与飞轮以螺栓连接,压盘与离合器盖之间以 3~4 个传动片传递转矩。

● 从动部分:包括从动盘和从动轴(即变速器输入轴)。

● 压紧装置与分离机构:由膜片弹簧、枢轴环、传动钢片等组成。

● 操纵机构:由位于离合器壳内的分离杠杆、分离轴承、分离套筒、分离拨叉、离合器踏板、传动机构和助力机构等组成。

离合器盖通过螺栓固定在飞轮上，为了保持正确的安装位置，离合器盖通过定位销进行定位。压盘与离合器盖之间通过周向均布的 3 组或 4 组传动片来传递转矩。传动片用弹簧钢片制成，每组两片，一端用铆钉铆在离合器盖上，另一端用螺钉连接在压盘上。

从动盘主要由从动盘本体、摩擦片和从动盘毂等组成，如图 1-2-5 所示。为消除传动系统的扭转振动，从动盘一般都带有扭转减振器。如图 1-2-6 所示，膜片弹簧的径向开有若干切槽，形成弹性杠杆。切槽末端有圆孔，固定铆钉穿过圆孔，并固定在离合器盖上。膜片弹簧两侧装有钢丝支承环，这两个钢丝支承环是膜片弹簧工作时的支点。膜片弹簧的外缘通过分离钩与压盘联系起来。

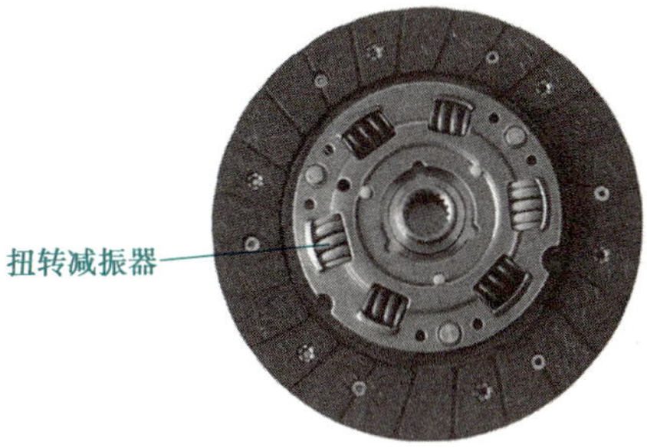

图 1-2-5　带扭转减振器的从动盘

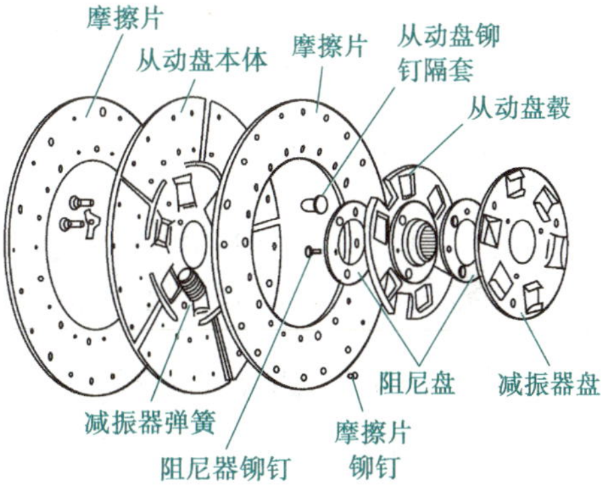

图 1-2-6　从动盘分解图

膜片弹簧既是压紧弹簧，又是分离杠杆，使结构简化，同时也缩小了离合器的轴向尺寸。由于膜片弹簧与压盘以整个圆周相接触，对压盘的压力分布均匀，使摩擦面接触良好，磨损均匀。另外，膜片弹簧的弹簧特性优于圆柱螺旋弹簧。

2.周布弹簧式离合器的结构

具有若干个螺旋弹簧分布在压盘周围并作为压紧弹簧的离合器，称为周布弹簧式离合器。

周布弹簧式离合器主要由主动部分、从动部分、压紧机构、分离操纵机构组成，如图1-2-7所示。

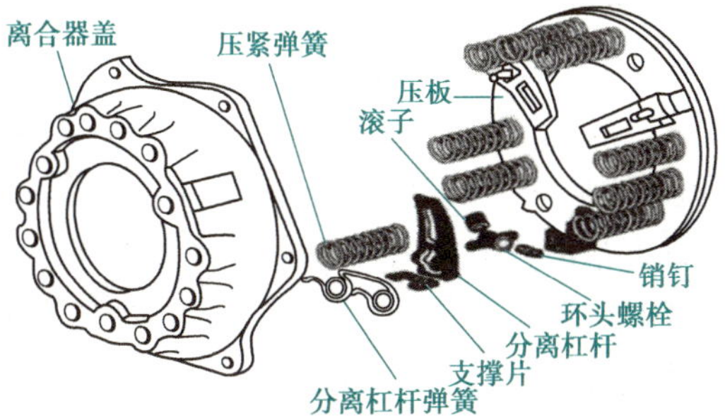

图 1-2-7　周布弹簧式离合器的结构

- 主动部分：包括飞轮、离合器盖、压盘等机件。
- 从动部分：包括从动盘、从动轴（即变速器输入轴）。

• 压紧机构：由若干根螺旋弹簧组成，螺旋弹簧沿压盘周向对称布置，装在压盘和离合器盖之间。

• 分离操纵机构：分离叉与其转轴制成一体，轴的两端靠衬套支承在离合器壳上。

【任务实施】

一、作业前准备工量具和设备

（1）工量具：组合工具、专用工具、扭力扳手、游标卡尺、百分表等。

（2）设备：手动变速器的卡罗拉轿车 1.6 L 车型或其他手动变速器的轿车。

（3）维修手册、评分表等。

二、作业前的准备工作

（1）现场安全确认：车辆、举升机、工位。

（2）车辆防护：三件套、翼子板布、前格栅布、车轮挡块、干净抹布等。

三、完成车辆基本信息表的填写

请完成车辆基本信息表，见表 1-2-1。

表 1-2-1　车辆基本信息表

项　目	具体信息
车牌号码	
行驶里程	
发动机型号及排量	
车辆识别代码（VIN）	

四、对离合器分离不彻底的故障进行检修

请查阅维修手册，根据以下步骤进行作业。

1.离合器的拆卸

（1）拆下手动传动桥总成，如图 1-2-8 所示。

（2）从手动传动桥上拆下带离合器分离轴承的离合器分离叉，如图 1-2-9 所示。

（3）从手动传动桥上拆下离合器分离叉防尘套，如图 1-2-10 所示。

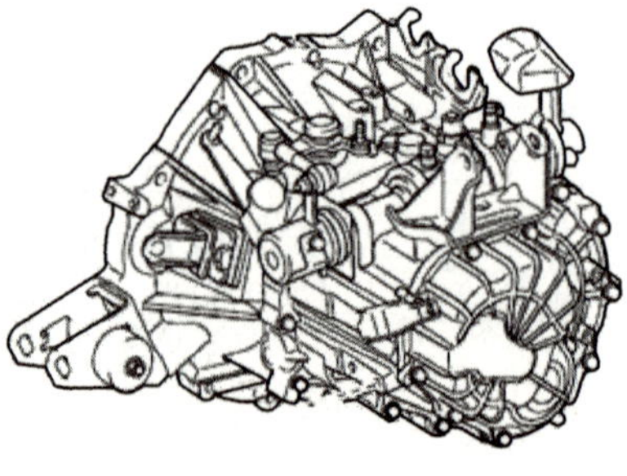

图 1-2-8　手动传动桥总成

（4）从离合器分离叉上拆下分离轴承总成，如图 1-2-11 所示。

（5）从手动传动桥上拆下分离叉支承件，如图 1-2-12 所示。

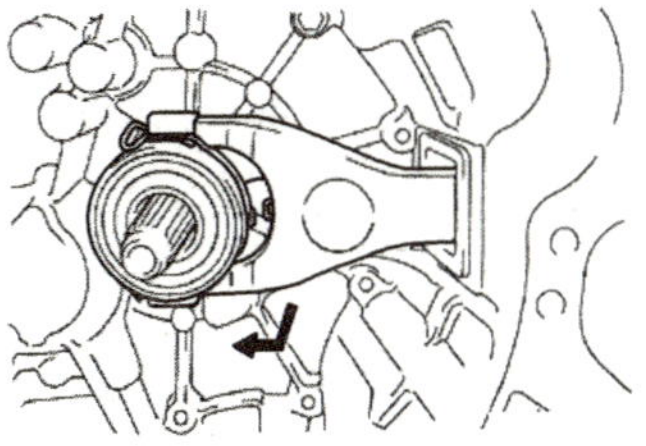

图 1-2-9　离合器分离叉分总成

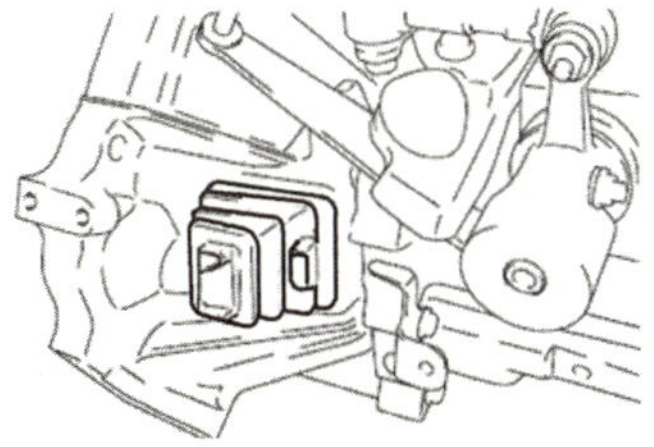

图 1-2-10　离合器分离叉防尘套

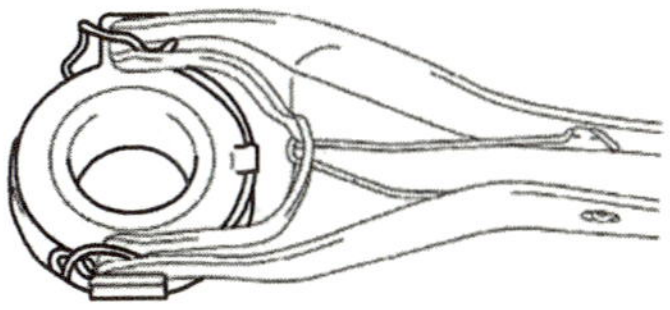

图 1-2-11　离合器分离轴承总成

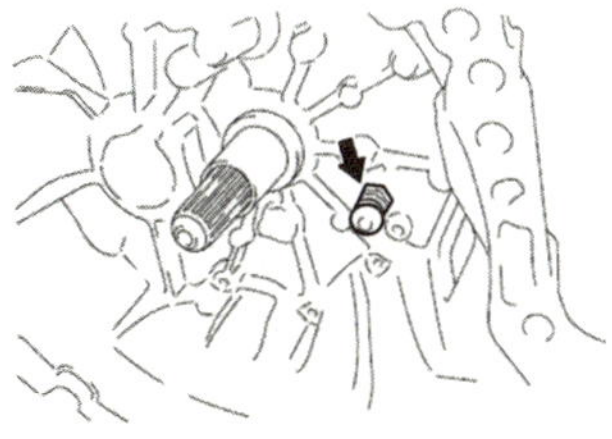

图 1-2-12　分离叉支承件

(6)拆卸离合器盖总成。如图 1-2-13 所示在离合器盖总成和飞轮分总成上做好装配标记;每次将各固定螺栓拧松一圈,直至弹簧张力被完全释放;拆下固定螺栓并拉下离合器盖。

(7)拆下离合器盘总成。

2.检查离合器零部件

1)检查离合器盘总成

(1)用游标卡尺测量铆钉头深度,铆钉最小深度为 0.3 mm。如果有必要,应更换离合器盘总成。

(2)将离合器盘总成安装至传动桥总成。

(3)用百分表测量离合器盘总成的径向跳动,最大径向跳动为 0.8 mm。如果有必要,应更换离合器盘总成。

2)检查离合器盖总成

用游标卡尺测量膜片弹簧磨损的深度和宽度,最大深度 *A* 为 0.5 mm,最大宽度 *B* 为 6.0 mm,如图 1-2-14 所示。如果有必要,应更换离合器盖总成。

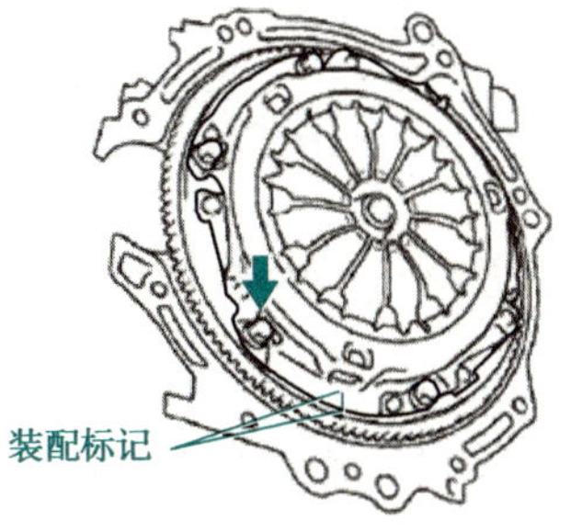

图 1-2-13　离合器盖总成

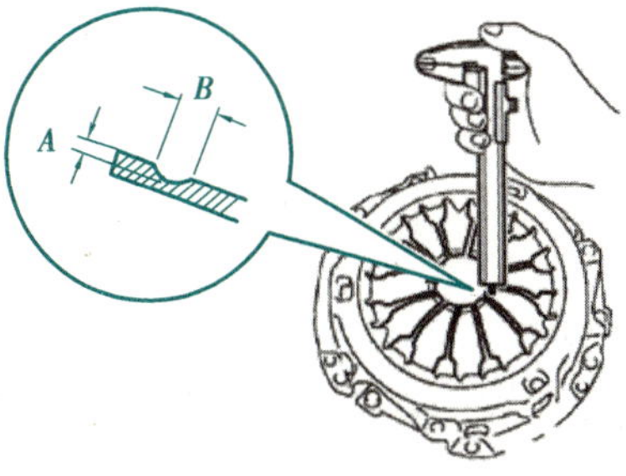

图 1-2-14　检查离合器盖总成

3)检查飞轮分总成

用百分表测量飞轮分总成的径向跳动。最大径向跳动为 0.1 mm,如图 1-2-15 所示。如果有必要,应更换飞轮分总成。

4)检查离合器分离轴承总成

(1)在轴向施力时,旋转离合器分离轴承总成的滑动部件(与离合器盖的接触面),检查并确认离合器分离轴承总成移动平稳且无异常阻力,如图 1-2-16 所示。

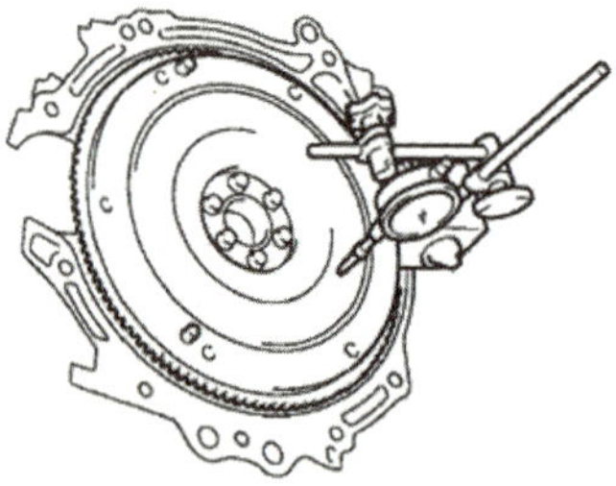
图 1-2-15　检查飞轮分总成

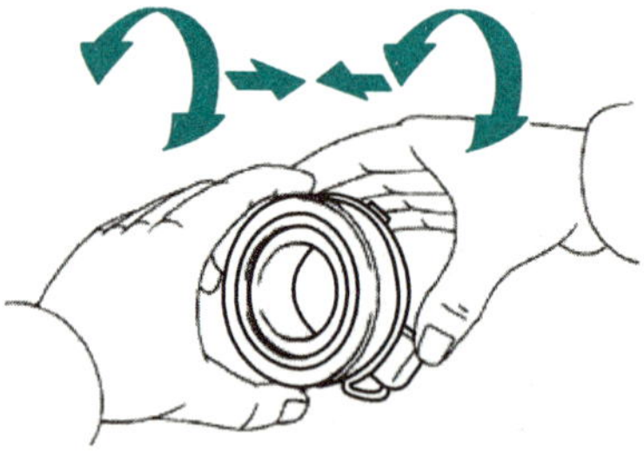
图 1-2-16　检查离合器分离轴承总成

(2)检查离合器分离轴承总成是否损坏或磨损。如果有必要,应更换分离轴承总成。

3.离合器的安装

1)安装离合器盘总成

将专用工具插入离合器盘总成,然后将它们一起插入飞轮分总成,如图 1-2-17 所示。

2)安装离合器盖总成

(1)将离合器盖总成上的装配标记和飞轮分总成上的装配标记对准。

(2)按照如图 1-2-18 所示的步骤,从位于顶部锁销附近的螺栓 1 开始,按顺序 1~7 拧紧 6 个螺栓,拧紧扭矩为 19 N·m。

检查并确认盘位于中心位置后,上下左右轻微地移动专用工具,然后拧紧螺栓,如图 1-2-18所示。

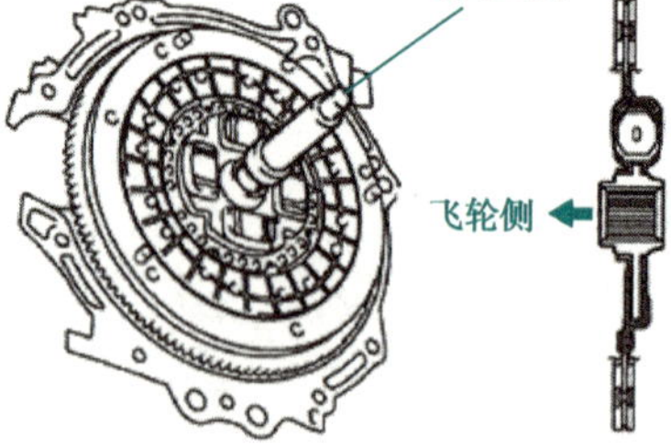

图 1-2-17　安装离合器盘总成

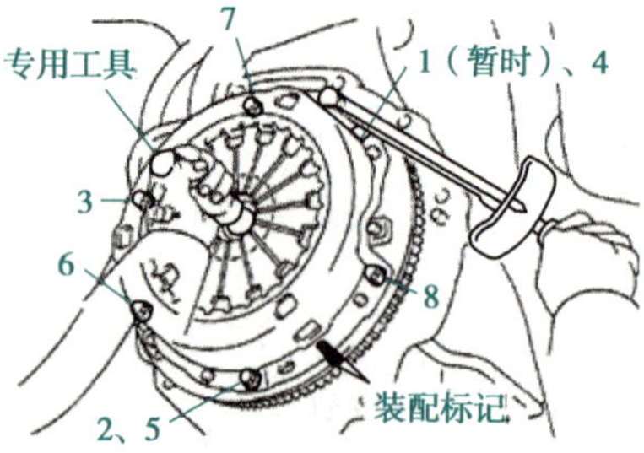

图 1-2-18　安装离合器盖总成

3)检查并调整离合器盖总成

(1)用带滚子仪的百分表检查膜片弹簧顶端高度偏差,最大偏差为 0.9 mm,如图 1-2-19 所示。

(2)如果偏差不符合规定,用专用工具调整膜片弹簧顶端高度偏差,如图 1-2-20 所示。

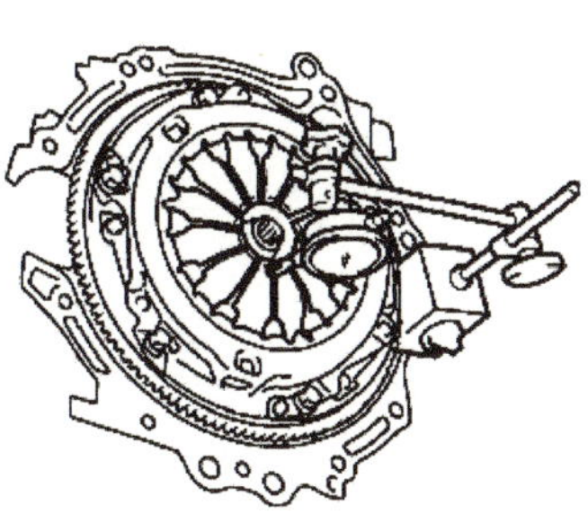

图 1-2-19　检查并调整离合器盖总成

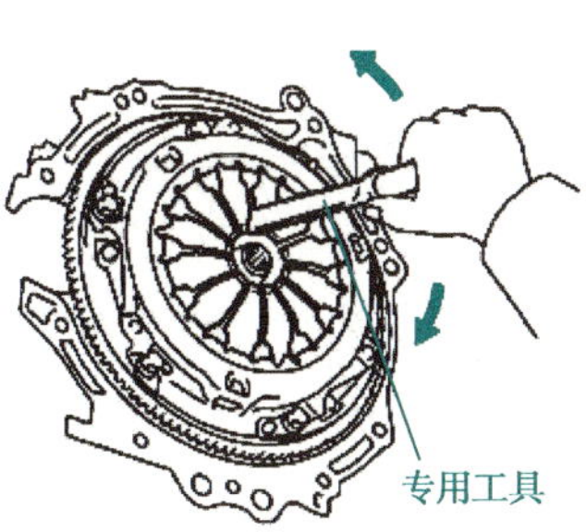

图 1-2-20　调整膜片弹簧顶端高度偏差

4)安装分离叉支承件

将分离叉支承件安装至传动桥总成,螺栓拧紧扭矩为 37 N·m。

5)安装离合器分离叉防尘套

将离合器分离叉防尘套安装至手动传动桥。

6)安装离合器分离叉分总成

(1)在分离叉和分离轴承总成、分离叉和推杆、分离叉和叉支承件间的接触面上涂抹分离毂润滑脂,如图 1-2-21 所示。润滑脂采用分离毂润滑脂或同等产品。

注意:不要在图 1-2-22 中所示的 *A* 部位涂抹润滑脂。

(2)用卡子将分离叉安装至分离轴承总成。

7)安装离合器分离轴承总成

(1)在输入轴花键上涂抹离合器花键润滑脂,如图 1-2-22 所示。润滑脂采用离合器花键润滑脂或同等产品。

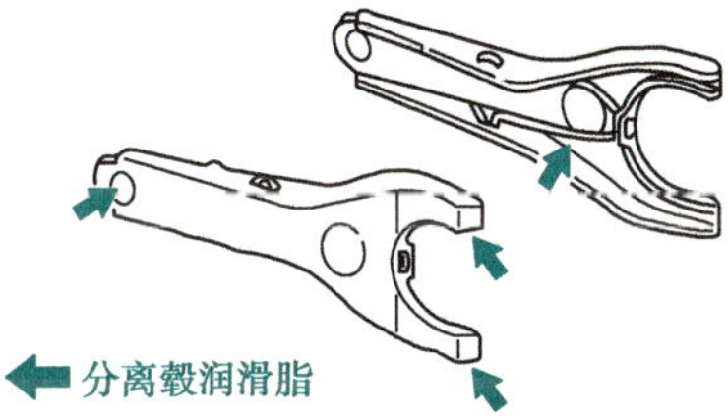

图 1-2-21　涂抹分离毂润滑脂

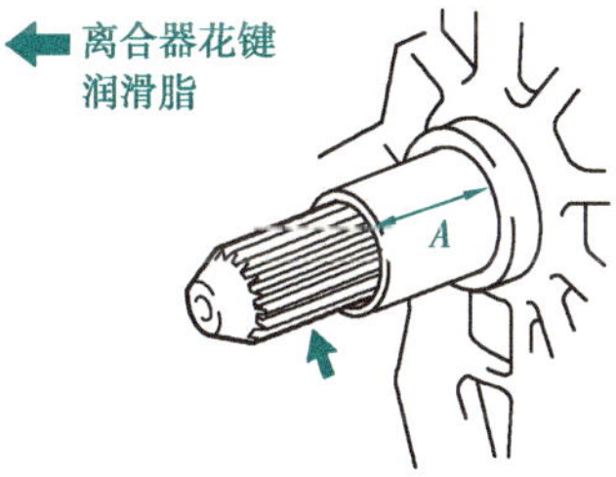

图 1-2-22　在输入轴花键上涂抹离合器花键润滑脂

(2)将带分离叉的离合器分离轴承安装至传动桥总成。

注意:安装完毕后前后移动分离叉以检查分离轴承是否滑动平稳。

【任务评价】

(1)请完成离合器分离不彻底的检修评价项目,填写表 1-2-2。

表 1-2-2　评价表

评价内容	记录要点
本次任务中，你主要完成了哪些操作？	
本次任务中，你掌握了哪些知识点？	
在学习过程中，你做了哪些安全措施？请举例。	
在学习过程中团队合作和 6S 管理践行情况如何？	
你在本次任务学习中还存在哪些问题？	

(2)请根据你实训的实际情况完成以下内容的填写。

①检查离合器盘总成，最小铆钉深度________ mm。

②用游标卡尺测量膜片弹簧磨损的深度和宽度，最大深度________ mm，最大宽度________ mm。

③在检查离合器压盘平面度时，应用________和________配合进行。

④用百分表测量离合器盘总成的径向跳动，最大径向跳动________ mm。

项目二 | 传动轴及驱动桥的检修

【案例导入】

问:师傅,汽车在行驶过程中感觉有明显的振动,严重时车身发抖,车门、转向盘等振动强烈,造成这种现象的主要原因是什么?

答:传动轴发抖的根本原因在于传动轴平衡运转的条件被破坏。具体原因:传动轴弯曲变形、传动轴上的平衡片脱落或轴管损伤有凹陷;传动轴安装时,未按标记装配;传动轴两端的万向节叉未装在同一平面,传动轴万向节滑动叉花键配合松旷;万向节配合处磨损松旷;中间支承轴承磨损松旷,等等。

【项目概述】

对于汽车传动轴(前轮驱动),由于使用时间的增加经常出现防尘罩损坏情况;后轮驱动的汽车,传动轴也经常会出现抖动、驱动桥异响等故障现象,如图 2-1-1 所示。

图 2-1-1　汽车传动轴及驱动桥

/任务一/ 传动轴防尘罩的检查与更换

【学习目标】

通过本任务的学习,应达到以下学习目标:

- 能叙述传动系统的基本作用及布置形式;
- 能叙述等速万向传动装置的组成及工作原理;
- 能描述传动轴防尘罩的检查与更换的检修方法;
- 能规范地对传动轴防尘罩进行更换;
- 能规范地对等速万向传动装置进行拆装与检查。
- 树立安全意识、节约意识和客户至上的意识。
- 养成职业规范和精益求精的工作作风。

【任务引入】

有一辆丰田卡罗拉轿车,行驶里程为 30 000 km。该轿车在低速转向行驶时,底盘靠近前轮的位置传来异响噪声,特别是在方向打到极限位置的情况下,异响噪声更加明显,且发出连续的“嘎啦、嘎啦”声。车主需要你对汽车的传动轴部分的防尘罩进行检查与更换。

【任务准备】

一、传动系统的基本作用及总体布置形式

1.传动系统的基本作用

我们把汽车发动机与驱动轮之间的动力传递装置称为汽车传动系统。汽车传动系统的基本功用是将发动机发出的动力按照需要传给驱动轮,并保证汽车正常行驶。

2.传动系统的总体布置形式

传动系统的总体布置形式主要取决于传动系统与发动机在汽车上的相对位置。就目前常见的汽车而言,大致可分为以下 5 种类型。

1)发动机前置前轮驱动

发动机前置前轮驱动的英文缩写为 FF。这种布置类型使得发动机、离合器、变速器以及主减速器、差速器等总成连成一体,结构紧凑。这种布置类型根据发动机装置不同又可分为发动机横置和纵置两种形式,其布置示意图如图 2-1-2 和图 2-1-3 所示。

发动机前置前轮驱动(横置)布置的优点如下:

(1)轴距可缩短 10%。

(2)主减速器的螺旋锥齿轮改为圆柱斜齿轮,可降低制造成本。

(3)使汽车具有不足转向特性、较好的方向稳定性和高速行驶安全性。

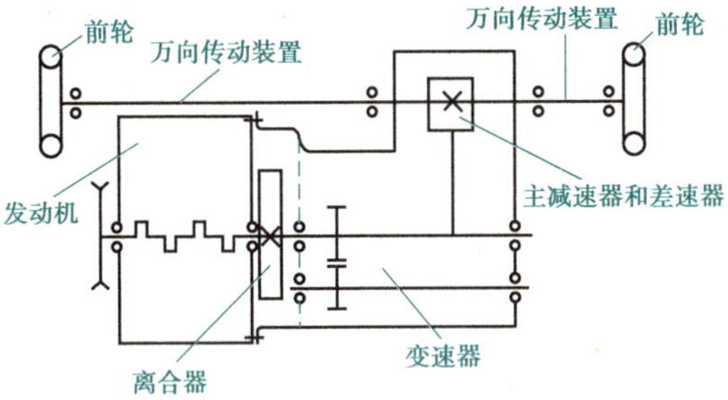

图 2-1-2 发动机前置前轮驱动(横置)示意图

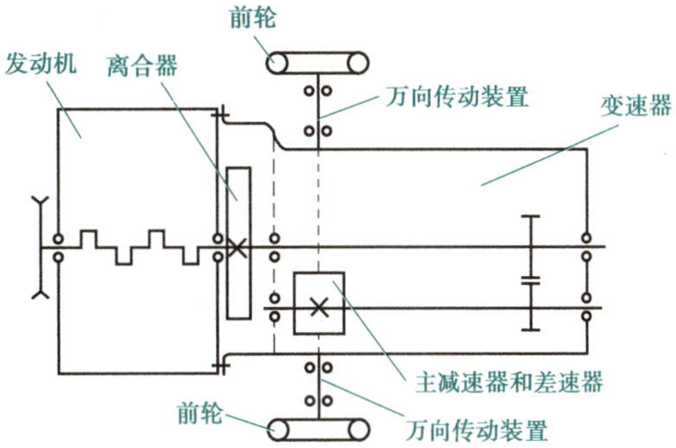

图 2-1-3 发动机前置前轮驱动(纵置)示意图

2)发动机前置后轮驱动

发动机前置后轮驱动的英文缩写为 FR。其结构布置示意图,如图 2-1-4 所示。

发动机前置后轮驱动布置的优点如下:

(1)发动机通风冷却良好,车厢供暖方便。

(2)传动系统以及操纵机构的布置简单。

(3)对于载重车,前后轴轴荷分配合理;汽车起步、加速、爬坡时附着性能好,轮胎磨损少。

(4)使汽车转向性能趋于中性稍偏不足转向,具有良好的方向稳定性和操纵灵敏性。

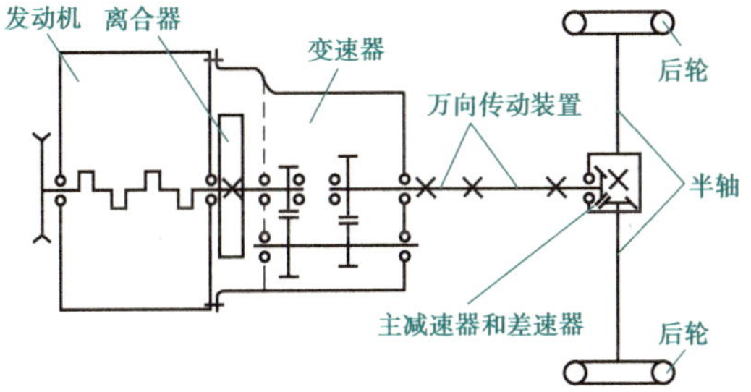

图 2-1-4 发动机前置后轮驱动示意图

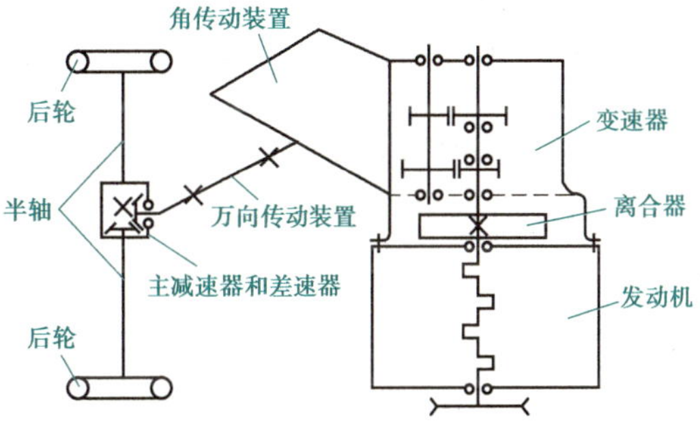

图 2-1-5 发动机后置后轮驱动示意图

3)发动机后置后轮驱动

发动机后置后轮驱动的英文缩写为 RR。其结构布置示意图,如图 2-1-5 所示。

发动机后置后轮驱动布置的优点如下:

(1)前轴载荷减小,转向轻便。

(2)发动机和传动系统的热量、尾气、振动、噪声对车厢的影响小。

(3)车厢面积利用率高。

4)发动机中置后轮驱动

发动机中置后轮驱动的英文缩写为 MR,这种布置形式主要用于客车。其结构特点和发动机后置后轮驱动相似。

5）发动机前置全轮驱动

发动机前置全轮驱动也称为四轮汽车全轮驱动，英文缩写为 4WD。其结构布置示意图，如图 2-1-6 所示。现代高档轿车上采用的发动机前置全轮驱动方式属于常接合式全轮驱动类型，即车辆在任何情况下行驶，所有车轮都具有驱动能力。目前，这种结构类型仍然采用计算机控制技术。

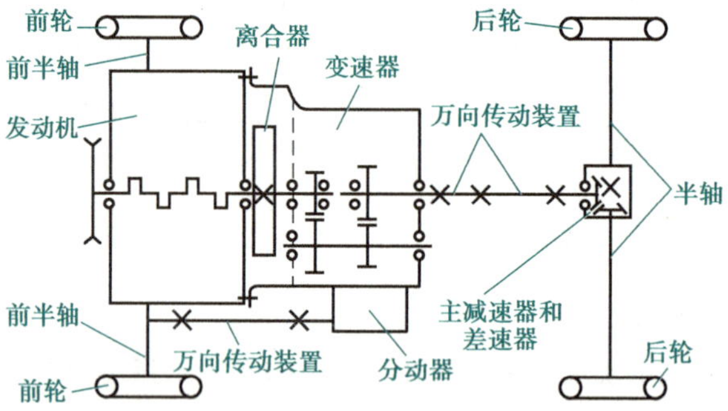

图 2-1-6　发动机前置全轮驱动示意图

发动机前置全轮驱动的优点如下：

（1）整车车轮与路面的附着力全部被利用，提高汽车在不良路面的牵引能力和通过性，即对各种路面的适应能力强。

（2）常接合式全轮驱动具有在湿滑路面上更好的驱动能力。低挡加速性好，驱动力不受前后轴荷变化的影响。

（3）车辆行驶稳定性好，对侧向力的敏感性小，轮胎磨损均匀。

二、等速万向传动装置的组成及工作原理

1.等速万向传动装置的组成

等速万向传动装置多用于发动机前置和前轮驱动汽车，主要由等速万向节、中间轴及驱动轴等组成。

2.等速万向传动装置的工作原理

目前，常见的等速万向节为球叉式万向节和球笼式万向节。等速万向节的基本原理是从结构上保证万向节在工作过程中，其传力点永远位于两轴交点的平分面上，图 2-1-7 为一对大小相同的锥齿轮传动示意图。两齿轮的接触点 p 位于两齿轮轴线交角的平分面上，由 p 点到两轴的垂直距离都等于 r。在 p 点处两齿轮的圆周速度是相等的，因而两个齿轮旋转的角速度也相等。与此相似，若万向节的传力点在其交角变化时，始终位于角平分面内，则可使两万向节叉保持等角速度关系。

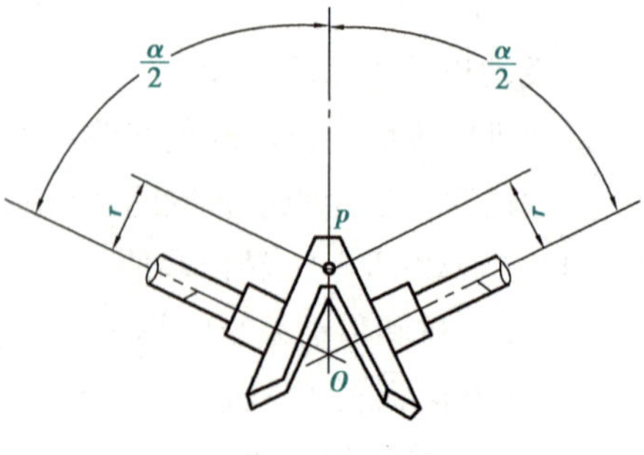

图 2-1-7　等速万向节的基本原理

球笼式万向节按其内外滚道结构不同又分为 RF 型球笼万向节、VL 型球笼万向节等。

图 2-1-8 为奥迪 100 型和上海桑塔纳轿车半轴外万向节所采用的 RF 型球笼万向节。它主要由内球座、球笼、外球座及钢球等组成。内球座通过花键与中段半轴相连,外表面有 6 条曲面凹槽,形成内滚道。外球座与带外花键的外半轴制成一体,内表面制有相应的 6 条曲面凹槽,形成外滚道。6 个钢球分别装于 6 条凹槽中,并用球笼使之保持在一个平面内。

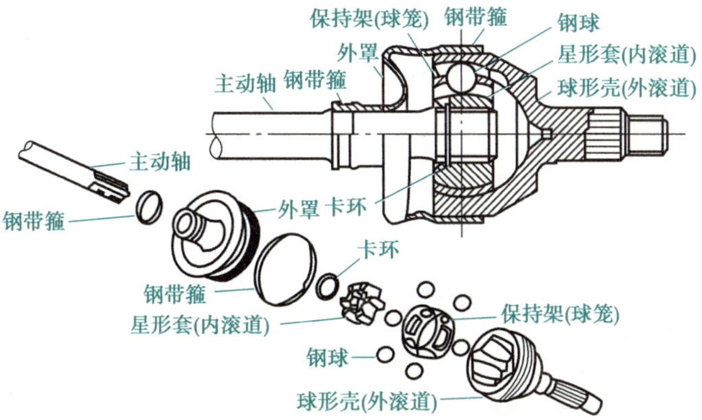

图 2-1-8　RF 型球笼万向节

图 2-1-9 为 VL 型球笼万向节,又称为伸缩型等速万向节。其内外滚道为圆筒形,且内外滚道不与轴线平行,而是以相同的角度相对于轴线倾斜着。装合后,同一周向位置内外滚道的倾斜方向刚好相反,即对称交叉,而钢球则处于内外滚道的交叉部位。当内半轴与中半轴以任意夹角相交时,所有传动钢球都位于轴间交角的平分面上,从而实现等角速传动。在动力传递过程中,内外球座可以沿轴向相对移动。因此,采用这种万向节可以省去万向传动装置中的滑动花键。

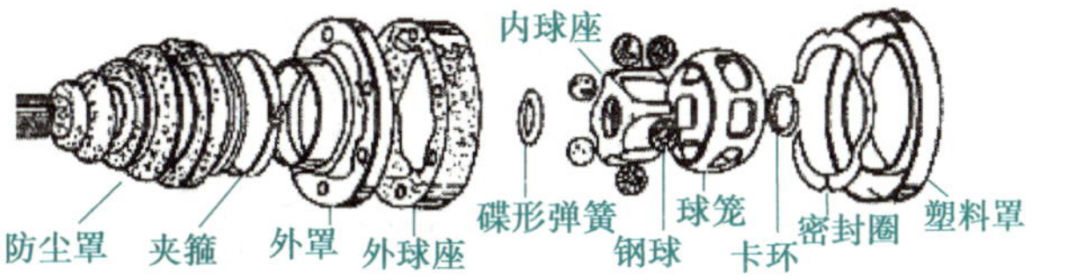

图 2-1-9　VL 型球笼万向节

三、中间轴的结构

中间轴通过两个万向节分别与差速器及驱动轴连接,其结构如图 2-1-10 所示。

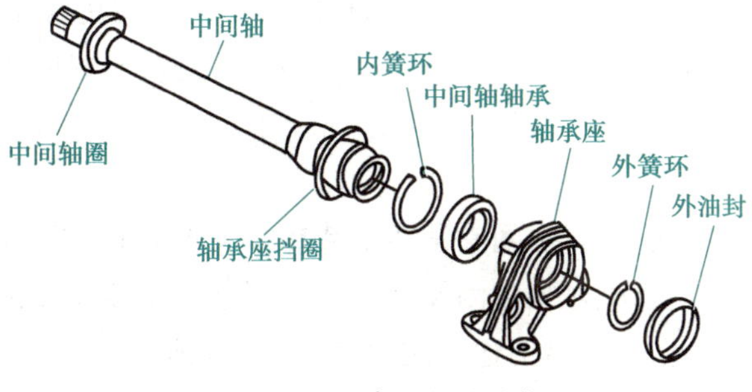

图 2-1-10　中间轴的结构

四、普通万向传动装置的安装位置及组成

1.普通万向传动装置的安装位置

普通万向传动装置一般应用于发动机前置后轮驱动传动系统中，安装在变速器与后驱动桥之间，如图 2-1-11 所示。

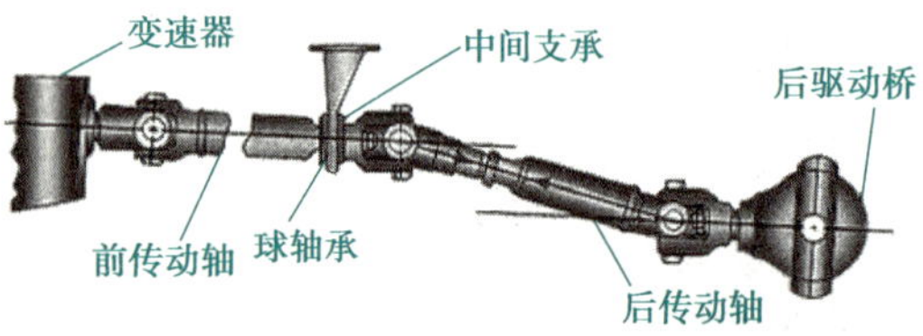

图 2-1-11　普通万向传动装置

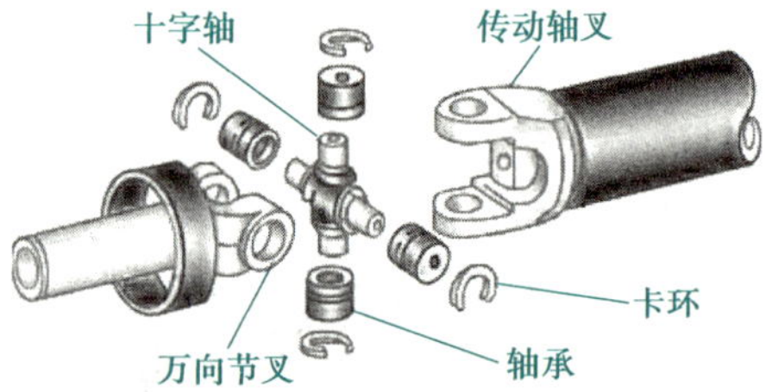

图 2-1-12　十字轴式刚性万向节

2.普通万向传动装置的组成

普通万向传动装置主要由万向节、中间传动轴、中间支承及后传动轴等组成。

1)万向节

万向节按其刚度大小，可分为刚性万向节和柔性万向节。

普通万向节又称为十字轴式刚性万向节，如图 2-1-12 所示。它允许相邻两轴的最大交角为 15°~20°，在汽车上应用最广，主要由万向节叉、十字轴及轴承等组成。其结构是两万向节叉上的孔分别套在十字轴的两对轴颈上。当主动轴转动时，从动轴既可随之转动，又可绕十字轴中心在任意方向摆动。为了减小摩擦，在十字轴轴颈和万向节叉孔间装有滚针轴承。然后用螺钉和盖将套筒固定在万向节叉上，并用锁片将螺钉锁紧。为了润滑轴承，将十字轴做成中空的，并由油路通向轴颈。

为了实现刚性十字轴式万向节的等角速度传动，可按如图 2-1-13 所示，将两个万向节串联安装。

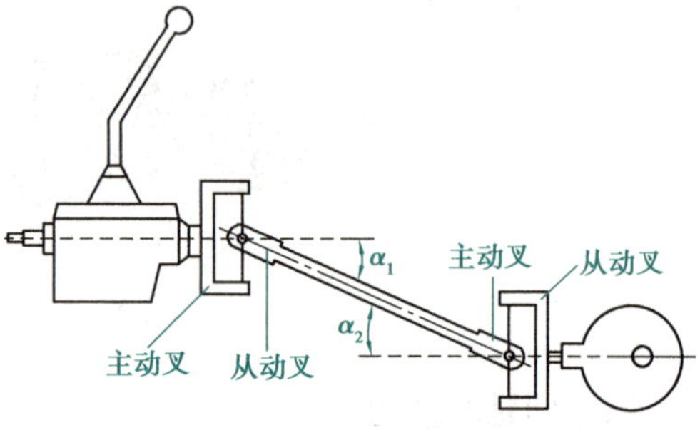

图 2-1-13　双十字轴式万向节的等速布置

2)中间传动轴与中间支承

(1)中间传动轴

中间传动轴是万向传动装置中的主要传力部件，其作用是用来连接变速器和驱动桥。汽车在行驶过程中，变速器与驱动桥的相对位置经常变化，为避免运动干涉，传动轴上设有由滑动叉和花键轴组成的滑动花键连接，使传动轴的长度能够随着传动距离的变化而伸缩，如图 2-1-14 所示。

(2)中间支承

传动轴分段时需加中间支承，中间支承通常装在车架横梁上，能补偿传动轴轴向和角度方向的安装误差，以及汽车行驶过程中因发动机窜动或车架变形等引起的位移。

中间支承常用弹性元件来满足上述功用，如图 2-1-15 所示的中间支承由支架和轴承等

组成,双列锥轴承固定在中间传动轴后部的轴颈上。带油封的支承盖之间装有弹性元件橡胶垫环,用 3 个螺栓紧固。紧固时,橡胶垫环会径向扩张,其外圆被挤紧于支架的内孔。

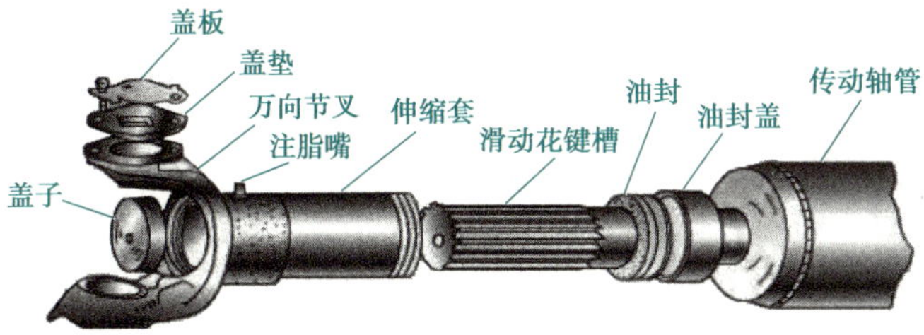

图 2-1-14　中间传动轴

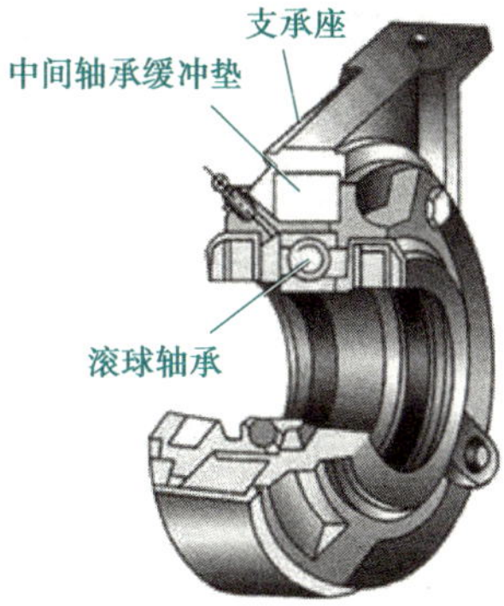

图 2-1-15　中间支承

【任务实施】

一、准备工量具和设备

(1)工量具:组合工具、扭力扳手、螺丝刀等。

(2)设备:丰田卡罗拉 1.6 L 手动传动桥或其他手动传动桥的轿车。

(3)维修手册、评分表等。

二、作业前的准备工作

(1)现场安全确认:车辆、举升机、工位。

(2)车辆防护:三件套、翼子板布、前格栅布、车轮挡块、干净抹布等。

三、完成车辆基本信息表的填写

请完成车辆基本信息表,见表 2-1-1。

表 2-1-1　车辆基本信息表

项　目	具体信息
车牌号码	
行驶里程	
发动机型号及排量	
车辆识别代码(VIN)	

四、对传动轴(前轮驱动)防尘罩进行检查与更换

请查阅维修手册,根据以下步骤进行作业(执行左边半轴的拆装检修)。

1.拆卸左传动轴(半轴)

(1)拆卸前轮、发动机1号底罩,拆卸发动机后部左右侧底罩。

(2)排净手动传动桥油。

(3)如图2-1-16所示,依次拆卸前桥轮毂螺母、前稳定杆连杆总成、前轮转速传感器、前挠性软管、左前盘式制动器制动钳总成、前制动盘、横拉杆接头分总成、前悬架下臂、前桥总成。

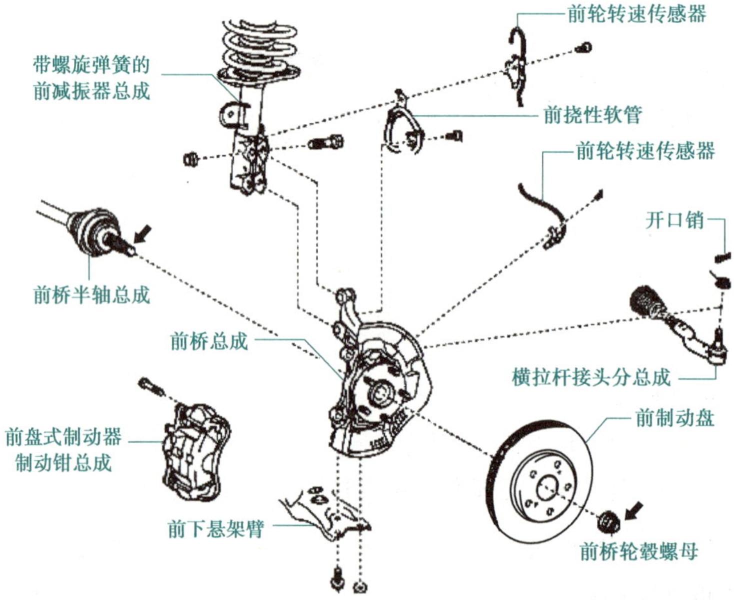

图2-1-16　前悬架结构组成

(4)使用专用工具SST,拆下前桥左半轴,如图2-1-17所示。前桥左右半轴总成,如图2-1-18所示。

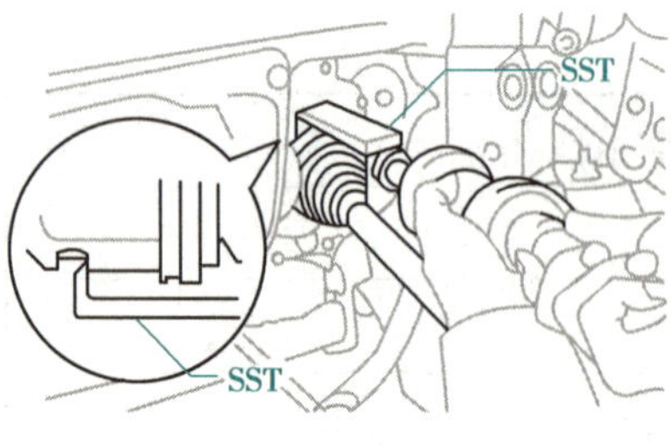

图2-1-17　拆下前桥左半轴

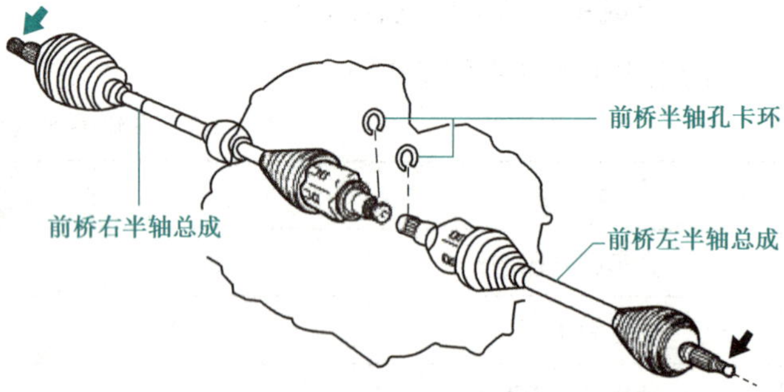

图2-1-18　前桥左右半轴总成

2.拆解左传动轴(半轴)

按如图2-1-19、图2-1-20所示,拆解内外两侧左半轴总成。

(1)拆卸前桥外侧万向节防尘罩卡夹。如图2-1-21所示,用螺丝刀松开防尘套卡夹的锁紧部件并分离防尘套卡夹。

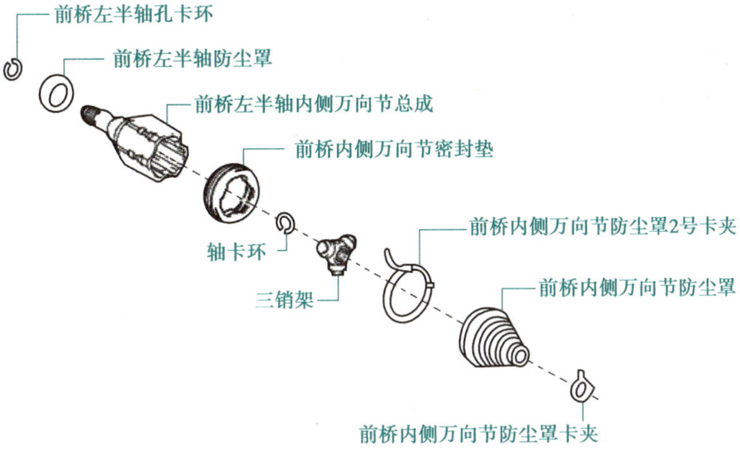

图 2-1-19 前桥左半轴内侧结构

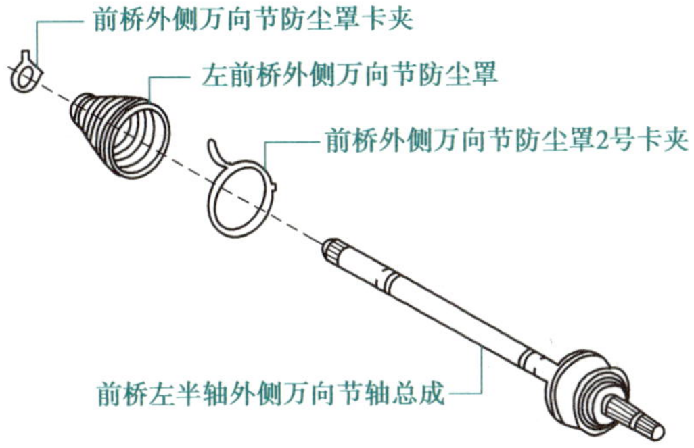

图 2-1-20 前桥左半轴外侧结构

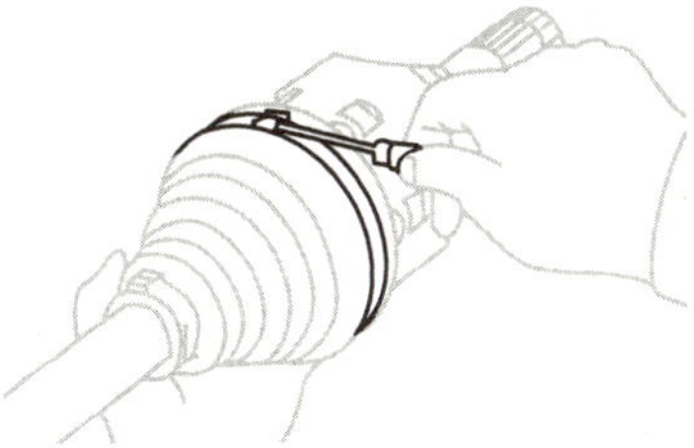

图 2-1-21 分离防尘套卡夹

(2)将内侧万向节防尘套从内侧万向节密封垫上分离。

(3)拆卸前桥左半轴内侧万向节总成。清除内侧万向节上的所有旧润滑脂;在内侧万向节和外侧万向节轴上做好装配标记,如图 2-1-22 所示。

(4)将内侧万向节从外侧万向节轴上拆下。

(5)如图 2-1-23 所示,在台钳上的两个铝板之间夹住外侧万向节轴。使用卡环扩张器,拆下轴卡环。

(6)在外侧万向节轴和三销架上设置装配标记。用铜棒和锤子从外侧万向节轴上敲出三销架,如图 2-1-24 所示。

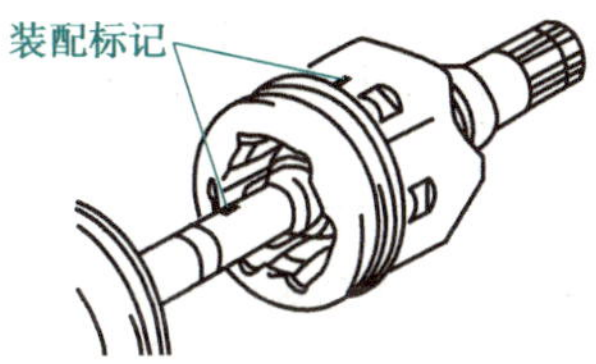

图 2-1-22 做好装配标记

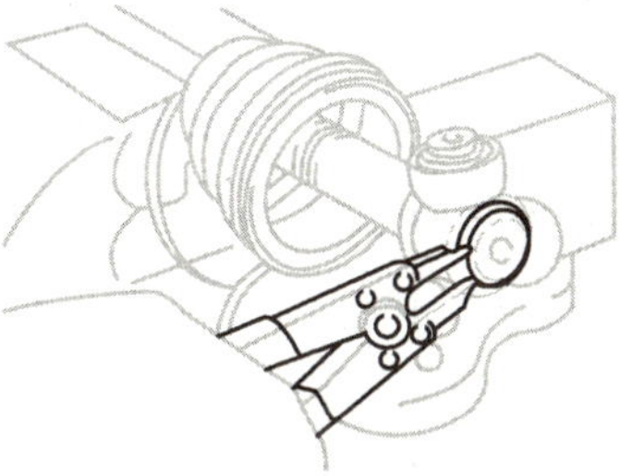

图 2-1-23 拆下轴卡环

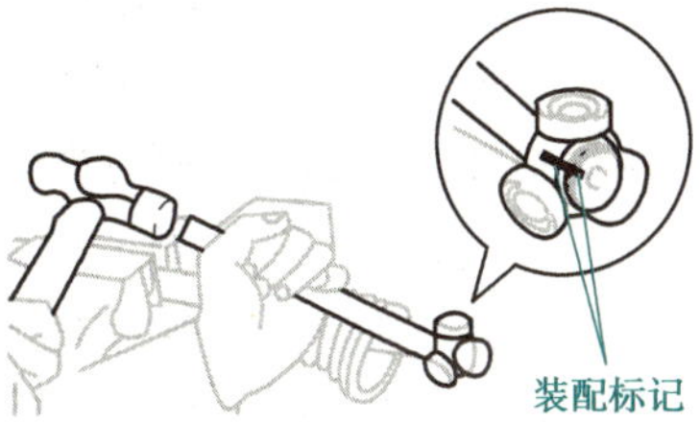

图 2-1-24 拆卸三销架

(7)将内侧万向节密封垫从内侧万向节上拆下。

(8)拆下内侧万向节防尘套、内侧万向节防尘套 2 号卡夹和内侧万向节防尘套卡夹。

(9)拆卸前桥外侧万向节防尘套卡夹。从外侧万向节轴上拆下外侧万向节防尘套,清除外侧万向节上的所有旧润滑脂。

(10)拆卸前桥左半轴孔卡环。用螺丝刀拆下孔卡环,如图 2-1-25 所示。

(11)拆卸前桥左半轴防尘罩。如图 2-1-26 所示,使用 SST 和压力机,压出半轴防尘罩。

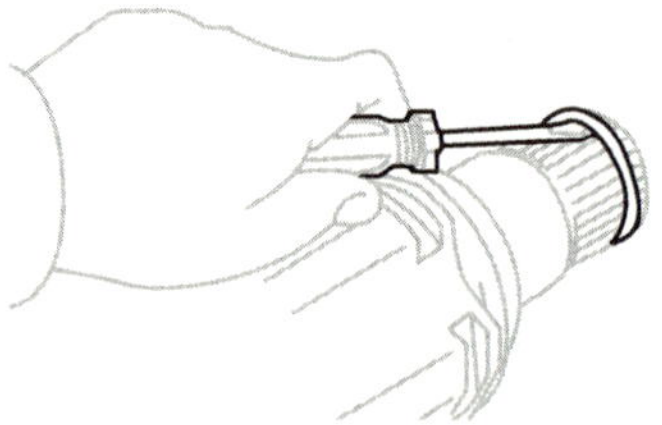

图 2-1-25 拆下孔卡环

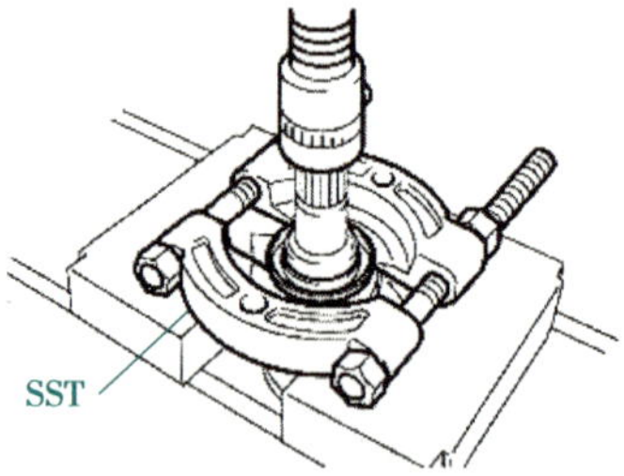

图 2-1-26 压出半轴防尘罩

3.检查前桥半轴

如图 2-1-27 所示,检查前桥半轴的内容如下:

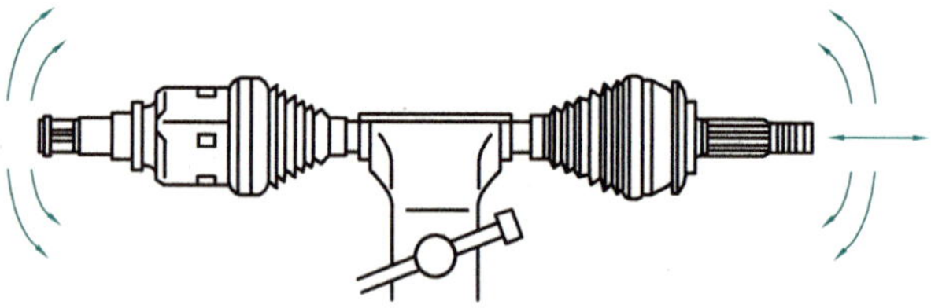

图 2-1-27 检查前桥半轴

(1)检查并确定外侧万向节在径向上没有过大间隙。

(2)检查并确定内侧万向节在止推方向上滑动顺畅。

(3)检查并确定内侧万向节在径向上没有过大间隙。

(4)检查防尘套是否损坏。

4.装配前桥半轴

(1)安装前桥左半轴防尘罩。如图 2-1-28 所示,使用 SST 和压力机,压进一个新的半轴防尘罩。

(2)安装一个新的前桥左半轴孔卡环。

(3)安装左前桥外侧万向节防尘套(左侧)。用保护性胶带缠绕外侧万向节轴的花键。

(4)按以下顺序,将新零件安装到外侧万向节轴上。2 号外侧万向节防尘套卡夹;外侧万向节防尘套;外侧万向节防尘套卡夹;用防尘套维修组件中的润滑脂涂抹外侧万向节轴和防尘套。标准润滑脂容量为 135~145 g。

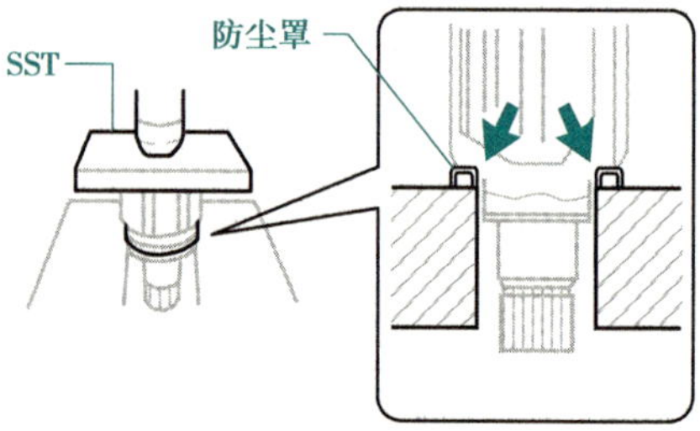

图 2-1-28 安装前桥左半轴防尘罩

(5)将外侧万向节防尘套安装在外侧万向节轴槽上。

(6)安装前桥外侧万向节防尘套 2 号卡夹(左侧)。将防尘套卡夹安装到外侧万向节防尘套上并暂时将杆折回。将杆折回前,应检查箍带和杆没有变形。

(7)朝工作面按压外侧万向节,同时把身体质量倚靠到手上并向前转动外侧万向节。转动外侧万向节并折叠杆直至听到咔嗒声,如图 2-1-29 所示。

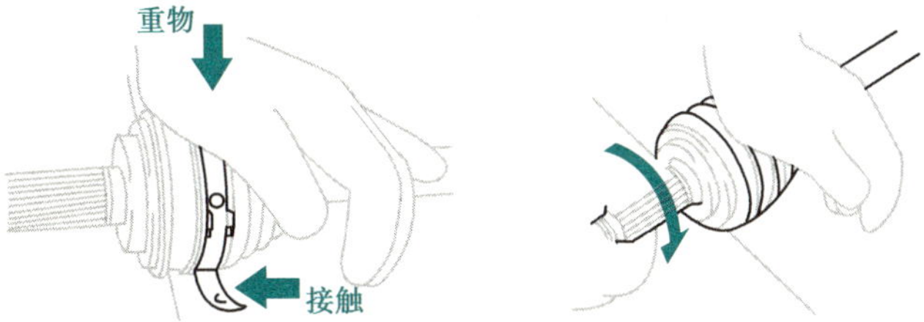

图 2-1-29　按压外侧万向节

(8)调整杆和槽之间的间隙以使锁扣边缘和杆端之间的间隙均匀,同时用塑料锤敲击锁扣将其固定,如图 2-1-30 所示。

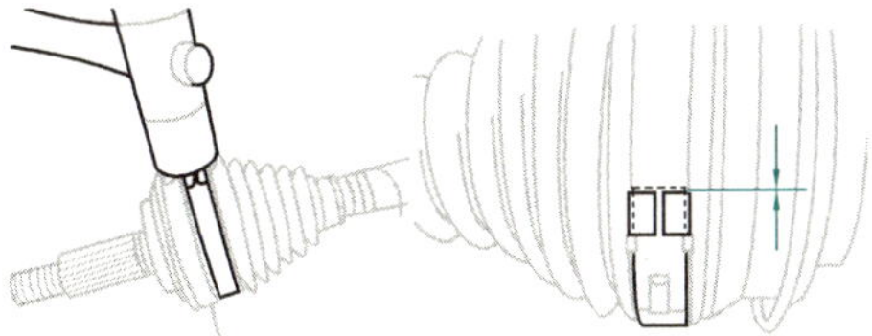

图 2-1-30　安装外侧万向节防尘套

(9)安装前桥外侧万向节防尘套卡夹(左侧)。将防尘套卡夹安装到外侧万向节防尘套上并暂时将杆折回。用水泵钳子捏住防尘套卡夹,暂时将其固定,如图 2-1-31 所示。

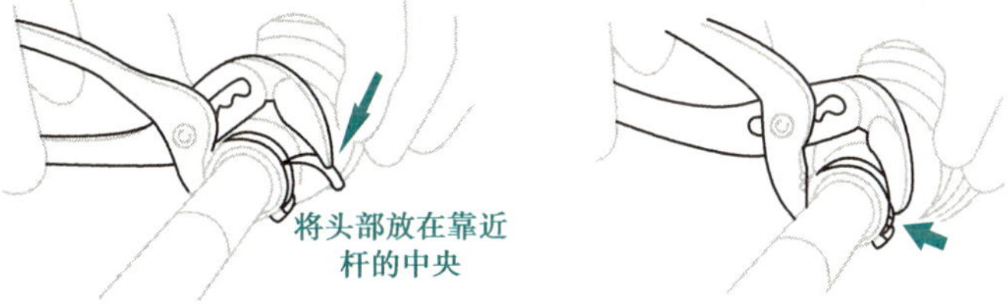

图 2-1-31　安装前桥外侧万向节防尘套卡夹

(10)调整杆和槽之间的间隙以使锁扣边缘和杆端之间的间隙均匀,同时用塑料锤敲击锁扣将其固定,如图 2-1-32 所示。

图 2-1-32　调整杆和槽之间的间隙

（11）暂时安装前桥内侧万向节防尘套。

（12）安装前桥内侧万向节密封垫。将一个新的内侧万向节密封垫安装到内侧万向节槽上。

（13）安装前桥左半轴内侧万向节总成。如图 2-1-33 所示，使三销架轴向花键的斜面朝向外侧万向节。在拆卸之前，对准做好的装配标记。用铜棒和锤子把三销式万向节敲进驱动轴，再用防尘套维修组件中的润滑脂涂抹内侧万向节轴。

（14）如图 2-1-34 所示，使用卡环扩张器，安装一个新的半轴卡环。对准装配标记，将内侧万向节安装至外侧万向节轴。

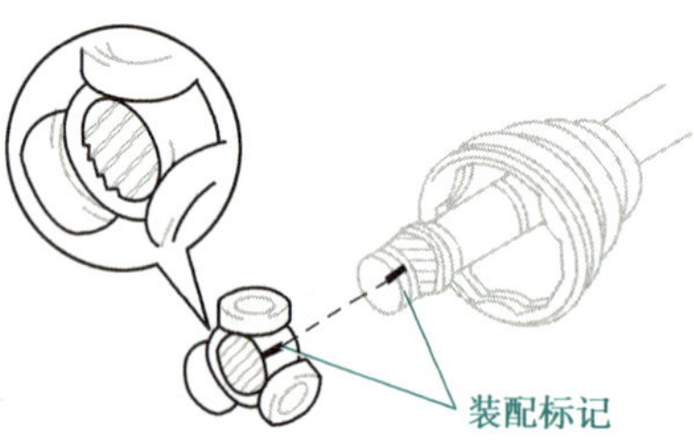

图 2-1-33　安装前桥左半轴内侧万向节

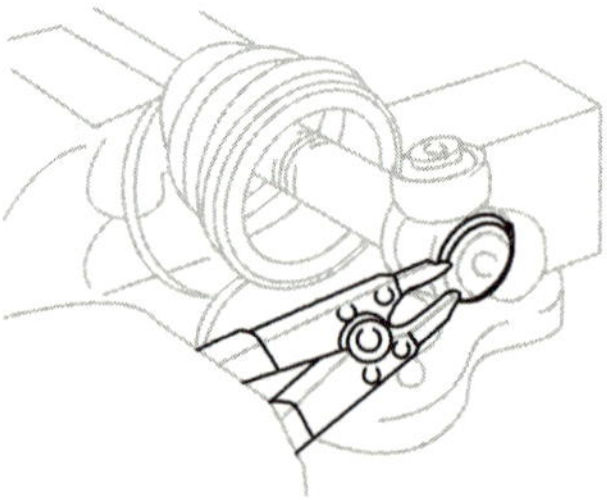
图 2-1-34　安装半轴卡环

（15）安装前桥内侧万向节防尘套，将内侧万向节防尘套安装至内侧万向节密封垫和外侧万向节轴的槽中。

（16）安装前桥内侧万向节防尘套卡夹。

5.安装左侧半轴总成

（1）安装前桥左半轴总成。在内侧万向节轴花键上涂齿轮油。对准轴花键，用铜棒和锤子敲进驱动轴。

（2）安装前桥总成、前悬架下臂、前稳定杆连杆、横拉杆接头分总成、前制动盘、前盘式制动器制动钳总成、前挠性软管和前轮转速传感器。

（3）安装前桥轮毂螺母。清洁驱动轴上的带螺纹零件和车桥轮毂螺母。安装新的车桥轮毂螺母（扭紧力矩为 216 N·m），用冲子和锤子锁紧前桥轮毂螺母，如图 2-1-35 所示。

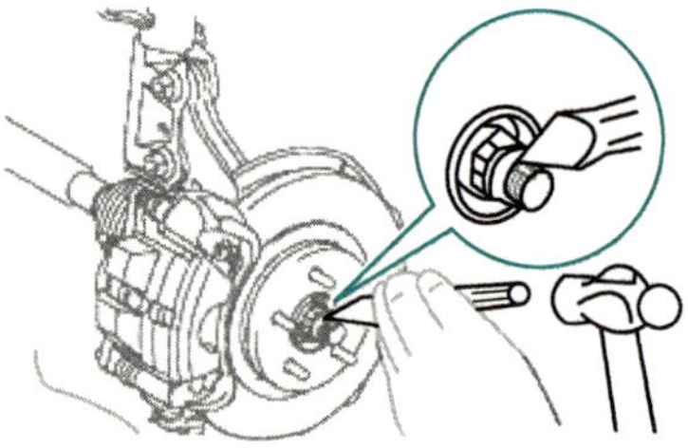
图 2-1-35　锁紧前桥轮毂螺母

（4）加注并检查手动传动桥油。

（5）安装前轮，检查并调整前轮定位，检查转速传感器信号。

（6）安装发动机后部左右侧底罩及 1 号底罩。

【任务评价】

（1）请完成传动轴防尘罩的检查与更换评价项目，填写表 2-1-2。

表 2-1-2 评价表

评价内容	记录要点
本次任务中,你主要完成了哪些操作?	
本次任务中,你掌握了哪些知识点?	
在学习过程中,你做了哪些安全措施?请举例。	
在学习过程中团队合作和 6S 管理践行情况如何?	
你在本次任务学习中还存在哪些问题?	

(2)请根据你实训的实际情况完成以下内容的填写。

①内侧万向节在径向上的间隙为______________________________。

②外侧万向节在径向上的间隙为______________________________。

③内侧万向节在止推方向上滑动是否顺畅:______________________________。

④检查防尘罩是否损坏:______________________________。

/任务二/ 驱动桥异响的检修

【学习目标】

通过本任务的学习,应达到以下学习目标:

- 能叙述驱动桥的作用、组成及类型;
- 能叙述单级主减速器的结构;
- 能叙述差速器的作用、行星齿轮差速器的结构及工作原理;
- 能叙述半轴的作用及类型;
- 能叙述驱动桥壳的作用及类型;
- 能规范对主减速器进行拆装、检查及调整;
- 能规范对差速器进行拆装、检查及调整;
- 能规范对桥壳和半轴进行检修。
- 树立安全意识、节约意识、环保意识和客户至上的意识。

● 养成职业规范和精益求精的工作作风。

【任务引入】

一辆东风牌 EQ1090E 型载货汽车，平时很少进行维护保养。该汽车近段时间出现行驶时驱动桥异响，脱挡滑行时响声稍低，且驱动桥部分可以看到明显的油污。车主需要你对该车辆驱动桥部分进行拆检。

【任务准备】

一、驱动桥的作用、组成及类型

1.驱动桥（后轮驱动）的作用

驱动桥处于动力传动系统的末端，是将万向传动装置传递过来的动力改变方向，并由主减速器来降低转速或增大转矩，然后经过差速器分配给左右半轴和驱动轮。

2.驱动桥的组成

如图 2-2-1 所示，驱动桥一般由主减速器、差速器、半轴和桥壳组成。

主减速器具有合适的减速比，增大转矩，使汽车具有良好的动力性和经济性；差速器具有差速作用，以保证汽车在转向或在不平道路上行驶时，轮胎不产生滑拖现象；半轴是将转矩从差速器传至驱动轮；桥壳是用来安装主减速器和差速器及其他装置的。另外，驱动桥应具有较大的离地间隙，以保证良好的通过性；尽可能减小质量，以减轻汽车的自重。

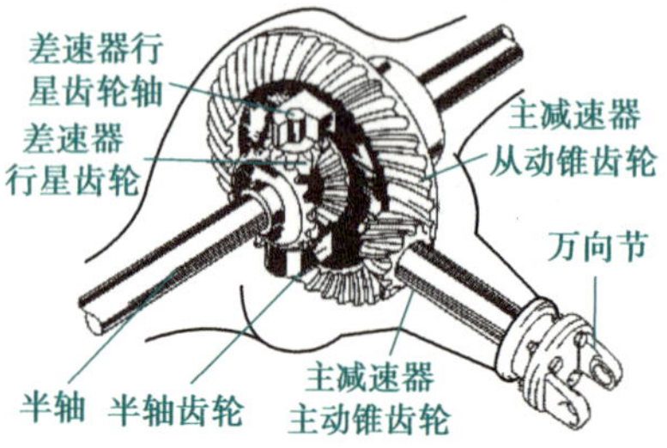

图 2-2-1　驱动桥的组成

图 2-2-2　整体式驱动桥

3.驱动桥的类型

按结构不同，驱动桥分为整体式驱动桥和断开式驱动桥两种类型。

● 整体式驱动桥：又称为非断开式驱动桥，采用非独立悬架，如图 2-2-2 所示。其驱动桥壳为一刚件的整体，驱动桥两端通过悬架与车架连接，左右半轴始终在一条直线上，即左右驱动桥不能相互独立地跳动。当某一侧车轮因地面升高或下降时，整个驱动桥及车身都要随之发生倾斜。

● 断开式驱动桥：多用于独立悬架，将两侧的驱动轮分别用弹性悬架与车架连接，两轮可彼此独立地相对于车架上下跳动，主减速器壳固定在车架上，驱动桥壳分段并通过铰链连接，如图 2-2-3 所示。

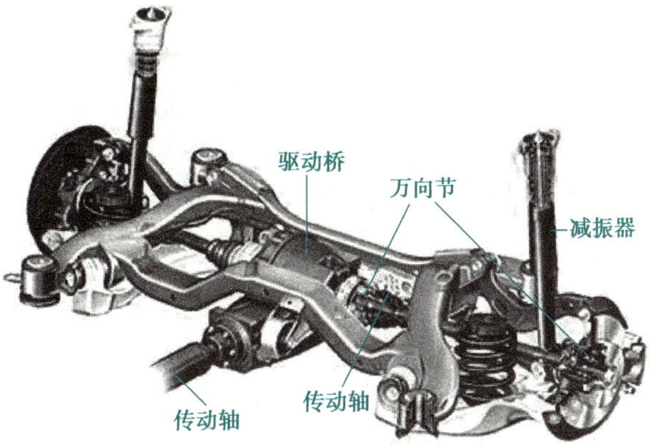

图 2-2-3　断开式驱动桥

二、单级主减速器的结构

为满足不同的使用要求，主减速器的结构形式也是不同的。按齿轮副的结构形式分，单级主减速器有圆锥齿轮式、圆柱齿轮式和准双曲线齿轮式 3 种。

单级主减速器主要由主动锥齿轮、从动锥齿轮、主减速器壳等零件组成，如图 2-2-4 所示。

目前，轿车和一般轻、中型货车都采用单级主减速器，可以满足汽车动力性的要求，它具有结构简单、体积小、质量小和传动效率高等优点。单级主减速器的结构如图 2-2-5 所示。

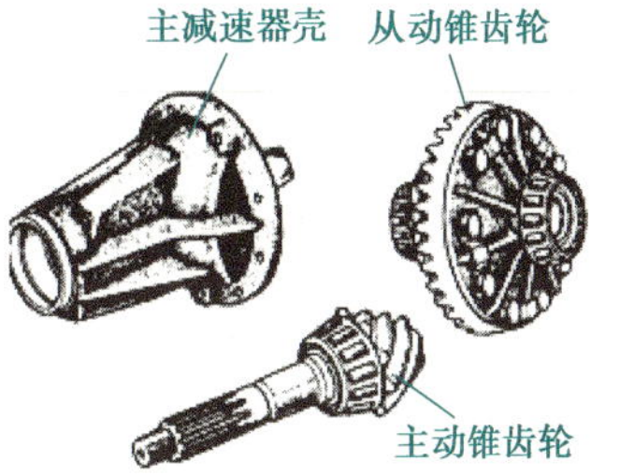

图 2-2-4　单级主减速器的组成

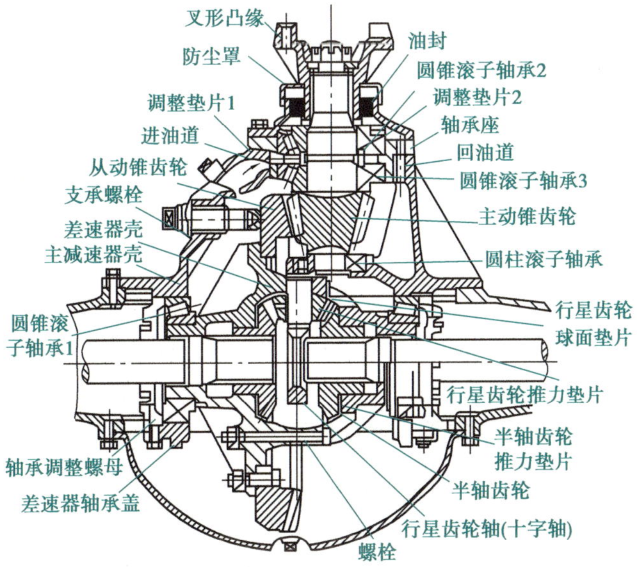

图 2-2-5　单级主减速器的结构

1)支承刚度

为保证主动锥齿轮有足够的支承刚度,主动锥齿轮与轴制一体,前端支承在互相贴近而小端相向的两个圆锥滚子轴承 2 和轴承 3 上,后端支承在圆柱滚子轴承上,形成跨置式支承。环状的从动锥齿轮连接在主减速器壳的座孔中。在从动锥齿轮的背面,装有支承螺栓,以限制从动锥齿轮过度变形而影响齿轮的正常工作。装配时,支承螺栓与从动锥齿轮端面之间的间隙为 0.3~0.5 mm。

2)轴承预紧度

装配主减速器时,圆锥滚子轴承应有一定的装配预紧度,即在消除轴承间隙的基础上,再给予一定的压紧力,其目的是减小在锥齿轮传动过程中,轴向力所引起的齿轮轴的轴向位移,以提高轴的支承刚度,保证锥齿轮副的正常啮合。但也不能过紧,若过紧则传动效果低,且加速轴承磨损。为调整圆锥滚子轴承的预紧度,在两轴承内座垫圈之间的隔离套的一端装有一组厚度不同的调整垫片。如发现过紧则增加垫片的总厚度;反之,减少垫片的总厚度。支承差速器壳的圆锥滚子轴承的预紧度靠拧紧两端轴承调整螺母来调整。调整时应用手转动从动锥齿轮,使滚子轴承处于正确位置。调好后应能以 1.5~2.5 N·m 的力矩转动差速器组件。这里应指出的是圆锥滚子轴承预紧度的调整必须在齿轮啮合调整之前进行。

3)啮合的调整

(1)齿面啮合印迹的调整

先在主动锥齿轮轮齿上涂以红色颜料(红丹粉与机油的混合物),然后用手使主动锥齿轮往复转动,于是从动锥齿轮轮齿的两个工作面上便出现了红色印迹。若从动齿轮轮齿正转和逆转工作面上的印迹均位于齿高的中间偏小端,并占齿面宽度的 60%以上,则为正确啮合,如图 2-2-6 所示。正确啮合的印迹位置可通过增减主减速器壳与主动锥齿轮轴承座之间的调整垫片的总厚度(即移动主动锥齿轮的位置)而获得。

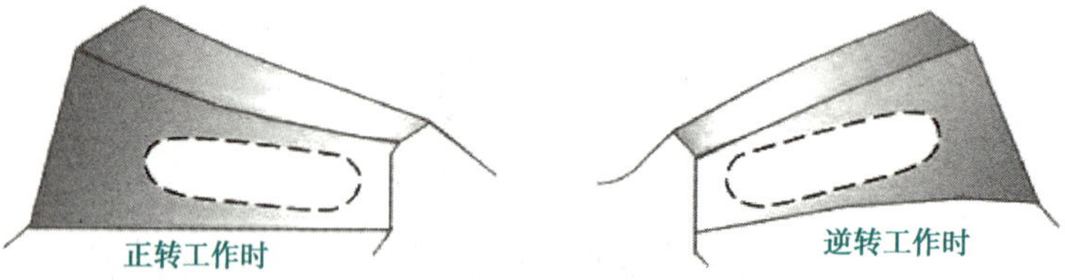

图 2-2-6 正确的啮合印迹

(2)齿侧间隙的调整

轮齿的齿侧间隙应在 0.15~0.4 mm 范围内。若间隙大于规定值,应旋转调整螺母使从动锥齿轮靠近主动锥齿轮;反之,则离开。为保持已调好的圆锥滚子轴承的预紧度不变,一端螺母拧进的圈数应等于另一端螺母拧出的圈数。

三、差速器的作用及行星齿轮差速器的结构

1.差速器的作用

差速器的作用是保证两车轮移动距离不等时车轮产生滑动。当汽车转弯时,内外两侧车轮中心在同一时间内移过的曲线距离显然不同,即外侧车轮移动的距离大于内侧车轮,如

图 2-2-7 所示。

2.行星齿轮差速器的结构

差速器按用途可分为轮间差速器和轴间差速器;按工作特性可分为普通差速器和防滑差速器。

普通行星齿轮式差速器主要由 4 个行星齿轮、1 个十字形行星锥齿轮轴、2 个半轴锥齿轮、左右差速器壳、行星锥齿轮球面垫片、半轴锥齿轮推力垫片等组成,如图 2-2-8 所示。行星齿轮差速器动力传递路线为:差速器壳→十字轴→行星齿轮→半轴齿轮→半轴→驱动车轮。

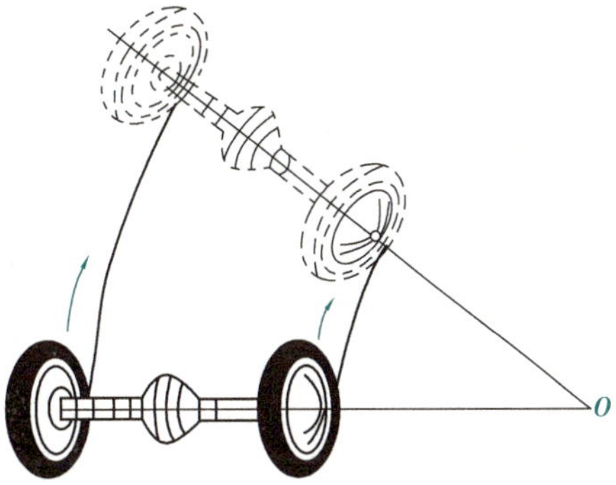

图 2-2-7　汽车转向时驱动轮运动示意图

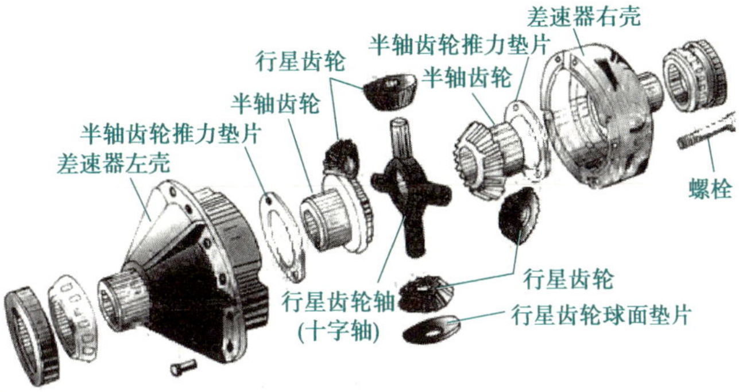

图 2-2-8　行星齿轮差速器的结构

四、行星齿轮差速器的工作原理

1.差速器的运动特性

差速器的两种不同工作情况如下:

1)汽车直线行驶

汽车直线行驶时两侧驱动轮阻力相同,行星齿轮只有公转,没有自转,差速器不起差速作用,如图 2-2-9 所示。

2)汽车转向

汽车转向时两侧驱动轮阻力不同,如汽车右转向,外侧车轮有滑移的趋势,内侧车轮有滑转的趋势,即外侧车轮阻力小,内侧车轮阻力大,使行星齿轮除了公转,还以 $\Delta\omega$ 自转,差速器起差速作用。

2.差速器的转矩分配特性

差速器的转矩分配特性,如图 2-2-10 所示。

设主减速器传至差速器壳的转矩为 M_0,两半轴的转矩分别为 M_1 和 M_2,行星齿轮的自转产生的摩擦力矩为 M_4。

(1)当行星齿轮不自转时,$M_4=0$,差速器将转矩 M_0 平均分配给两半轴齿轮,即

$$M_1 = M_2 = \frac{M_0}{2}$$

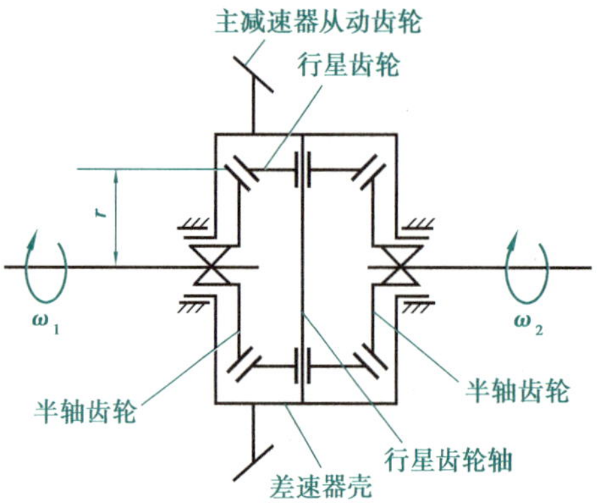

图 2-2-9　差速器的工作原理

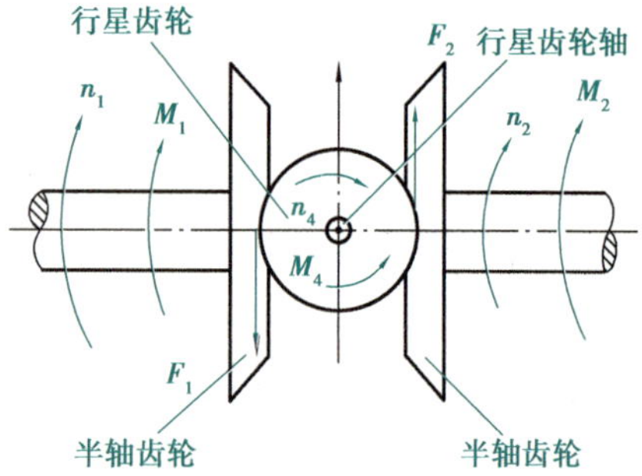

图 2-2-10　差速器的转矩分配特性示意图

（2）当行星齿轮如图 2-2-10 方向自转时（$n_1>n_2$），行星齿轮所受摩擦力矩 M_4 与其自转方向相反，即

$$M_1=\frac{M_0-M_4}{2}$$

$$M_2=\frac{M_0+M_4}{2}$$

结语：当差速器起差速作用时，转得慢的车轮分配到的转矩大于转得快的车轮，差值为差速器的内部摩擦力矩 M_4。由于 M_4 很小，可忽略不计，则 $M_1=M_2\pm M_0/2$。可见，无论差速器差速与否，行星锥齿轮差速器都具有转矩等量分配的特性。

五、半轴的作用及类型

1.半轴的作用

半轴的作用是将差速器传来的动力传递给驱动轮。其内端与差速器的半轴齿轮相连，外端则与驱动轮的轮轴相连。因其传动的转矩较大，常制成实心轴。

2.半轴的类型

半轴的受力情况由半轴和驱动轮在桥壳上的支承形式确定。常见的半轴支承形式有全浮式和半浮式两种。

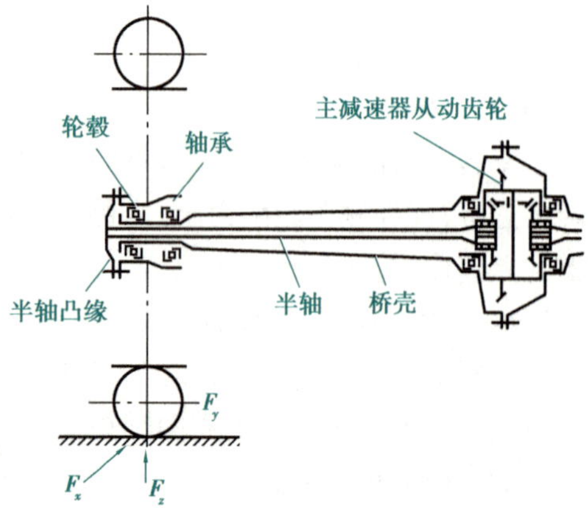

图 2-2-11　全浮式半轴的结构

- 全浮式半轴：半轴的支承形式使半轴只承受转矩，其两端均不承受任何反力和反力矩，故称为全浮式支承形式。所谓“浮”是对卸除半轴的弯曲负荷而言。全浮式半轴的结构如图 2-2-11 所示，内端通过花键与半轴齿轮啮合，外端凸缘与轮毂用螺栓连接，半轴浮装于半轴套管中，具有较大的传力能力。

- 半浮式半轴：作用在车轮上的各反力用反力矩都必须经过半轴传给驱动桥壳，这种半轴只能使半轴内端免受弯矩，而外端却承受全部弯矩。半浮式半轴的结构如图 2-2-12 所示，内端通过花键与半轴齿轮啮合，外端通过轴承支承于桥壳内，车轮轮毂通过螺栓或键与半轴连接。半浮式半轴除传递转矩外，其外端还承受路面作用于车轮的各向作用力及力矩。

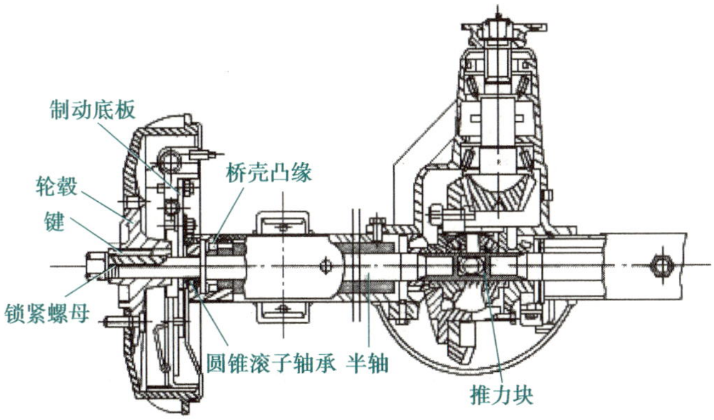

图 2-2-12　半浮式半轴的结构

六、驱动桥壳的作用及类型

1.驱动桥壳的作用

驱动桥壳的作用是支承并保护主减速器、差速器和半轴等，使左右驱动车轮的轴向相对位置固定；同从动桥一起支承车架及其上面各总成的质量；汽车行驶时，承受由车轮传来的路面反作用力和力矩，并经悬架传给车架。

2.驱动桥壳的类型

驱动桥壳一般由主减速器壳和半轴套管组成，可分为整体式和分段式两类。本书主要讲解整体式驱动桥壳。

整体式驱动桥壳中部为一环形空心壳体，两端压入半轴套管，并用紧定螺钉固定。如图 2-2-13所示，半轴套管露出部分安装轮毂轴承，端部制有螺纹，用于安装轮毂轴承调整螺母和锁紧螺母。凸缘盘用来固定制动底板，壳的端部加工有油封颈与轮毂油封配合，以密封轮毂空腔，防止润滑油外溢。桥壳后端面的大孔可用来检查主减速器的技术状况，平时用盖封住。盖上有螺塞，用以检查油面高度。

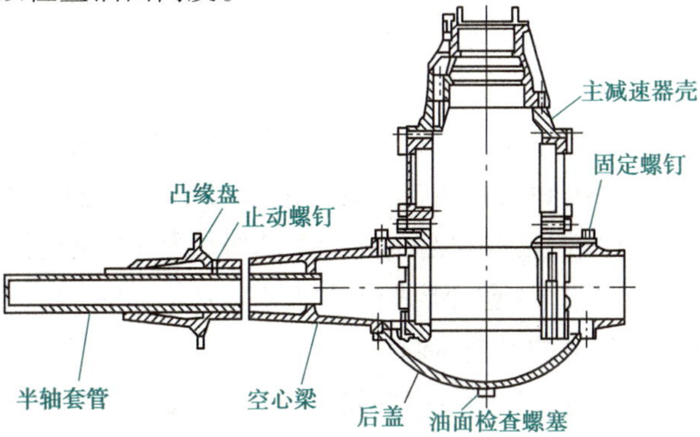

图 2-2-13　整体式驱动桥壳

【任务实施】

一、准备工量具和设备

(1)工量具:常用工具,套筒,扭力扳手,弹簧秤,轴承拉力器,调整垫片,百分表,磁性表座等。

(2)设备:EQ1090E 型主减速器总成若干。

(3)维修手册、评分表等。

二、作业前的准备工作

(1)现场安全确认:车辆、举升机、工位。

(2)车辆防护:三件套、翼子板布、前格栅布、车轮挡块、干净抹布等。

三、完成车辆基本信息表的填写

请完成车辆基本信息表,见表 2-2-1。

表 2-2-1 车辆基本信息表

项 目	具体信息
车牌号码	
行驶里程	
发动机型号及排量	
车辆识别代码(VIN)	

四、驱动桥(后轮驱动)异响的检修

请查阅维修手册,根据以下步骤进行作业。

1.主减速器的检修

1)分解与安装主减速器

分解前应对齿轮啮合间隙、轴承轴向间隙做初步检查。分解后应注意各部位调整垫片的数量和厚度,并分别有序放置。

从动齿轮轴承调整螺环解体前应做安装位置标记,避免安装时左右调整螺环错位。

从动齿轮座盖在取下轴承和调整环后应装回原处,防止左右轴承座盖错乱。

按与分解步骤相反顺序进行,按规定扭矩拧紧凸缘螺母时,应边拧紧边转动轴承座,使轴承滚子与外圈处于正确位置,并使槽形螺母的槽对正主动齿轮上的开口销孔。

2)主动锥齿轮轴承预紧度的检查与调整

按照装复顺序将主动锥齿轮与轴承座装复,注意不装油封,并按规定扭矩拧紧凸缘槽形螺母。

（1）轴承预紧度大小的检查

检查方法：用弹簧秤测量主动锥齿轮轴转动阻力的大小来判定。

将轴承座夹在台虎钳上，用弹簧秤切向拉动主动锥齿轮轴上的凸缘边缘孔，测量主动锥齿轮轴开始转动的瞬间拉力大小，其拉力值应符合原厂规定，如图 2-2-14 所示。

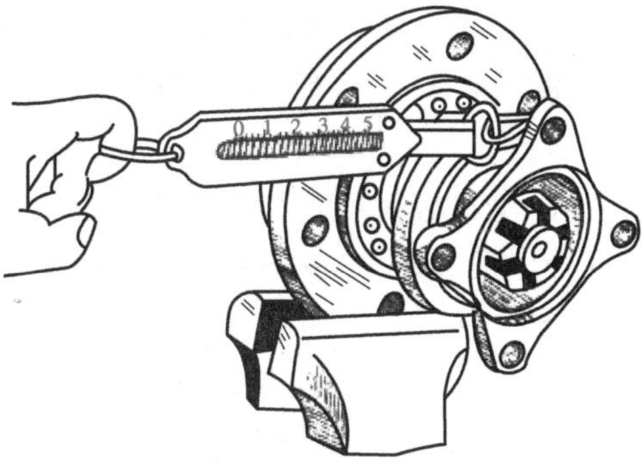

图 2-2-14 主动锥齿轮轴承预紧度大小的检查

（2）轴承预紧度的调整

调整方法：增减前端两圆锥滚子轴承间的调整垫片厚度进行调整。

弹簧秤拉力大于规定值时，增加垫片厚度；反之，减少垫片厚度。因为轴承预紧度的调整关系到主动锥齿轮的装配质量。装配不当，轻者发生异响，加速磨损，影响动力性和经济性；重者打坏齿轮、烧坏轴承。

预紧度调整合适后，再将油封装复。装复时小心油封不要被尖锐物划伤，而且还要注意油封唇口方向不要装反，以免造成漏油现象。

3）从动锥齿轮轴承预紧度的检查与调整

（1）检查方法

用百分表测量从动锥齿轮背面的端面圆跳动。其端面跳动量应不大于 0.05 mm，最大极限值为 0.10 mm。间隙不合适，应予调整。

（2）调整方法

通过调整左右轴承螺母来进行。

调整时先将螺母旋紧，再退回 1/16～1/10 圈，使最近的一个开口与锁止板重合，用锁止板固定。调整后，轴向推拉齿轮应无间隙感，转动齿轮时，应无卡滞现象。

4）主、从动锥齿轮啮合间隙的调整

从动锥齿轮轴承预紧度调整后，整装好主、从动锥齿轮总成，进行该项目调整。装配时，应注意：主动锥齿轮总成和壳体间的润滑油孔、润滑油槽必须相应对正。

（1）调整方法

①调整大垫片。通过主动锥齿轮总成和壳体间的调整大垫片进行调整。增加调整大垫片，啮合间隙变大；反之，啮合间隙变小。

②调整大螺母。松左侧调整大螺母，紧右侧调整大螺母，啮合间隙变小；反之，啮合间隙变大。

（2）检测方法

啮合间隙原厂规定标准为 0.15～0.40 mm，大修允许值为 0.20～0.50 mm，使用极限为 0.60 mm。检测方法可用如下几种：

• 百分表检测法：将百分表固定在主减速器盖上，用百分表测头抵在主动锥齿轮突缘的边上，左右转动突缘，测出其自由摆动量，即为啮合间隙。

● 卡尺检测法：将 0.5～1 mm 的软金属丝（软铝丝或者保险丝）放入被动锥齿轮齿面间，转动锥齿轮，将压扁的软金属丝用游标卡尺测量其厚度，即为啮合间隙。

● 经验法：用手来回转动主动锥齿轮凸缘，凭经验听轮齿撞击的声音，可判断啮合间隙的大小。

5）主、从动锥齿轮啮合印痕的调整

啮合印痕反映了主减速器齿轮的受力承载情况，主减速器的调整应以啮合印痕为主。

（1）检测方法——印痕法

在从动锥齿轮一圈均布 3～4 处，每处 1～2 齿的齿面上涂以红丹油或者红印泥；然后转动从动锥齿轮，检查从动锥齿轮上的啮合印痕是否适当。

（2）啮合印痕的正确部位（无负荷时）

啮合印痕应达到齿长的 50%以上，位置控制在轮齿的中部偏小端，离小端 2～4 mm。齿高方向的啮合印痕应大于有效齿高的 50%以上，离齿顶 0.8～1.6 mm。

（3）调整原则

调整时应先调好主、从动锥齿轮轴承预紧度，啮合间隙，然后调整啮合印痕；检查调整啮合印痕时，应以前进挡工作面为主，适当兼顾倒退挡；调整啮合印痕时，应辅助调整啮合间隙；在调整啮合印痕的过程中，必须保证从动锥齿轮轴承预紧度不变。

（4）调整方法

在齿长方向，调从动锥齿轮（松、紧调整大螺母），主动锥齿轮辅调（增、减调整大垫片）；在齿高方向，调主动锥齿轮，从动锥齿轮辅调。具体按“大进从，小出从；顶入主，根出主”的方法调整，如图 2-2-15 所示。

● 大进从：若啮合印痕靠近锥齿轮大端，将从动锥齿轮向内侧调整（松右侧调整大螺母，紧左侧调整大螺母）。调整后，若啮合间隙过小，再将主动锥齿轮向外侧调整（增加调整大垫片）。

● 小出从：若啮合印痕靠近锥齿轮小端，将从动锥齿轮向外侧调整。调整后，若啮合间隙过大，再将主动锥齿轮向内侧调整。

● 顶入主：若啮合印痕靠近锥齿轮顶端，将主动锥齿轮向内侧调整。调整后，若啮合间隙过小，再将从动锥齿轮向外侧调整。

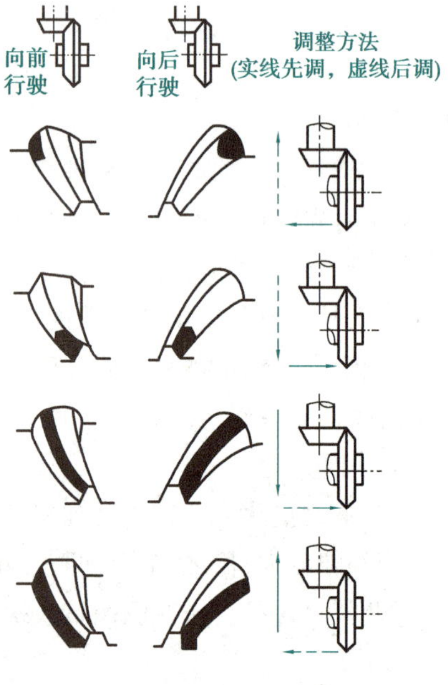

图 2-2-15　锥齿轮啮合的调整

● 根出主：若啮合印痕靠近锥齿轮根端，将主动锥齿轮向外侧调整。调整后，若啮合间隙过大，再将从动锥齿轮向内侧调整。

调好啮合印痕后，将从动锥齿轮轴承盖的连接螺栓以 196～235 N · m 的扭矩拧紧，装好防松装置。

2.差速器及其他零部件的检修

1)差速器的装配

(1)将差速器轴承的内圈压入左右差速器壳的轴颈上。将从动锥齿轮装到差速器左壳上,用螺栓紧固,螺母的拧紧力矩为137~157 N·m,拧紧后用锁片锁住螺母。

(2)把半轴齿轮支承垫圈、半轴齿轮放入左差速器壳的壳孔内,将已装好的行星齿轮及其支承垫的十字轴装入左差速器壳的十字槽中,并使行星齿轮与半轴齿轮啮合。

2)差速器轴承预紧度的调整

(1)将组装好的差速器总成装入减速器轴承座孔内,注意左右轴承盖要按记号装复,按规定力矩拧紧轴承盖螺栓。

(2)慢慢拧动两端的调整螺母,调整差速器轴承的预紧度,拧入调整螺母时要不断转动从动齿轮,使轴承滚子处于正确位置。正确的预紧度应用1.5~2.5 N·m的力矩能灵活转动差速器总成。

(3)当用弹簧秤钩在从动锥齿轮紧固螺栓上测量时的切向拉力为11.3~25.9 N,最后用锁片锁牢。

经验检查方法:用手转动从动锥齿轮时,稍有阻力感并转动灵活,无卡滞现象,用撬棒轴向撬动无轴向间隙感为合适。

3)驱动桥主要零件的检修

(1)桥壳的检修

①桥壳和半轴套管不允许有裂纹存在,半轴套管应进行探伤处理。各部螺纹损伤不得超过两牙。

②钢板弹簧座定位孔的磨损不得大于1.5 mm,超限时先补焊,然后按原位置重新钻孔。

③整体式桥壳以半轴套管的两内端轴颈的公共轴线为基准,两外轴颈的径向圆跳动误差超过0.30 mm时应进行校正,校正后的径向圆跳动误差不得大于0.08 mm。

④分段式桥壳以桥壳的结合圆柱面、结合平面及另一端内锥面为基准,轮毂的内外轴颈的径向圆跳动误差超过0.25 mm时应进行校正,校正后的径向圆跳动误差不得大于0.08 mm。

(2)半轴的检修

①半轴应进行隐伤检查,不得有任何形式的裂纹存在。

②半轴花键应无明显的扭转变形。

③以半轴轴线为基准,半轴中段未加工圆柱体径向圆跳动误差不得大于1.3 mm;花键外圆柱面的径向圆跳动误差不得大于0.25 mm;半轴凸缘内侧端面圆跳动误差不得大于0.15 mm。径向圆跳动超限,应进行冷压校正;端面圆跳动超限,可车削端面进行修正。

④半轴花键的侧隙增大量较原厂规定不得大于0.15 mm。

【任务评价】

(1)请完成驱动桥异响的检修评价项目,填写表2-2-2。

表2-2-2 评价表

评价内容	记录要点
本次任务中,你主要完成了哪些操作?	
本次任务中,你掌握了哪些知识点?	
在学习过程中,你做了哪些安全措施?请举例。	
在学习过程中团队合作和6S管理践行情况如何?	
你在本次任务学习中还存在哪些问题?	

(2)请根据你实训的实际情况完成以下内容的填写。

①调整后主减速器齿轮的啮合间隙为____________________ mm。

②主减速器齿轮的表面检查情况:____________________。

③差速器支承轴承的检查情况:____________________。

④半轴的检查情况(有无裂纹、花键有无损伤等):____________________。

项目三 | 手动变速器的检修

【案例导入】

问:师傅,手动变速器常见的故障原因是什么?

答:变速器挂挡困难的根本原因是汽车挂挡时待啮合齿的圆周速度不相等,或拨叉轴移动时的阻力过大。变速器跳挡的根本原因是换挡啮合副在传递动力时,产生的轴向力大于自锁装置的锁止力与齿面摩擦力之和,导致啮合副脱离啮合位置。变速器乱挡的根本原因是操纵杆与选挡装置的挡位不对应。变速器异响的根本原因是由于轴承磨损松旷和齿轮啮合失常或润滑不良所致。变速器漏油的原因是密封垫损坏、油封损坏、放油塞和变速器箱体及盖的固定螺栓松动、变速器壳体破裂、里程表齿轮限位器松脱破损。

【项目概述】

手动变速器是手动挡汽车的重要组成部分,图 3-1-1 为手动变速器内部结构示例图。手动变速器随使用时间的增加会引起工作不良或失效,从而导致在使用过程中出现挂挡困难、跳挡、乱挡、异响、漏油等故障现象。

图 3-1-1　手动变速器内部结构示例图

/任务一/　手动变速器油的检查

【学习目标】

通过本任务的学习，应达到以下学习目标：

- 能叙述变速器的作用与类型；
- 能叙述齿轮传动的基本组成和原理；
- 能叙述手动变速器操纵机构的作用和类型；
- 能叙述齿轮油的分类与组成；
- 能规范地对手动变速器油进行检查和更换。
- 树立安全意识、节约意识、环保意识和客户至上的意识。
- 养成职业规范和精益求精的工作作风。

【任务引入】

一辆手动丰田卡罗拉 1.6 L 轿车，行驶了 60 000 km。车主需要你对手动变速器油进行检查和更换。

【任务准备】

一、手动变速器的安装位置及作用

1.手动变速器的安装位置

手动变速器的安装位置，如图 3-1-2 所示，它位于离合器与驱动轴之间。

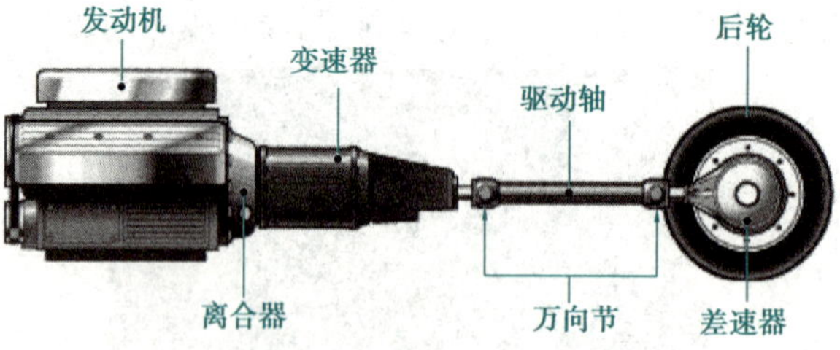

图 3-1-2　手动变速器的安装位置

2.手动变速器的作用

手动变速器的作用主要有以下几个方面：

（1）实现变速、变矩。改变传动比，扩大驱动轮转速和转矩的变化范围，以适应汽车在不同工况下所需的牵引力和合适的行驶速度，并使发动机尽量在最佳的工况下工作。变速器是通过不同的挡位来实现这一作用的。

（2）实现倒车。发动机的旋转方向从前往后看为顺时针方向，且不能改变，为了实现汽车的倒向行驶，变速器中设置了倒挡。

（3）实现中断动力传动。在发动机启动和怠速运转、变速器换挡、汽车滑行和暂时停车等情况下，都需要中断发动机的动力传递，因此变速器中设有空挡。

二、手动变速器的类型

手动变速器按传动比的级数可分为有级式、无级式和综合式 3 种。

1.有级式变速器

如图 3-1-3 所示，有几个可选择的固定传动比，采用齿轮传动。有级式变速器又可分为齿轮轴线固定的普通齿轮变速器和部分齿轮（行星齿轮）轴线旋转的行星齿轮变速器两种。

2.无级式变速器

如图 3-1-4 所示，无级式变速器传动比可在一定范围内连续变化，常见的有液力式、机械式和电力式。

图 3-1-3　有级式变速器

图 3-1-4　无级式变速器

3.综合式变速器

如图 3-1-5 所示，综合式变速器由有级式变速器和无级式变速器共同组成，其传动比可以在最大值与最小值之间几个分段的范围内作无级变化。

综合式变速器按操纵方式可分为手动变速器、自动变速器和手自一体变速器 3 种。

- 手动变速器（简称 MT）：如图 3-1-6 所示，手动变速器靠驾驶人直接操纵变速杆换挡。

图 3-1-5　综合式变速器

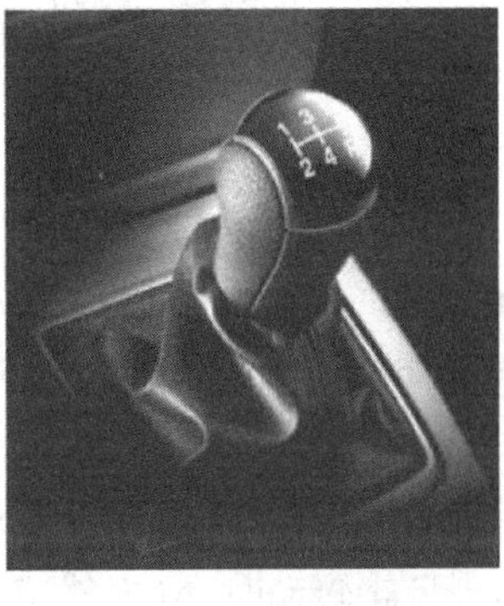

图 3-1-6　手动变速器操纵杆

• 自动变速器(简称 AT):如图 3-1-7 所示,自动变速器传动比的选择和换挡是自动进行的。驾驶员只需操纵加速踏板,变速器就可根据发动机的负荷信号和车速信号来控制执行元件,实现挡位的变换。

• 手自一体变速器:如图 3-1-8 所示,手自一体变速器可分为两类:一类是部分挡位自动换挡,部分挡位手动(强制)换挡;另一类是预先用按钮选定挡位,在踩下离合器踏板或松开加速踏板时,由执行机构自行换挡。

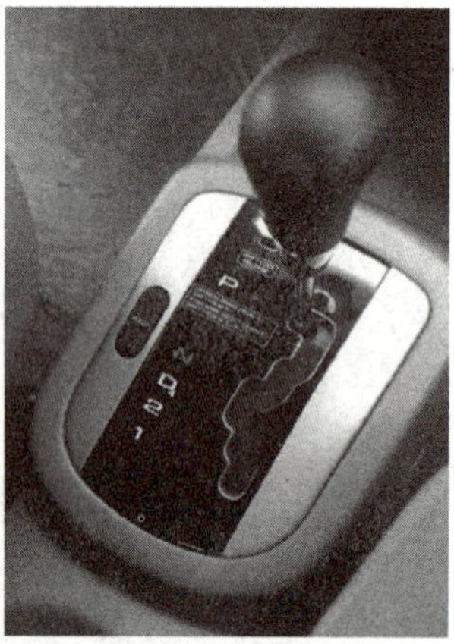

图 3-1-7　自动变速器操纵杆

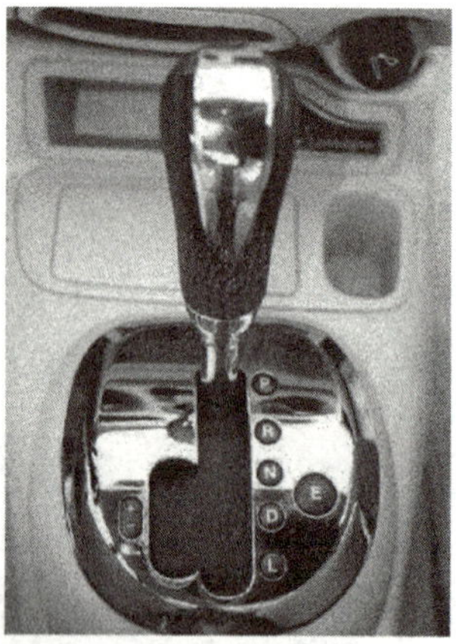

图 3-1-8　手自一体变速器操纵杆

三、齿轮传动的基本原理

普通齿轮变速器是利用不同齿数的齿轮啮合传动来实现转矩和转速的改变。

齿轮传动的基本原理,如图 3-1-9 所示,一对齿数不同的齿轮啮合传动时可以实现变速,而且两齿轮的转速比与其齿数成反比。

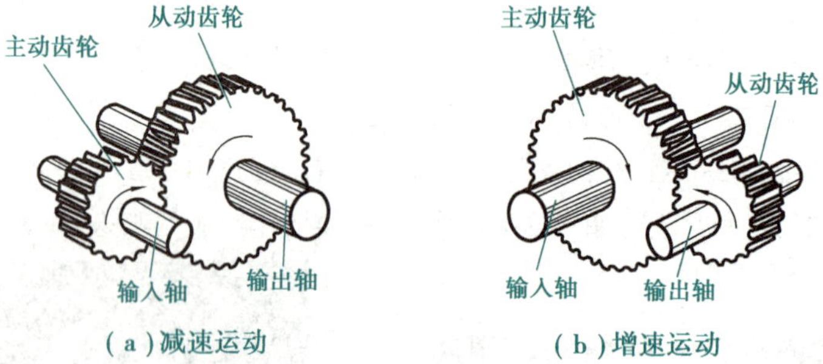

图 3-1-9　齿轮传动的基本原理

设主动齿轮转速为 n_1、齿数为 z_1;从动齿轮转速为 n_2、齿数为 z_2;主动齿轮(即输入轴)转速与从动齿轮(即输出轴)转速之比为传动比(i_{12}),则由 1 传到 2 的传动比为

$$i_{12} = n_1/n_2 = z_2/z_1$$

当小齿轮带动大齿轮转动时,输出转速降低,即 $n_2<n_1$,为减速传动,此时传动比大于 1;当大齿轮带动小齿轮转动时,输出转速升高,即 $n_2>n_1$,为增速传动,此时传动比小于 1。汽车变速器就是根据这一原理利用若干大小不同的齿轮副传动来实现变速的。

四、手动变速器的基本组成

手动变速器通常由换挡操纵机构、齿轮传动机构和壳体等组成。

1.换挡操纵机构

变速器换挡操纵机构的作用是保证驾驶人能准确可靠地将变速器挂入某个挡位，并可随时使之退到空挡。

变速器操纵机构根据其变速操纵杆（简称变速杆）与变速器的相对位置不同，可分为直接操纵式和远距离操纵式两种类型。

2.齿轮传动机构

齿轮传动机构由一系列的齿轮、轴、轴承以及同步器组成，如图 3-1-10 所示。

3.壳体

壳体和盖用来安装齿轮传动机构和内部操纵机构，同时储存润滑油。

为了减轻汽车的自重，对小型车辆来说，壳体和盖常采用铝合金或镁合金制造。中、重型车辆手动变速器的壳体和盖一般用铸铁制造，以保证其强度要求。图 3-1-11 为桑塔纳 2000 五挡手动变速器的壳体。

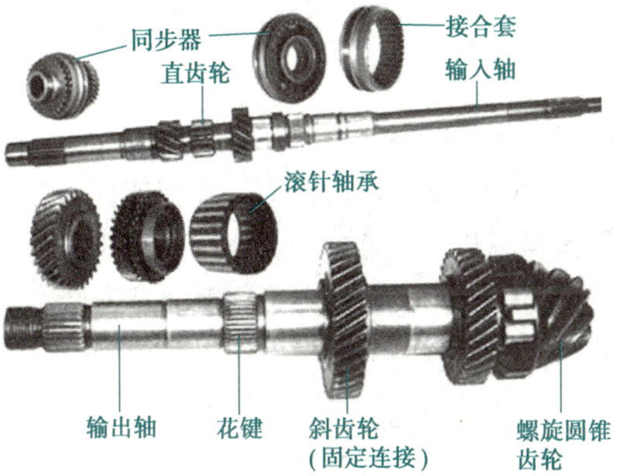

图 3-1-10　变速器齿轮传动机构的组成

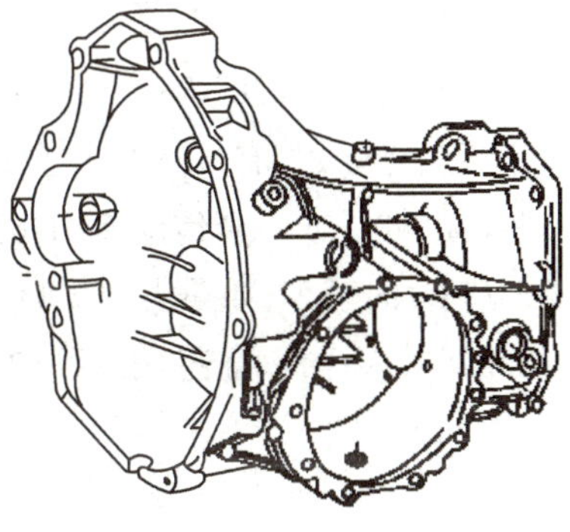

图 3-1-11　桑塔纳 2000 五挡手动变速器的壳体

五、手动变速器操纵机构的作用及类型

1.手动变速器操纵机构的作用

手动变速器操纵机构的作用是保证驾驶人根据使用条件，准确、可靠地使变速器挂入所需要的挡位，并可随时使之退入空挡的一种机构。

2.手动变速器操纵机构的类型

手动变速器操纵机构按照变速操纵杆（变速杆）位置的不同，可分为直接操纵式和远距离操纵式两种类型。

● 直接操纵式：变速器布置在驾驶人座椅附近，变速杆由驾驶室底板伸出，驾驶员可以直接操纵。直接操纵式多用于发动机前置后轮驱动的车辆，解放 CA1091 中型货车六挡变速器操纵机构就采用的这种形式，如图 3-1-12 所示。

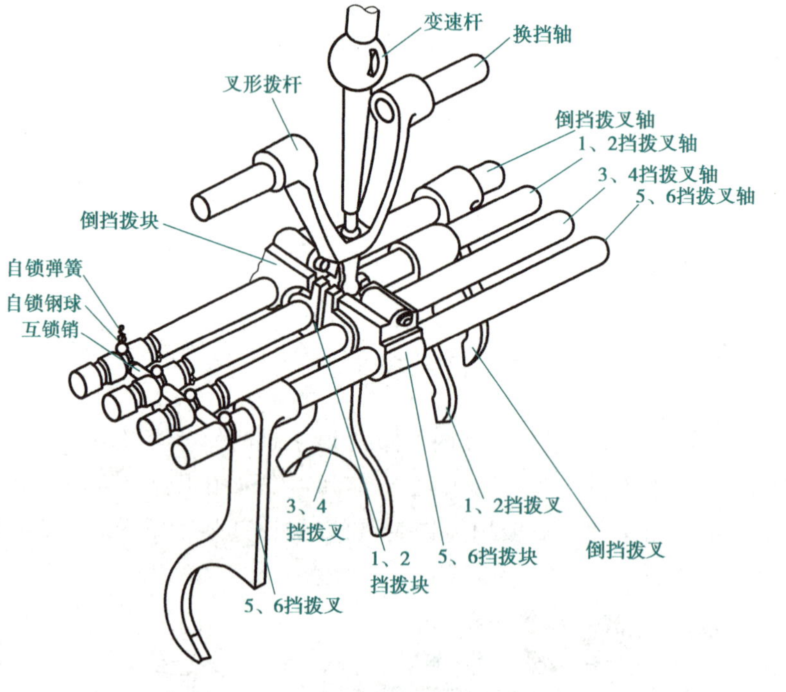

图 3-1-12　解放 CA1091 中型货车六挡变速器操纵机构

• 远距离操纵式：有些汽车由于变速器离驾驶人座位较远，则需要在变速杆与拨叉之间加装一些辅助杠杆或一套传动机构构成远距离操纵机构。这种操纵机构多用于发动机前置前轮驱动(FF)的轿车，如桑塔纳 2000 轿车的五挡手动变速器，由于其变速器安装在前驱动桥处，远离驾驶人座椅，需采用这种操纵方式，如图 3-1-13 所示。

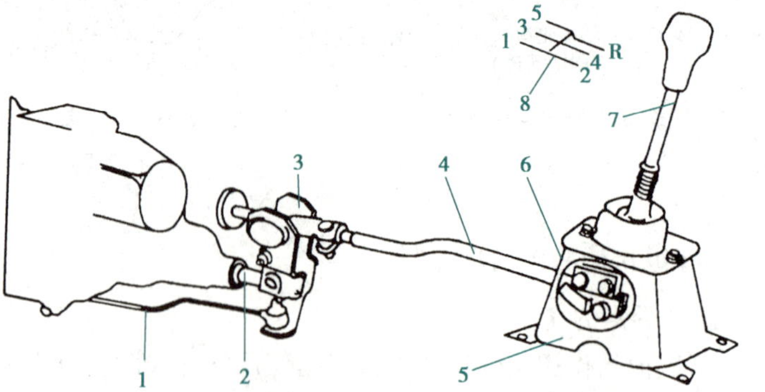

图 3-1-13　桑塔纳 2000 轿车的五挡手动变速器远距离操纵机构

1—支承杆；2—内换挡杆；3—换挡杆接合器；4—外换挡杆；

5—倒挡保险挡块；6—换挡手柄座；7—变速杆；8—换挡标记

远距离操纵式变速器在变速器壳体上具有类似于直接操纵式的内换挡机构，如图3-1-14所示。

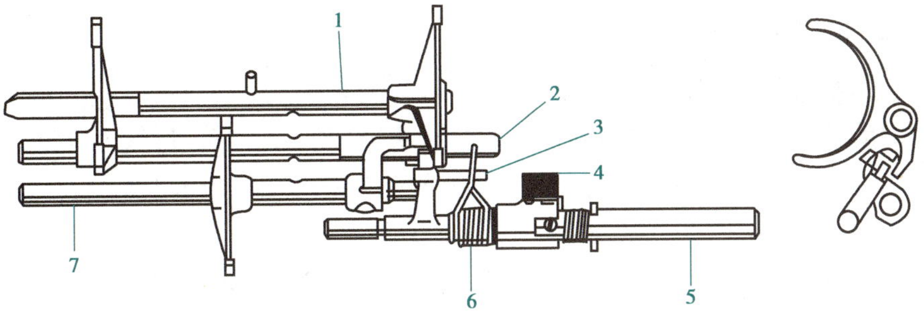

图 3-1-14　桑塔纳 2000 轿车五挡手动变速器的内换挡机构

1—5 倒挡拨叉轴；2—3、4 挡拨叉轴；3—定位拨销；

4—倒挡保险块；5—内换挡杆；6—定位弹簧；7—1、2 挡拨叉轴

为了保证变速器在任何情况下都能准确、安全、可靠地工作，变速器操纵机构一般都具有换挡锁装置，包括自锁装置、互锁装置和倒挡锁装置。自锁装置用于防止变速器自动脱挡或挂挡，并保证轮齿以全齿宽啮合；互锁装置用于防止同时挂上两个挡位；倒挡锁装置用于防止误挂倒挡。

自锁装置的结构原理，如图 3-1-15 所示。换挡拨叉轴上方有 3 个凹坑，上面有被弹簧压紧的钢珠，当拨叉轴位置处于空挡或某一挡位置时，钢珠压在凹坑内起自锁作用。

互锁装置的结构原理如图 3-1-16 所示。当中间拨叉轴移动挂挡时，另外两个拨叉轴被钢球锁住，防止同时挂上两个挡而使变速器卡死或损坏，起互锁作用。

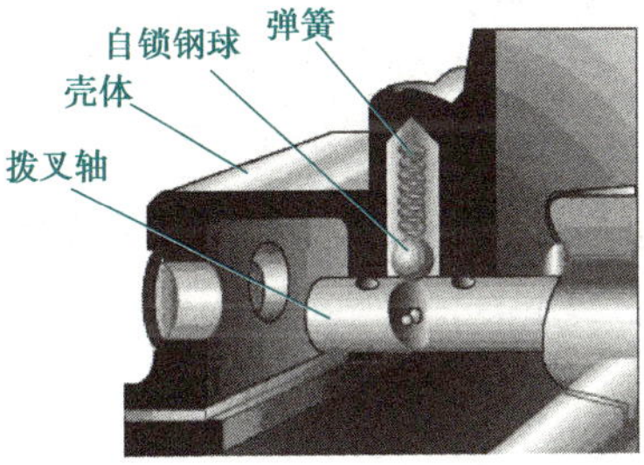

图 3-1-15　自锁装置的结构原理图

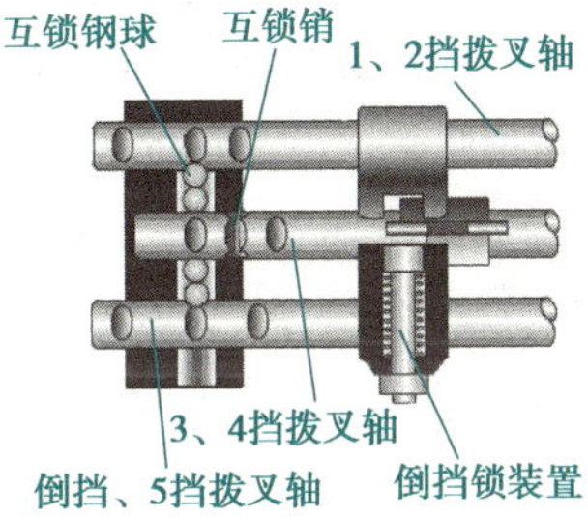

图 3-1-16　互锁装置的结构原理图

倒挡锁装置的结构原理如图 3-1-17 所示。当换挡杆下端向倒挡拨叉轴移动时，必须压缩弹簧才能进入倒挡拨叉轴上的拨块槽中。这样防止了在汽车前进时因误挂倒挡而导致零件损坏，起倒挡锁的作用。当倒挡拨叉轴移动挂挡时，另外两个拨叉轴被钢球锁住。

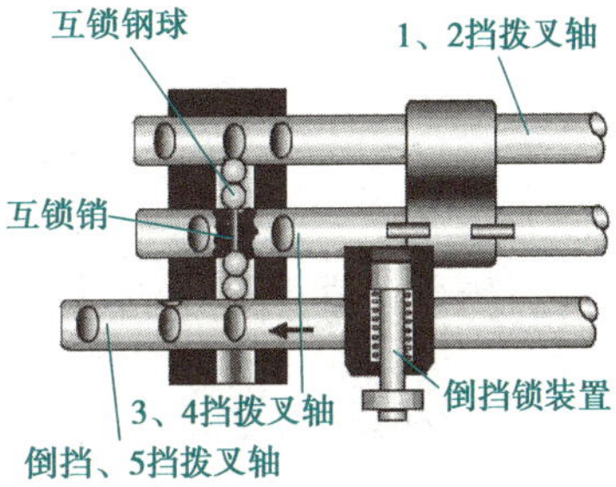

图 3-1-17　倒挡锁装置的结构原理图

六、手动变速器的换挡方式

1.直齿滑动齿轮式换挡装置

直齿滑动齿轮式换挡装置通过移动齿轮直接换挡,多用于倒挡,齿轮为直齿,内孔有花键孔套在花键轴上,由拨叉移动齿轮与另一轴上的齿轮进入啮合或退出啮合。

2.接合套式换挡装置

接合套式换挡装置用于常啮合斜齿轮传动的挡位,它利用移动套在花键毂上的接合套与传动齿轮上的接合齿圈相啮合或退出完成换挡。

七、齿轮油的分类及齿轮油的组成

1.齿轮油的分类

美国石油学会将车辆齿轮油按使用性能分为GL-1、GL-2、GL-3、GL-4、GL-5和GL-6六类,其性能水平顺序逐级提高。其中,使用较多的是GL-4和GL-5两类。近年来API还提出了两种新使用性能分类规格:一种是PG-1,适用于重载、高温(可达150 ℃)手动变速器(卡车与公共汽车用);另一种是PG-2,适用于有高偏置的重载轴齿轮传动(重型卡车最后一级传动用)。这两种新规格还要求能够满足对清净分散性、密封寿命与同步啮合腐蚀极限的更高要求。

2.齿轮油的组成

齿轮油简单地说就是由基础油及添加剂组成。性能的优异和选择与机油一样,要看基础油是何类型。常用于调配齿轮油的基础油有500SN、650SN、150BS、200BS等,有的还采用合成油如PAO、聚醚等调合,一般GL-4、GL-5级的85W/90、85W/140及90、140油采用普通矿油调合即可,GL-4、GL-5级的75W/90、80W/90则需要用合成油调合了。一般厂家手册上都是介绍终身不用更换手动变速器齿轮油,家用车如果需要更换手动变速器齿轮油,尽量使用API 75W-90的GL-4、GL-5全合成型齿轮油。

【任务实施】

一、作业前准备工量具和设备

(1)工量具:组合工具、专用工具、扭力扳手等。

(2)设备:手动变速器的卡罗拉1.6 L轿车或其他手动变速器的轿车(根据本校现有设备实际情况)。

(3)维修手册、评分表等。

二、作业前的准备工作

(1)现场安全确认:车辆、举升机、工位。

(2)车辆防护:三件套、翼子板布、前格栅布、车轮挡块、干净抹布等。

三、完成车辆基本信息表的填写

请完成车辆基本信息表，见表 3-1-1。

表 3-1-1　车辆基本信息表

项　目	具体信息
车牌号码	
行驶里程	
发动机型号及排量	
车辆识别代码(VIN)	

四、手动变速器油的检查

请查阅维修手册，根据以下步骤进行作业。

1.检查手动变速器油

(1)举升车辆到合适的位置。

(2)拆下变速器注油螺塞和衬垫。

(3)检查并确认油面在变速器注油螺塞开口最低点以下5 mm范围内，如图 3-1-18 所示。

(4)油位低时，检查机油是否泄漏。

(5)安装变速器注油螺塞和新衬垫，拧紧力矩为 39 N · m。

2.更换手动变速器油

(1)拆下底板，如图 3-1-19 所示。

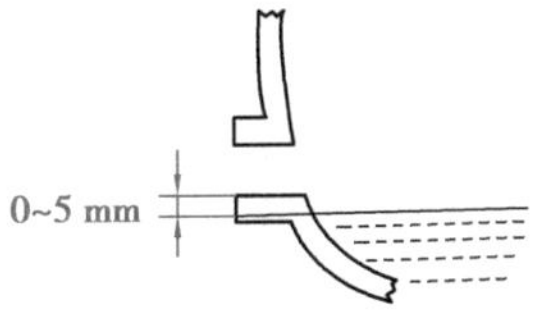

图 3-1-18　油面高度

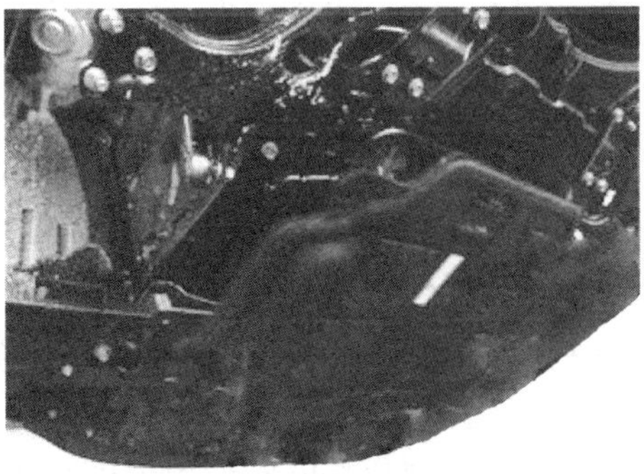

图 3-1-19　拆下底板

(2)拆下变速器放油螺塞，如图 3-1-20 所示。

(3)放掉变速器油。

(4)从变速器油加注口处用专用加注仪器加注变速器油，如图 3-1-21 所示。

(5)启动发动机，挂入每个挡位运行一段时间，检查变速器是否漏油。

图 3-1-20 变速器放油螺塞

图 3-1-21 加注变速器油

【任务评价】

(1)请完成手动变速器油的检查评价项目,填写表 3-1-2。

表 3-1-2 评价表

评价内容	记录要点
本次任务中,你主要完成了哪些操作?	
本次任务中,你掌握了哪些知识点?	
在学习过程中,你做了哪些安全措施?请举例。	
在学习过程中团队合作和 6S 管理践行情况如何?	
你在本次任务学习中还存在哪些问题?	

(2)请根据你实训的实际情况完成以下内容的填写。

①手动变速器油的颜色:________。

②丰田卡罗拉手动变速器放油螺塞拧紧力矩为________ N · m。

③手动变速器油的油位在注油螺塞下________ mm。

/任务二/　手动变速器挂挡困难的检修

【学习目标】

通过本任务的学习，应达到以下学习目标：

- 能叙述二轴式、三轴式变速器的变速传动机构结构；
- 能理解二轴式、三轴式变速器的变速传动机构动力传递路线；
- 能理解同步器的工作原理和叙述同步器的类型；
- 能规范就车拆装变速器；
- 能规范地对变速器进行分解、组装；
- 能规范地对变速器的主要零件进行检测。
- 树立安全意识、节约意识、环保意识和客户至上的意识。
- 养成职业规范和精益求精的工作作风。

【任务引入】

一辆丰田卡罗拉 ZRE151 手动挡轿车，车辆在 1 挡、2 挡、5 挡和倒挡时挂挡轻松自如，但 3 挡和 4 挡挂挡困难，并伴有齿轮撞击声。车主需要你对变速器进行拆检。

【任务准备】

一、二轴式变速器的变速传动机构结构及动力传递路线

1.二轴式变速器的变速传动机构结构

变速传动机构是变速器的主体。手动变速器按工作轴的数量（不包括倒挡轴）可分为二轴式变速器和三轴式变速器。

二轴式变速器用于发动机前置前轮驱动（FF）的汽车，一般与驱动桥（前桥）合称为手动变速驱动桥。前置发动机有纵向布置和横向布置两种形式，如图 3-2-1 和图 3-2-2 所示，与其配用的二轴式变速器也有两种不同的结构形式。发动机纵置时，主减速器为一对圆锥齿轮；发动机横置时，主减速器采用一对圆柱齿轮。

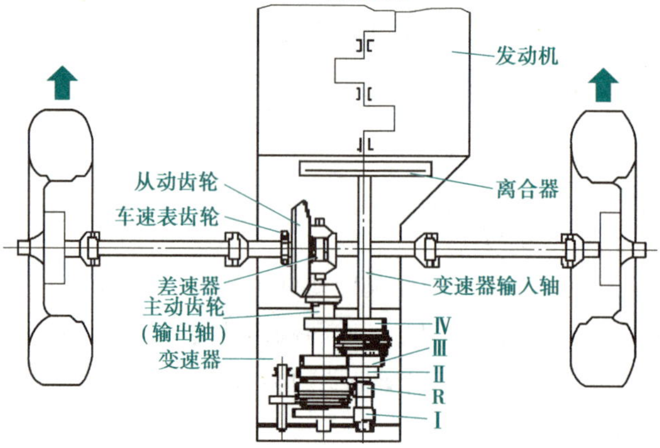

图 3-2-1　发动机纵向布置的二轴式变速器传动示意图

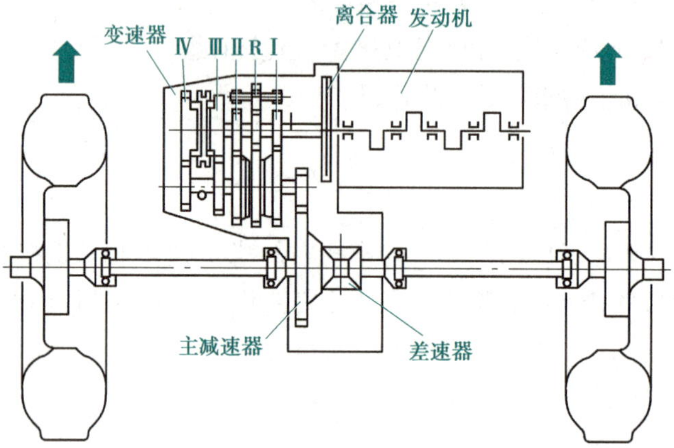

图 3-2-2　发动机横向布置的二轴式变速器传动示意图

如图 3-2-3、图 3-2-4 所示分别为桑塔纳 2000 型轿车二轴式五挡手动变速器变速传动机构的结构图和示意图。

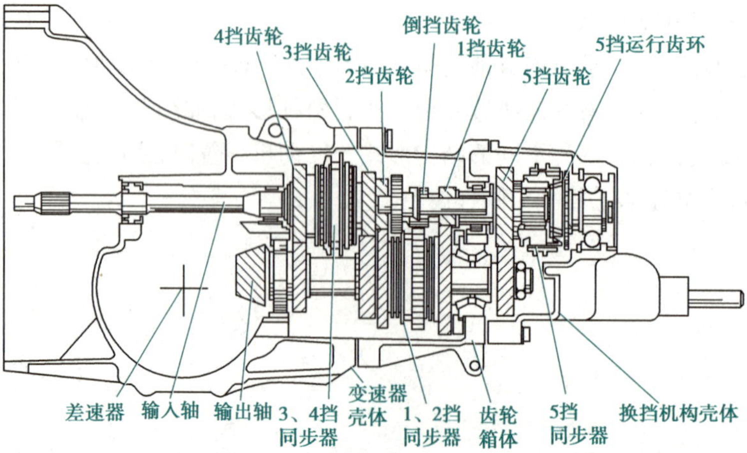

图 3-2-3　桑塔纳 2000 型轿车二轴式五挡手动变速器变速传动机构的结构图

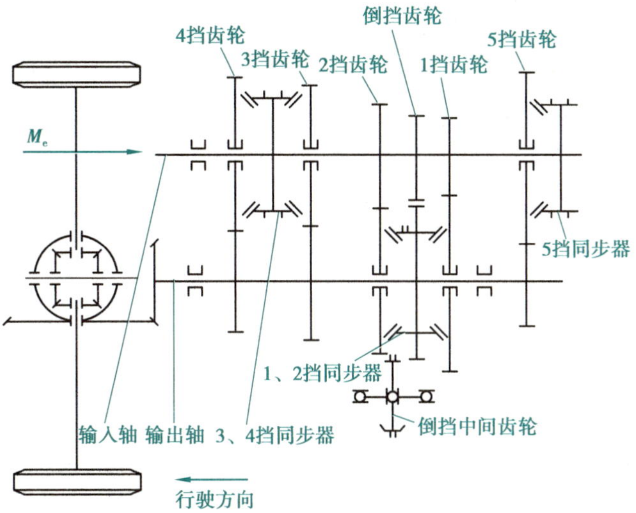

图 3-2-4 桑塔纳 2000 型轿车二轴式五挡手动变速器变速传动机构的示意图

桑塔纳 2000 型轿车变速器的变速传动机构有输入轴和输出轴，两轴平行布置，输入轴同时是离合器的从动轴，输出轴是主减速器的主动锥齿轮轴。该变速器具有 5 个前进挡(1~3 挡为降速挡，4 挡为直接挡，5 挡为超速挡)和 1 个倒挡，全部采用锁环式惯性同步器换挡。

变速器的输入轴前端通过轴承支承在发动机曲轴后端的中心孔内。输入轴上有 1~5 挡主动齿轮和倒挡齿轮以及 3、4 挡和 5 挡同步器。各机件的安装位置从前往后依次为 4 挡主动齿轮，3、4 挡同步器，3 挡主动齿轮，2 挡主动齿轮，倒挡主动齿轮，1 挡主动齿轮，5 挡主动齿轮，5 挡同步器等。其中，2 挡主动齿轮、倒挡主动齿轮、1 挡主动齿轮与轴制成一体，3、4、5 挡主动齿轮及 5 挡同步器都通过轴承支承在输入轴上，3、4 挡同步器和 5 挡齿圈都通过花键固定在输入轴上。

变速器的输出轴与主减速器的主动锥齿轮制成一体，其上相应地有主减速器主动锥齿轮、1~5 挡从动齿轮和 1、2 挡同步器。各机件的安装位置从前往后依次为主减速器主动锥齿轮，4 挡从动齿轮，3 挡从动齿轮，2 挡从动齿轮，1、2 挡同步器，1 挡从动齿轮，5 挡从动齿轮等。其中，3、4、5 挡从动齿轮及 1、2 挡同步器与输出轴制成一体，1、2 挡从动齿轮通过轴承支承在输出轴上。

2.二轴式变速器的变速传动机构动力传递路线

桑塔纳 2000 型轿车变速器各挡位动力传递路线，见表 3-2-1。

表 3-2-1 桑塔纳 2000 型轿车变速器各挡位动力传递路线

挡 位	动力传递路线
1 挡	变速器操纵杆从空挡向左、向前移动，实现：动力→输入轴→输入轴 1 挡齿轮→输出轴 1 挡齿轮→输出轴上 1、2 挡同步器→输出轴→动力输出
2 挡	变速器操纵杆从空挡向左、向后移动，实现：动力→输入轴→输入轴 2 挡齿轮→输出轴 2 挡齿轮→输出轴上 1、2 挡同步器→输出轴→动力输出

续表

挡　位	动力传递路线
3 挡	变速器操纵杆从空挡向前移动,实现:动力→输入轴→输入轴 3、4 挡同步器→输入轴 3 挡齿轮→输出轴 3 挡齿轮→输出轴→动力输出
4 挡	变速器操纵杆从空挡向后移动,实现:动力→输入轴→输入轴 3、4 挡同步器→输入轴 4 挡齿轮→输出轴 4 挡齿轮→输出轴→动力输出
5 挡	变速器操纵杆从空挡向右、向前移动,实现:动力→输入轴→输入轴 5 挡同步器→输入轴 5 挡齿轮→输出轴 5 挡齿轮→输出轴→动力输出
倒挡	变速器操纵杆从空挡向右、向后移动,实现:动力→输入轴→输入轴倒挡齿轮→倒挡轴倒挡齿轮→输出轴倒挡齿轮→输出轴→动力反向输出

二、三轴式变速器的变速传动机构结构及动力传递路线

1.三轴式变速器的变速传动机构结构

三轴式变速器用于发动机前置后轮驱动(FR)的汽车。该变速器有 3 根主要的轴,分别称为一轴(又称输入轴)、二轴(又称输出轴)和中间轴,故称为三轴式变速器,另外还有倒挡轴。

下面以东风 EQ1092 中型货车的变速器为例进行介绍。

1)东风 EQ1092 中型货车的三轴式手动变速器壳体和输入轴

东风 EQ1092 中型货车的三轴式手动变速器壳体和输入轴,如图 3-2-5 所示。

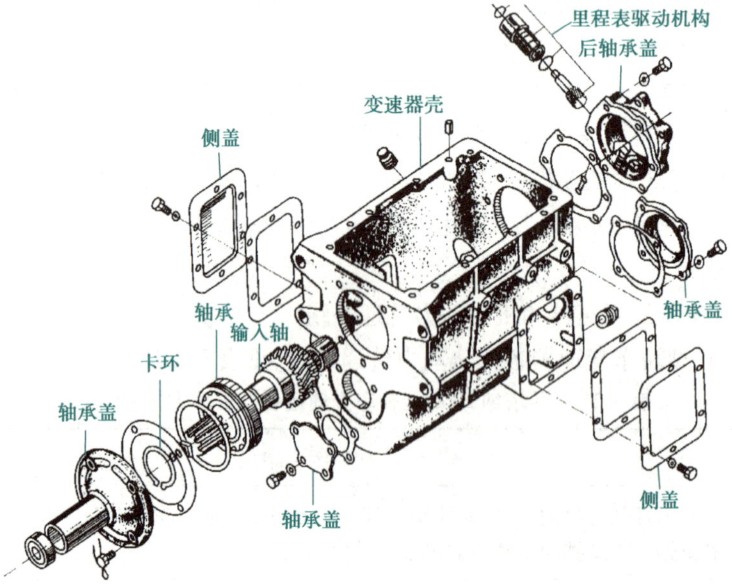

图 3-2-5　东风 EQ1092 中型货车的三轴式手动变速器壳体和输入轴

2)东风 EQ1090 中型货车的三轴式手动变速器输出轴

东风 EQ1090 中型货车的三轴式手动变速器输出轴,如图 3-2-6 所示。

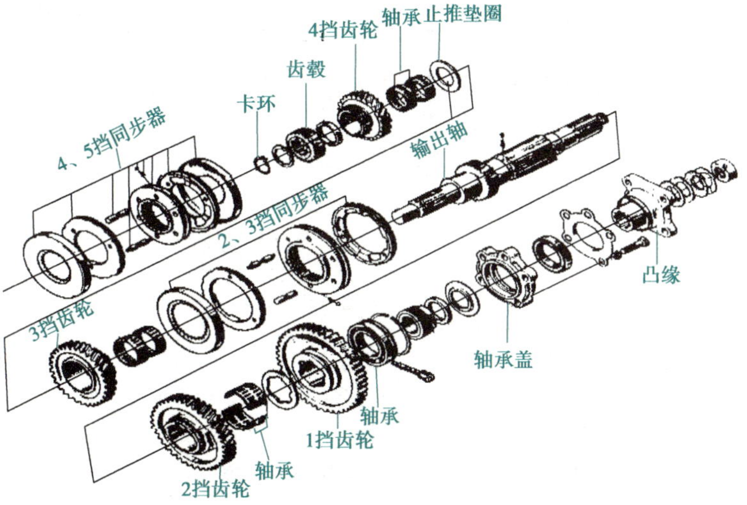

图 3-2-6　东风 EQ1090 中型货车的三轴式手动变速器输出轴

3)东风 EQ1092 中型货车的三轴式手动变速器中间轴和倒挡轴

东风 EQ1092 中型货车的三轴式手动变速器中间轴和倒挡轴,如图 3-2-7 所示。

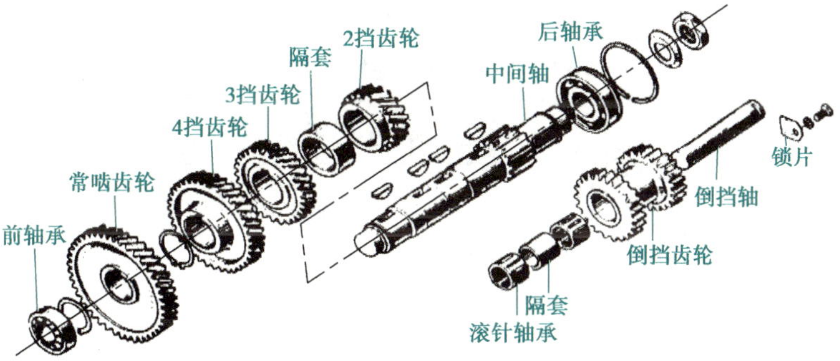

图 3-2-7　东风 EQ1092 中型货车的三轴式手动变速器中间轴和倒挡轴

2.三轴式变速器的变速传动机构的动力传递路线

以东风 EQ1092 中型货车的变速器为例进行介绍各挡位动力传递情况,其示意图如图 3-2-8所示。

东风 EQ1092 中型货车变速器为 5 挡变速器,各挡位动力传递情况见表 3-2-2。

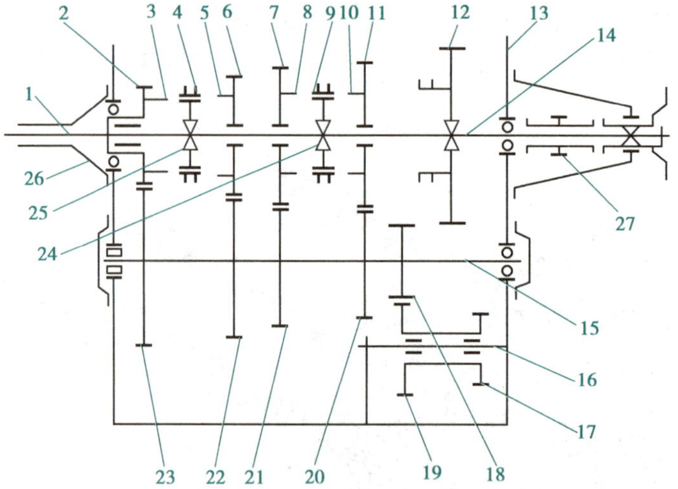

图 3-2-8　东风 EQ1092 中型货车的三轴式变速器

1——轴;2——轴常啮合齿轮;3——轴常啮合齿轮接合齿圈;4,9—接合套;
5—4 挡齿轮接合齿圈;6—二轴 4 挡齿轮;7—二轴 3 挡齿轮;
8—3 挡齿轮接合齿圈;10—2 挡齿轮接合齿圈;11—二轴 2 挡齿轮;
12—二轴 1 挡、倒挡直齿滑动齿轮;13—变速器壳体;14—二轴;
15—中间轴;16—倒挡轴;17,19—倒挡中间齿轮;18—中间轴 1 挡、倒挡齿轮;
20—中间轴 2 挡齿轮;21—中间轴 3 挡齿轮;22—中间轴 4 挡齿轮;
23—中间轴常啮合齿轮;24,25—花键毂;26——轴轴承盖;27—回油螺纹

表 3-2-2　东风 EQ1092 中型货车变速器传动机构的动力传递路线

挡　位	动力传递路线
空挡	二轴上的各接合套、传动齿轮均处于中间空转的位置,动力不传给第二轴
1 挡	前移 1 挡、倒挡直齿滑动齿轮与中间轴 1 挡齿轮啮合。动力经一轴齿轮、中间轴常啮合齿轮、中间轴齿轮、二轴 1 挡、倒挡齿轮传到二轴,使其顺时针旋转(与一轴同向)
2 挡	后移接合套 9 与二轴 2 挡齿轮的接合齿圈啮合。动力经一轴齿轮、中间轴常啮合齿轮、中间轴二轴齿轮、二轴 2 挡齿轮、2 挡齿轮接合齿圈、接合套 9、花键毂 24 传到二轴,使其顺时针旋转
3 挡	前移接合套 9 与二轴 3 挡齿轮的接合齿圈啮合。动力经一轴齿轮、中间轴常啮合齿轮、中间轴三轴齿轮、二轴 3 挡齿轮、3 挡齿轮接合齿圈、接合套 9、花键毂 24 传到二轴使其顺时针旋转
4 挡	后移接合套 4 与二轴 4 挡齿轮的接合齿圈啮合。动力经一轴齿轮、中间轴常啮合齿轮、中间轴 4 挡齿轮、二轴 4 挡齿轮、4 挡齿轮接合齿圈、接合套 4、花键毂 25 传到二轴使其顺时针旋转
5 挡	前移接合套 4 与一轴常啮合齿轮的接合齿圈啮合。动力直接由一轴、一轴常啮合齿轮、一轴常啮合齿轮接合齿圈、接合套 4、花键毂 25 传到二轴,传动比为 1。由于二轴的转速与一轴相同,故此挡称为直接挡

续表

挡　位	动力传递路线
倒挡	后移二轴上的 1 挡、倒挡直齿滑动齿轮与倒挡齿轮 17 啮合。动力经一轴常啮合齿轮，中间轴常啮合齿轮，中间轴 1 挡、倒挡齿轮、倒挡中间齿轮 17、19，二轴 1 挡、倒挡直齿滑动齿轮，传给二轴使其逆时针旋转，汽车倒向行驶。倒挡传动路线与其他挡位相比，多了倒挡中间齿轮的传动，因此改变了二轴的旋转方向

三、同步器的作用及类型

1.同步器的作用

同步器的作用是使接合套与待啮合的齿圈迅速同步，缩短换挡时间且防止在同步前啮合而产生换挡冲击，如图 3-2-9 所示。

2.同步器的类型

目前所采用的同步器几乎都是摩擦式惯性同步器，按锁止装置不同，可分为锁环式惯性同步器和锁销式惯性同步器。

1）锁环式惯性同步器的结构

图 3-2-10 为锁环式惯性同步器的结构。花键毂用内花键套装在二轴外花键上，用垫圈、卡环进行轴向定位。3 个定位滑块分别装在花键毂上 3 个均匀分布的轴向槽内，沿槽可以轴向移动。花键毂两端与齿轮之间各有一个青铜制成的锁环。锁环有内锥面，与接合齿圈外锥面相配合组成锥面摩擦副。通过这对锥面摩擦副的摩擦，可使转速不等的两齿轮在接合之前迅速达到同步。锁环上的花键齿在对着接合套的一端制有倒角（称为锁止角），且与接合套齿端的倒角相同。同步器在结构设计上保证：只有当锁环与接合套转速达到同步时，两者方可进行啮合（即挂上挡）。

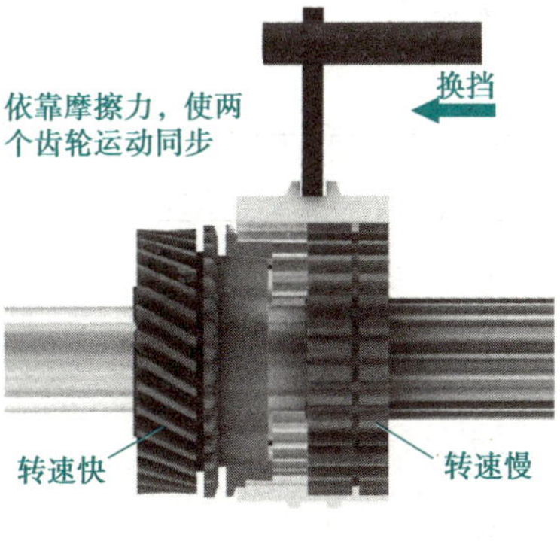

图 3-2-9　同步器的工作原理

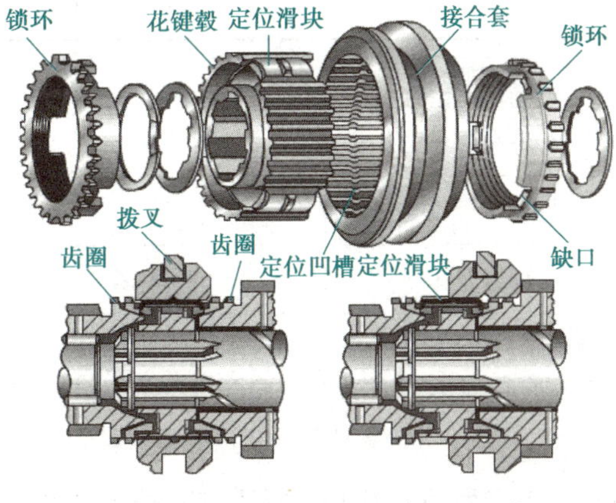

图 3-2-10　锁环式惯性同步器的结构

2)锁销式惯性同步器的结构

图 3-2-11 为锁销式惯性同步器的结构。

图 3-2-11　锁销式惯性同步器的结构

【任务实施】

一、作业前准备工量具和设备

(1)工量具:组合工具、扭力扳手、百分表、螺旋测微器等。

(2)设备:手动变速器的卡罗拉 ZRE151 型轿车或其他手动变速器的轿车。

(3)维修手册、评分表等。

二、作业前的准备工作

(1)现场安全确认:车辆、举升机、工位。

(2)车辆防护:三件套、翼子板布、前格栅布、车轮挡块、干净抹布等。

三、完成车辆基本信息表的填写

请完成车辆基本信息表,见表 3-2-3。

表 3-2-3　车辆基本信息表

项　目	具体信息
车牌号码	
行驶里程	
发动机型号及排量	
车辆识别代码(VIN)	

四、丰田卡罗拉 ZRE151 型轿车五挡手动变速器的检修

请查阅维修手册,根据以下步骤进行作业。

1.拆卸变速器总成

按相关技术要求从车上拆下发动机带手动传动桥总成,并将变速器和发动机分离,如图

3-2-12 所示。

2.固定变速器总成

将变速器总成固定在拆装架或工作台上。

3.变速器总成的分解

（1）从手动变速器壳上拆下手动变速器注油螺塞和衬垫。

（2）从手动变速器壳上拆下放油螺塞分总成和衬垫。

（3）拆卸速度表从动齿轮孔盖分总成。

①从传动桥壳上拆下螺栓和速度表从动齿轮孔盖分总成。

②从速度表从动齿轮孔盖分总成上拆下“O”形圈，如图 3-2-13 所示。

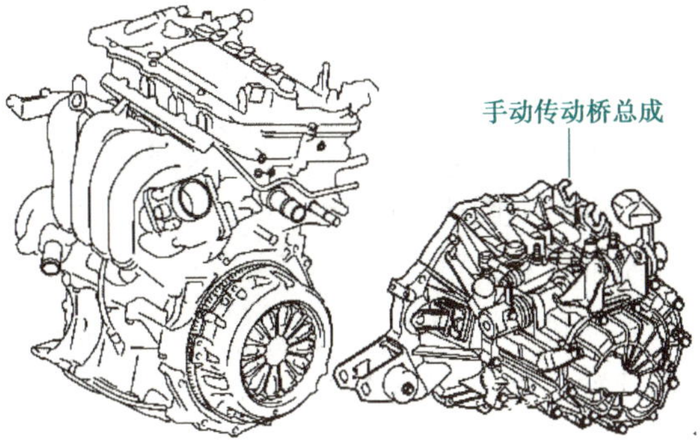

图 3-2-12　手动传动桥总成

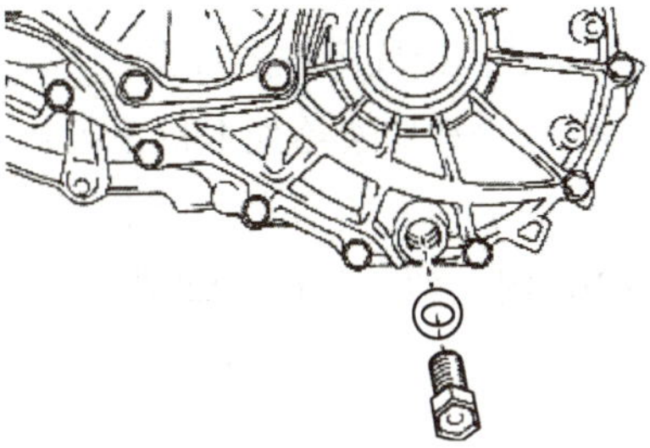

图 3-2-13　拆下“O”形圈

（4）拆卸倒车灯开关总成。

①从 2 个卡夹上分离倒车灯开关线束。

②用 SST 从手动变速器壳上拆下倒车灯开关总成和衬垫，如图 3-2-14 所示。

（5）拆卸选挡直角杠杆总成。

①从手动变速器壳上拆下 2 个螺栓、螺母和选挡直角杠杆总成，如图 3-2-15 所示。

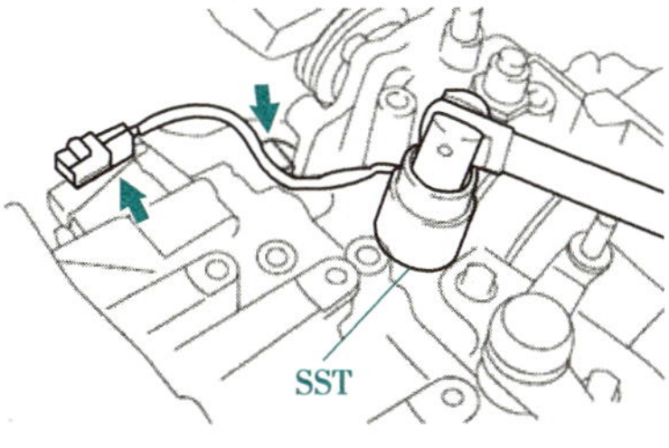

图 3-2-14　拆卸倒车灯开关总成

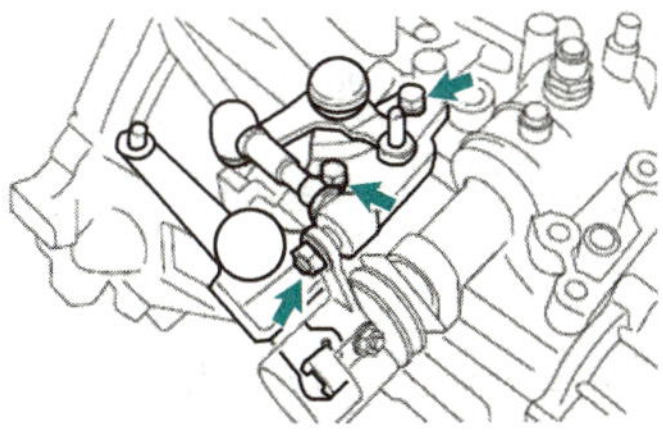

图 3-2-15　拆卸选挡直角杠杆总成

②拆下控制直角杠杆防尘罩。

（6）拆卸地板式换挡控制杆。

①拆下螺母和垫圈，如图 3-2-16 所示。

②用铜棒和锤子拆下锁销。

③拆下地板式换挡控制杆和防尘罩。

(7)拆卸换挡杆阻尼器。

①拆下螺母和垫圈,如图 3-2-17 所示。

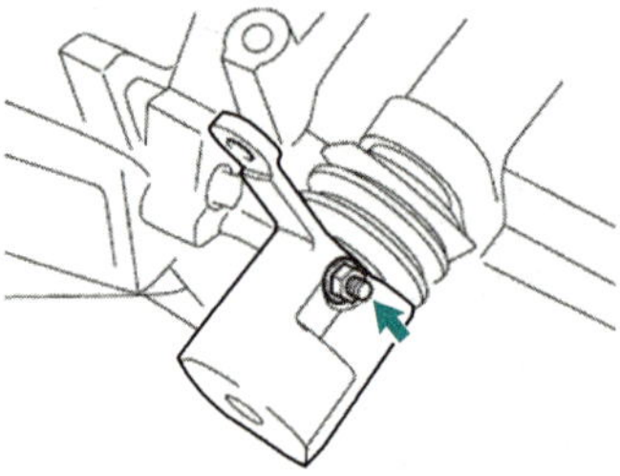

图 3-2-16　拆卸地板式换挡控制杆的螺母和垫圈

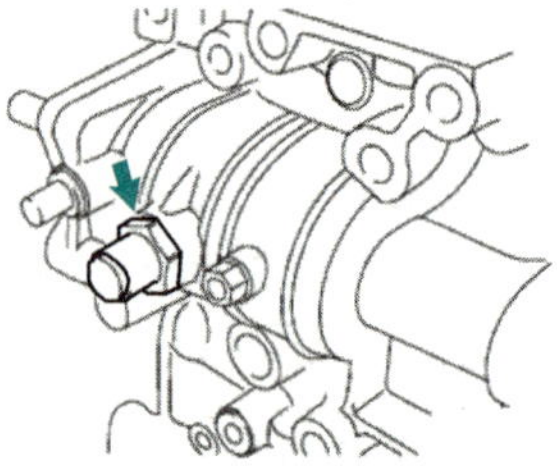

图 3-2-17　拆卸换挡杆阻尼器的螺母和垫圈

②用铜棒和锤子拆下锁销。

③拆下换挡杆阻尼器和防尘罩。

(8)从手动变速器壳上拆下换挡导向销和垫圈,如图 3-2-18 所示。

(9)从手动变速器壳上拆下 4 个螺栓、控制轴罩和衬垫。

(10)用螺丝刀从控制轴罩上拆下控制轴罩油封。

(11)从手动变速器壳上拆下换挡和选挡杆轴总成,如图 3-2-19 所示。

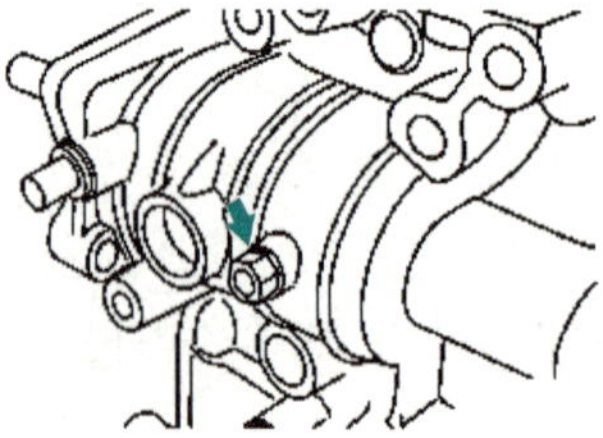

图 3-2-18　拆下换挡导向销和垫圈

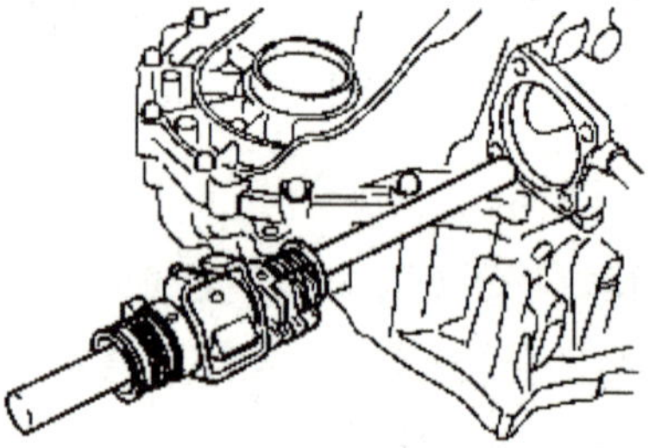

图 3-2-19　拆下换挡和选挡杆轴总成

(12)拆卸手动变速器盖分总成上的 9 个螺栓。

(13)拆卸手动变速器输出轴后固定螺母,如图 3-2-20 所示。

①用冲子和锤子松开手动变速器输出轴后固定螺母。

②使 2 个齿轮同步啮合以锁止变速器。

③拆下手动变速器输出轴后固定螺母。

④分离 2 个齿轮。

(14)拆卸 3 号换挡拨叉,如图 3-2-21 所示。

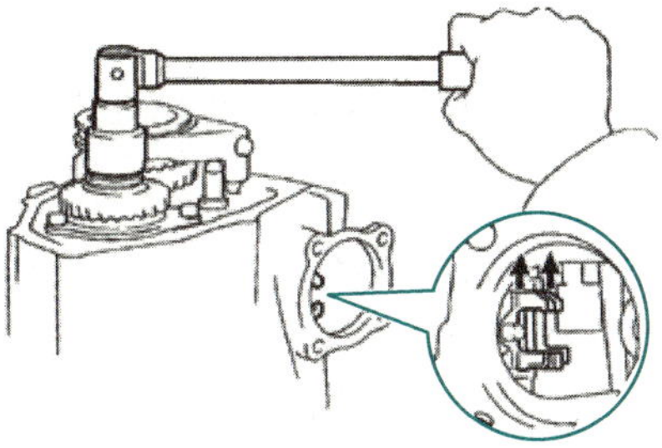

图 3-2-20 拆卸手动变速器输出轴后固定螺母

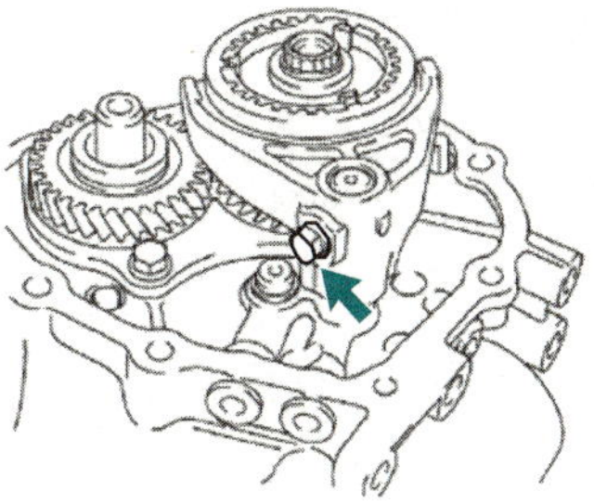

图 3-2-21 拆卸 3 号换挡拨叉

(15)用百分表测量 5 挡齿轮轴向间隙,如图 3-2-22 所示。如果间隙超过最大值,更换变速器 3 号离合器毂、5 挡齿轮或输入轴后径向滚珠轴承。

(16)用百分表测量 5 挡齿轮径向间隙,如图 3-2-23 所示。如果间隙超过最大值,更换 5 挡齿轮、5 挡齿轮滚针轴承或输入轴。

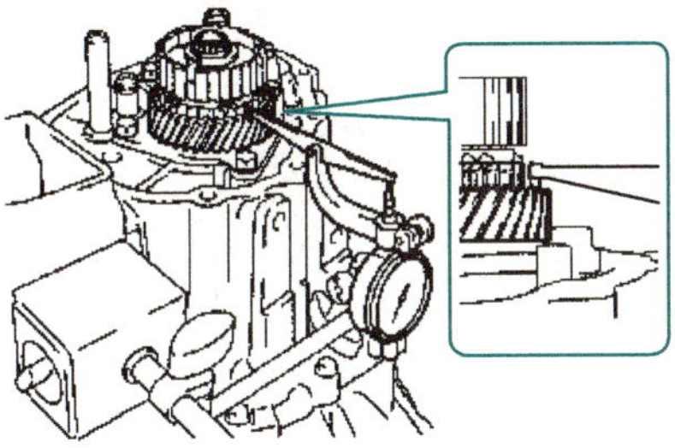

图 3-2-22 用百分表测量 5 挡齿轮轴向间隙

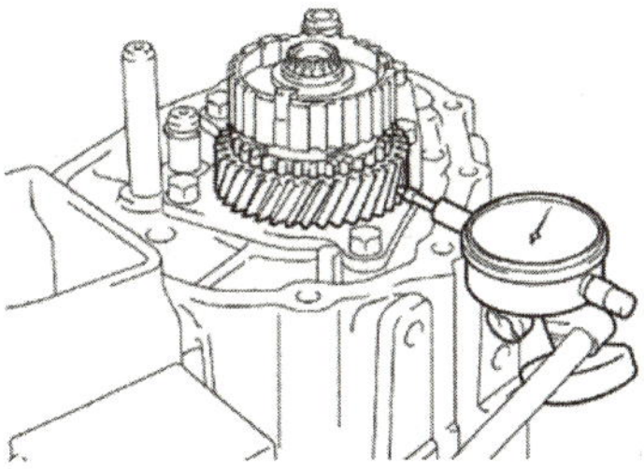

图 3-2-23 用百分表测量 5 挡齿轮径向间隙

(17)拆卸变速器 3 号离合器毂,如图 3-2-24 所示。

(18)从输入轴上拆下 5 挡齿轮滚针轴承和 5 挡齿轮轴承隔垫。

(19)用 SST 从输出轴上拆下 5 挡从动齿轮,如图 3-2-25 所示。

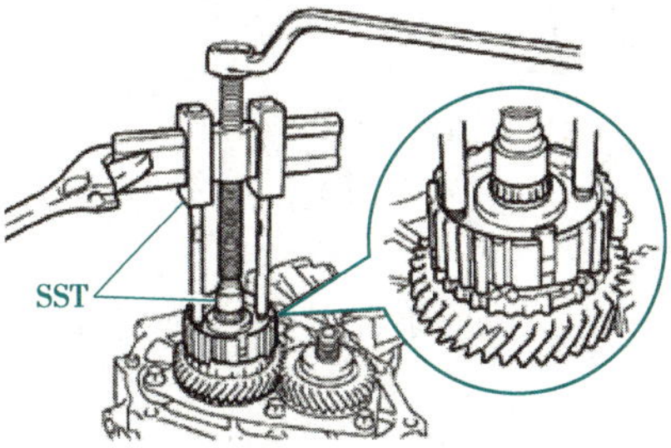

图 3-2-24 拆卸变速器 3 号离合器毂

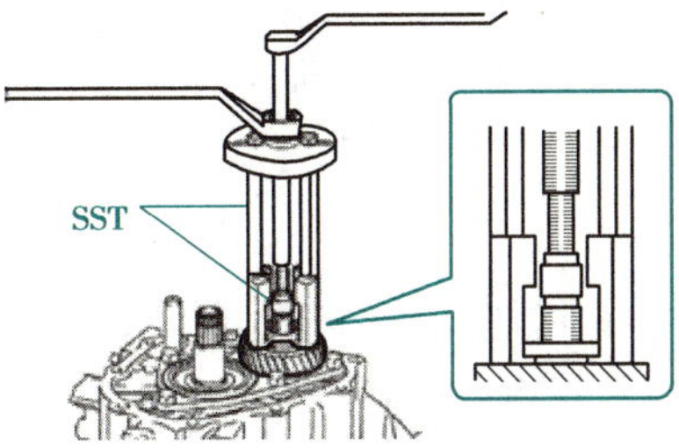

图 3-2-25 拆下 5 挡从动齿轮

(20)拆卸后轴承护圈。

(21)用卡环扩张器从输出轴上拆下输出轴后轴承孔卡环。

(22)用卡环扩张器从输入轴上拆下输出轴入轴承孔卡环。

（23）拆卸倒挡惰轮轴螺栓。

（24）拆卸换挡拨叉轴卡环。用两把螺丝刀和锤子从 2 号换挡拨叉轴上轻轻敲出卡环。

（25）拆卸换挡锁止钢球。

①用六角扳手从手动变速器壳上拆下 2 号换挡锁止钢球螺塞，如图 3-2-26 所示。

②用磁吸工具从手动变速器壳上拆下 2 个换挡锁止钢球 1 号弹簧座、2 个换挡锁止钢球弹簧和 2 个换挡锁止钢球，如图 3-2-27 所示。

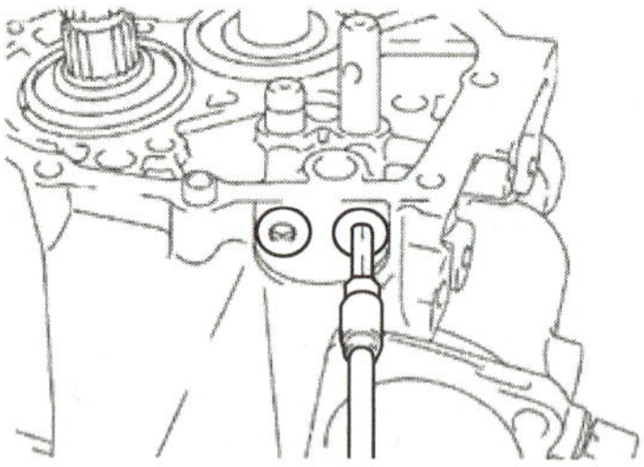

图 3-2-26　拆下 2 号换挡锁止钢球螺塞

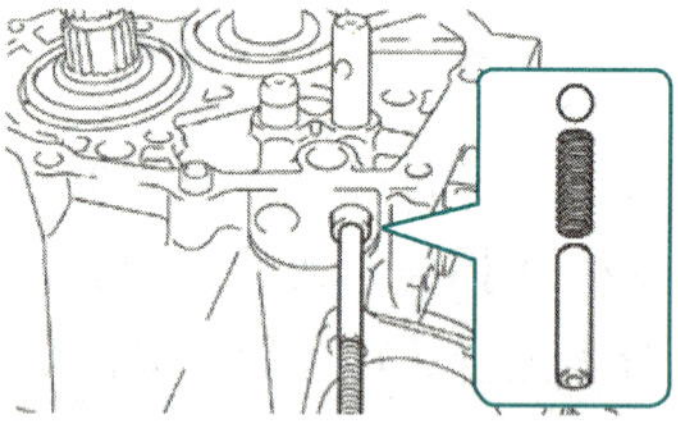

图 3-2-27　拆下换挡锁止钢球

③用六角扳手从传动桥壳上拆下换挡锁止钢球螺塞。

④用磁吸工具从传动桥壳上拆下弹簧座、弹簧和钢球。

（26）拆卸 2 号锁止钢球总成。

（27）拆卸手动变速器壳。

（28）从传动桥壳上拆下倒挡惰轮分总成、止推垫圈和倒挡惰轮轴，如图 3-2-28 所示。

（29）从传动桥壳上拆下 2 个螺栓和倒挡换挡臂支架总成。

（30）拆卸 2 号换挡拨叉轴，如图 3-2-29 所示。

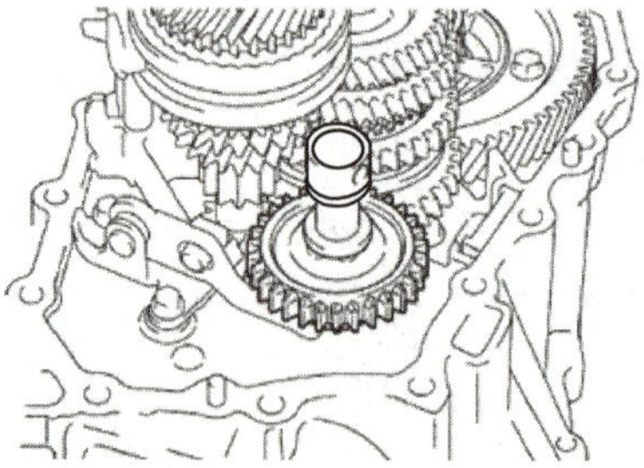

图 3-2-28　拆下倒挡惰轮分总成、止推垫圈和倒挡惰轮轴

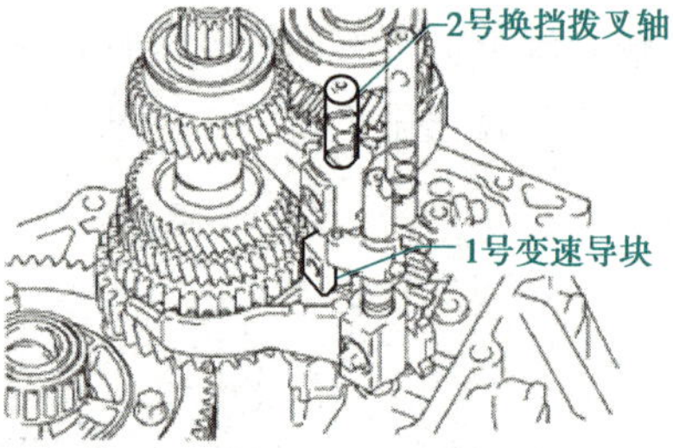

图 3-2-29　拆卸 2 号换挡拨叉轴

（31）拆卸 1 号换挡拨叉轴，如图 3-2-30 所示。

（32）拆卸 3 号换挡拨叉轴，如图 3-2-31 所示。

（33）从传动桥壳拆下输入轴总成和输出轴总成。

（34）拆卸差速器壳总成。

（35）从传动桥壳上拆下螺栓和手动传动桥壳集油槽，如图 3-2-32 所示。

(36)拆卸倒挡定位销总成。

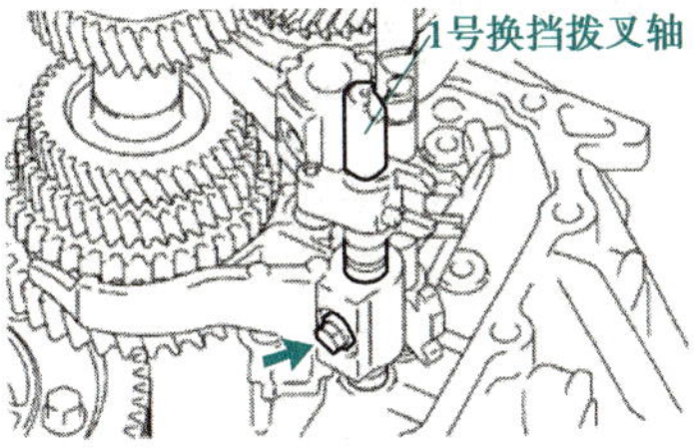

图 3-2-30　拆卸 1 号换挡拨叉轴

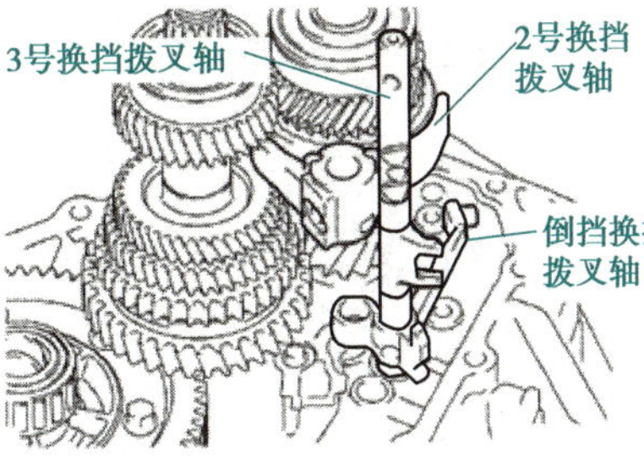

图 3-2-31　拆卸 3 号换挡拨叉轴

(37)拆卸 1 号集油管。

(38)拆卸 2 号集油管。

(39)拆卸轴承锁止板。

(40)拆卸变速器磁铁。

(41)用 SST 从传动桥壳上拆下输入轴前轴承。

(42)用螺丝刀从传动桥壳拆下前传动桥壳油封。

(43)用 SST 从传动桥壳拆下输出轴前轴承,如图 3-2-33 所示。

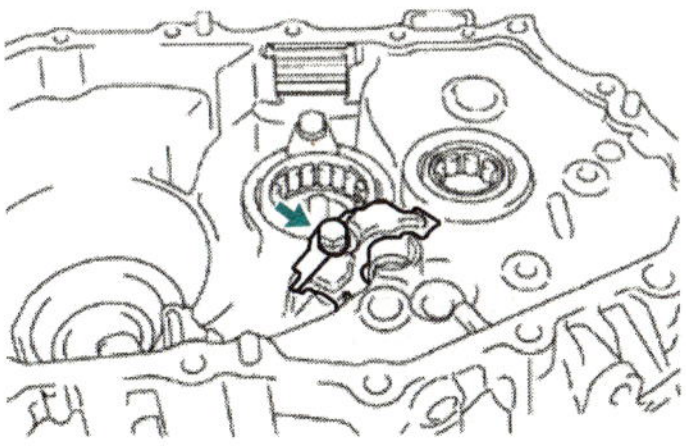
图 3-2-32　拆下螺栓和手动传动桥壳集油槽

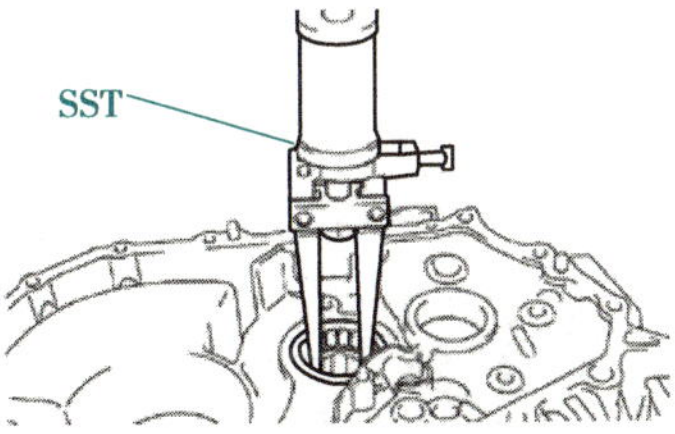

图 3-2-33　拆下输出轴前轴承

(44)从传动桥壳拆下输出轴盖。

(45)拆卸前差速器壳前滚锥轴承,如图 3-2-34 所示。

(46)拆卸传动桥壳油封。

(47)拆卸前差速器壳后滚锥轴承。

(48)用 SST 和锤子从手动变速器壳上敲出变速箱油封。

(49)拆卸换挡和选挡杆轴油封。

(50)拆卸换挡和选挡杆轴滑动滚珠轴承。

4.变速器零部件的检查

(1)检查同步器 3 号锁环,如图 3-2-35 所示。

(2)检查变速器 3 号接合套,如图 3-2-36 所示。

(3)检查 5 挡齿轮,如图 3-2-37 所示。

(4)检查倒挡惰轮总成,如图 3-2-38 所示。

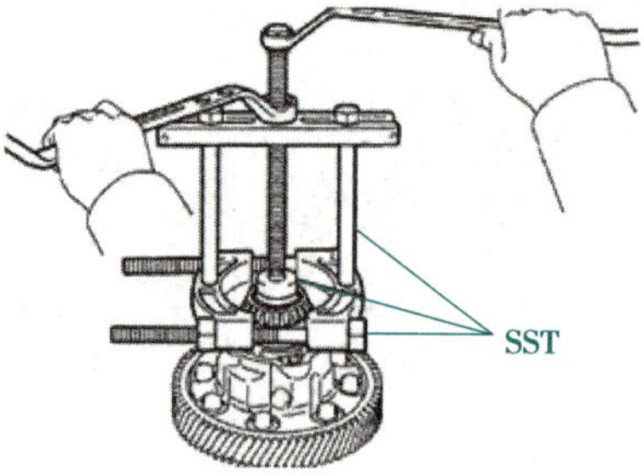

图 3-2-34 拆卸前差速器壳前滚锥轴承

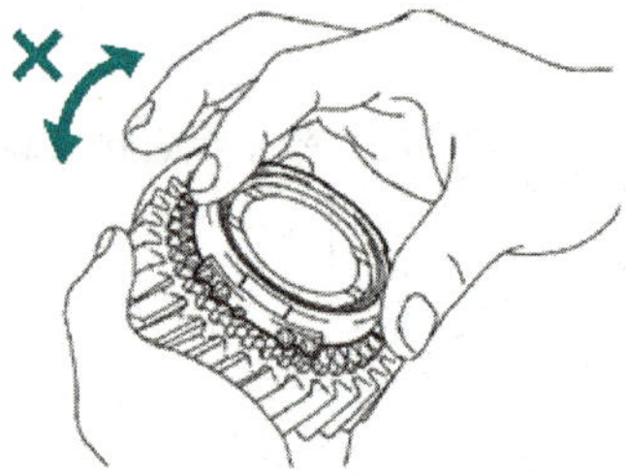

图 3-2-35 检查同步器 3 号锁环

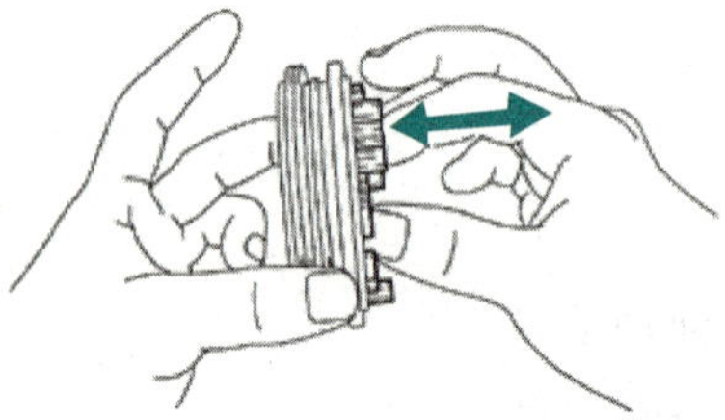

图 3-2-36 检查变速器 3 号接合套

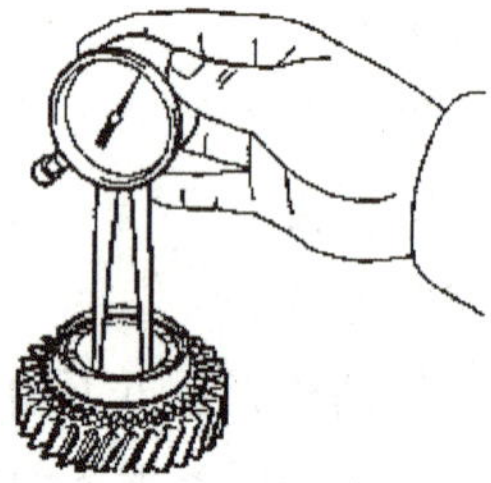

图 3-2-37 检查 5 挡齿轮

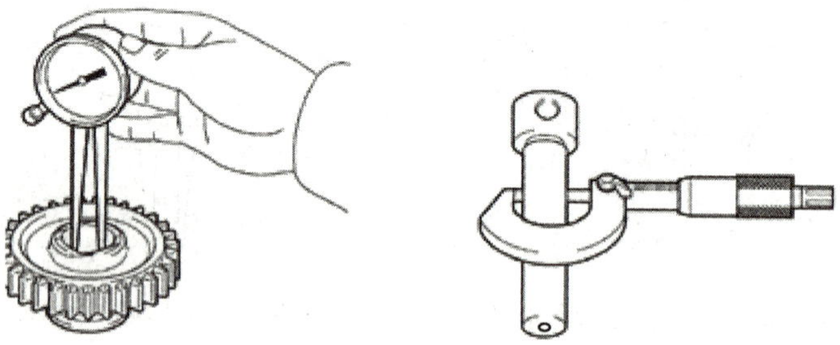

图 3-2-38 检查倒挡惰轮总成

(5)变速器输入轴的检查。

①用百分表检查输入轴的径向跳动,如图 3-2-39 所示。

②用螺旋测微器在所示位置测量输入轴轴颈表面的外径,如图 3-2-40 所示。如果任一外径小于最小值,应更换输入轴。

③用量缸表测量 4 挡齿轮的内径,如果内径超过最大值,应更换 4 挡齿轮。

④用量缸表测量 3 挡齿轮的内径。如果内径超过最大值,应更换 3 挡齿轮。

⑤检查 4 挡齿轮同步器锁环。

⑥检查 3 挡齿轮同步器锁环。

⑦检查变速器 2 号接合套。

(6)变速器输出轴检查。

①用百分表和 2 个 V 形块检查输出轴径向跳动,如图 3-2-41 所示。最大径向跳动为 0.015 mm。如果径向跳动超过最大值,应更换输出轴。

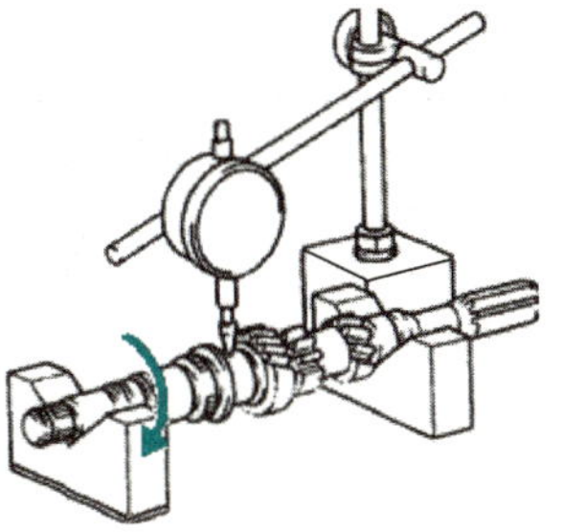

图 3-2-39　用百分表检查输入轴的径向跳动

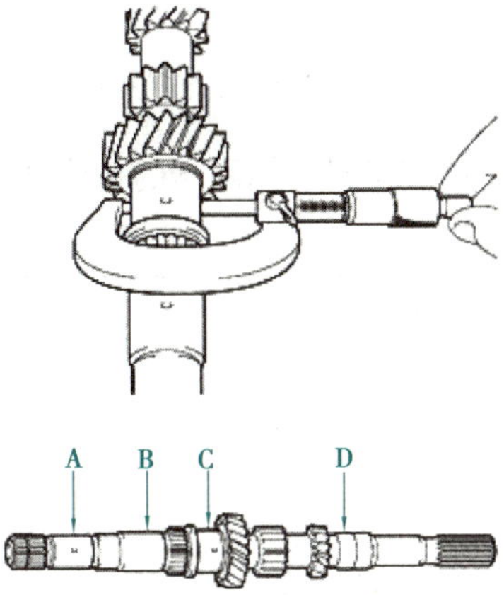

图 3-2-40　用螺旋测微器测量输入轴轴颈表面的外径

②用螺旋测微器在所示位置测量输出轴轴颈表面的外径,如图 3-2-42 所示。如果外径小于最小值,应更换输出轴。

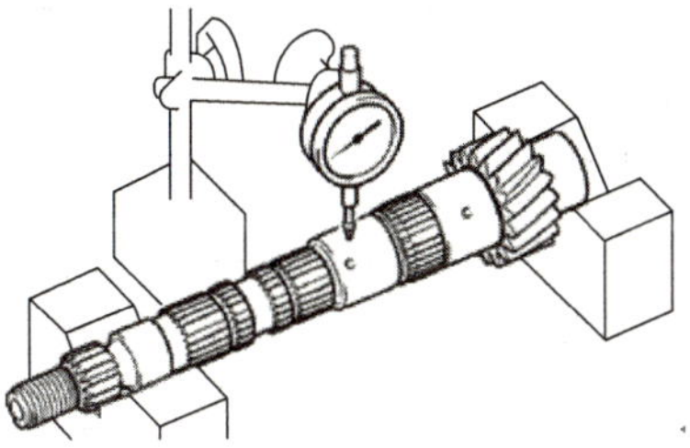

图 3-2-41　检查输出轴径向跳动

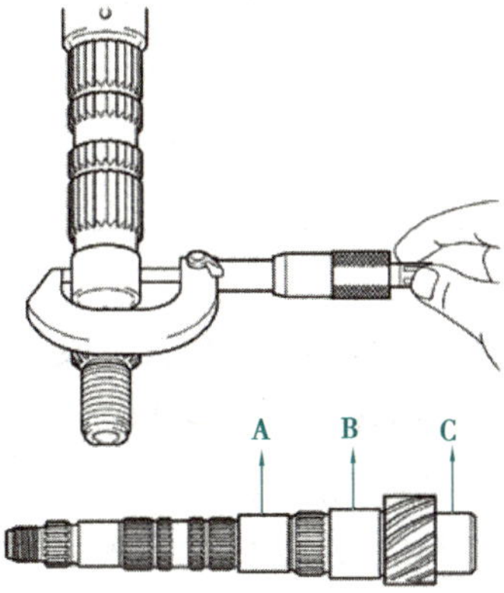

图 3-2-42　测量输出轴轴颈表面的外径

③用量缸表测量 2 挡齿轮的内径。如果内径超过最大值,应更换 1 挡齿轮。

④用量缸表测量 1 挡齿轮的内径。如果内径超过最大值,应更换 1 挡齿轮。

⑤用螺旋测微器测量 1 挡齿轮止推垫圈。如果厚度小于最小值,应更换 1 挡齿轮止推垫圈。

⑥检查同步器 2 号锁环组件(2 挡齿轮)。

⑦检查同步器 1 号锁环组件(1 挡齿轮)。

⑧检查倒挡齿轮。

⑨检查变速器 1 号离合器毂。

5.变速器的装配

变速器的装配过程按拆卸相反过程进行。

【任务评价】

（1）请完成手动变速器挂挡困难的检修评价项目，填写表 3-2-4。

表 3-2-4　评价表

评价内容	记录要点
本次任务中，你主要完成了哪些操作？	
本次任务中，你掌握了哪些知识点？	
在学习过程中，你做了哪些安全措施？请举例。	
在学习过程中团队合作和 6S 管理践行情况如何？	
你在本次任务学习中还存在哪些问题？	

（2）请根据你实训的实际情况完成以下内容的填写。

①变速器各传动轴的检查情况：________________________________。

②变速器各挡齿轮的检查情况：________________________________。

③变速器各挡同步器的检查情况：________________________________。

④变速器操纵机构的检查情况：________________________________。

项目四 | 自动变速器的检修

【案例导入】

问:师傅,自动变速器常见的故障原因是什么?

答:自动变速器常见故障现象有:起步时踩下油门踏板,发动机转速很快升高但车速升高缓慢;行驶中踩下油门踏板加速时,发动机转速升高但车速没有很快提高;平路行驶基本正常,但上坡无力,且发动机转速很高。

故障原因主要有:液压油油面太低;液压油油面太高,运转中被行星排剧烈搅动后产生大量气泡;离合器或制动器摩擦片、制动带磨损过甚或烧焦;油泵磨损过甚或主油路泄漏,造成油路油压过低;单向超越离合器打滑;离合器或制动器活塞密封圈损坏,导致漏油;减振器活塞密封圈损坏,导致漏油,等等。

【项目概述】

如图 4-1-1 所示,汽车自动变速器能够根据发动机的负荷和车辆的行驶速度自动变换合适的挡位,驾驶人不需要掌握使用离合器时复杂的换挡动作,加之采用电液控制,发动机和传动系统不易过载,所以自动变速器应用越来越广泛。自动变速器的车辆,需经常检查或更换自动变速器油(Automatic Transmission Fluid, ATF);同时在使用过程中会出现换挡冲击、打滑、缺少某个挡位等一系列故障现象。

图 4-1-1　汽车自动变速器

/任务一/ 自动变速器油的检查与更换

【学习目标】

通过本任务的学习，应达到以下学习目标：

- 能叙述自动变速器的基本组成和类型；
- 能叙述自动变速器油的作用、检查更换周期和变质原因；
- 能描述自动变速器油的选用和检查方法；
- 能规范地对自动变速器油进行选用、检查与更换。
- 树立安全意识、节约意识、环保意识和客户至上的意识。
- 养成职业规范和精益求精的工作作风。

【任务引入】

一辆 2003 款自动变速器的轿车，行驶里程 40 000 km。进厂进行常规保养，车主需要你对自动变速器油进行检查，并根据检查情况及车辆保养手册确定是否需要更换自动变速器油。

【任务准备】

一、自动变速器的基本组成

自动变速器使人们驾驶车辆变得越来越简便，大大减轻了驾驶人的劳动强度。

自动变速器是相对手动变速器而言的，它可以根据汽车的实际行驶情况自动地选择与自动地切换到前进挡位中的某个挡位，保证车辆正常行驶。自动变速器一般由变矩器、液压控制系统、行星齿轮机构等部分组成，如图 4-1-2 所示。

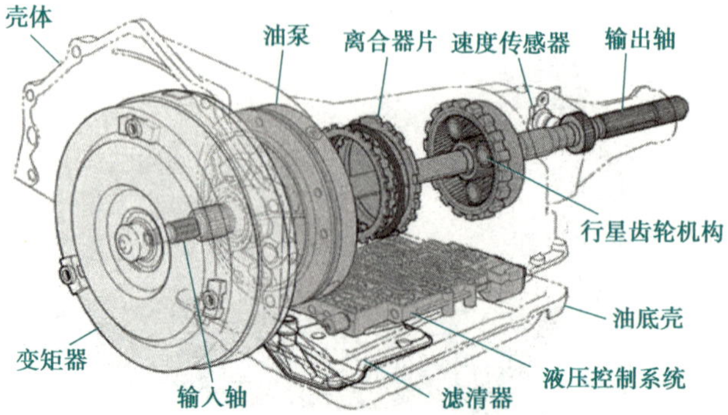

图 4-1-2　自动变速器的基本组成

二、自动变速器的类型

不同车辆所装用的自动变速器的类型可能不一样，常见的分类方法和类型如下：

(1)按自动变速器传动机构的不同，自动变速器可分为平行轴式、行星齿轮式与钢带传动式 3 种，如图 4-1-3 所示。

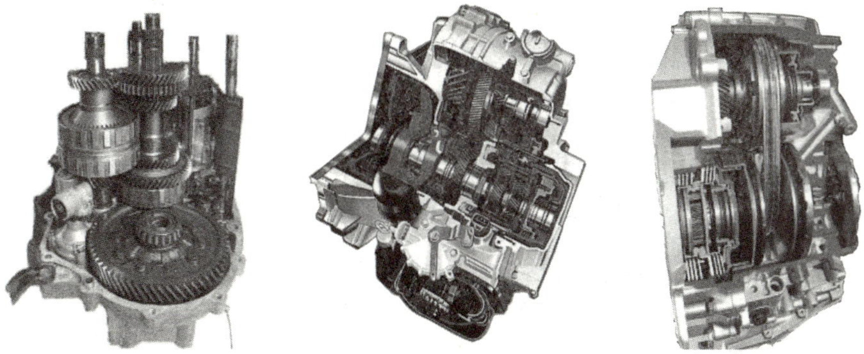

(a)　　(b)　　(c)

图 4-1-3　3 种不同传动机构的自动变速器

(2)按汽车驱动方式的不同，自动变速器可分为后轮驱动自动变速器和前轮驱动自动变速器两种。

• 后轮驱动自动变速器：如图 4-1-4 所示，变矩器和齿轮变速器的输入轴及输出轴在同一轴线上，发动机的动力经变矩器、自动变速器、传动轴、后驱动桥的主减速器、差速器和半轴传递给左右两个车轮。因为发动机和自动变速器都是纵置的，因此轴向尺寸较大。

• 前轮驱动自动变速器：如图 4-1-5 所示，除了具有与后轮驱动自动变速器相同的组成部分之外，在自动变速器的壳体内还安装有主减速器和差速器。

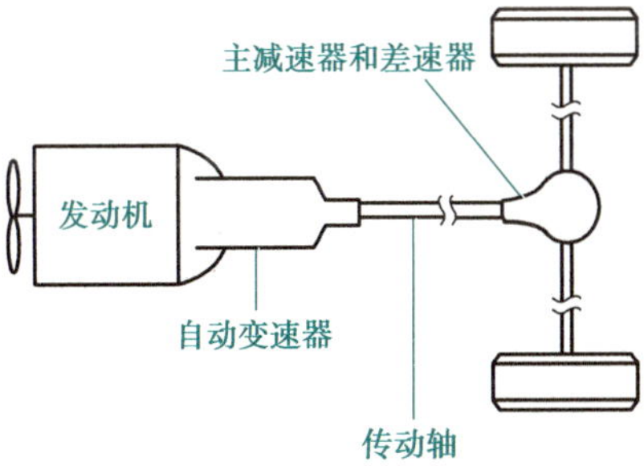

图 4-1-4　后轮驱动自动变速器

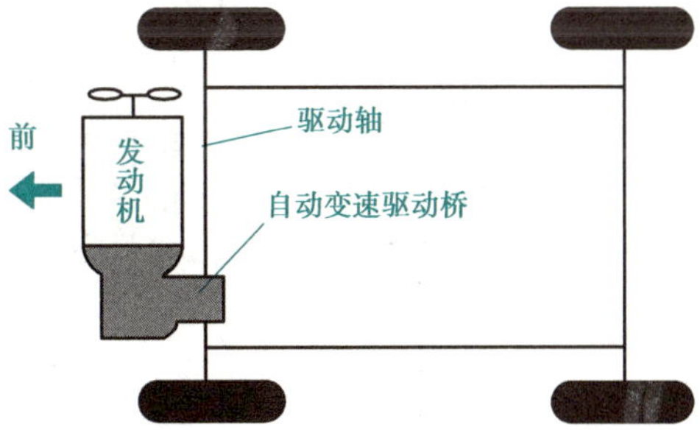

图 4-1-5　前轮驱动自动变速器

(3)按控制方式的不同，自动变速器可分为液压控制自动变速器、电子控制自动变速器和半电子控制自动变速器 3 种。

• 液压控制自动变速器：如图 4-1-6 所示，液压控制自动变速器是通过机械的手段，将车辆行驶时的车速和节气门开度两个参数转变为液压控制信号，液压控制系统根据这些液压控制信号的大小，按照设定的换挡规律，通过控制换挡执行机构动作，实现自动换挡。早期的自动变速器主要采用这种方式。

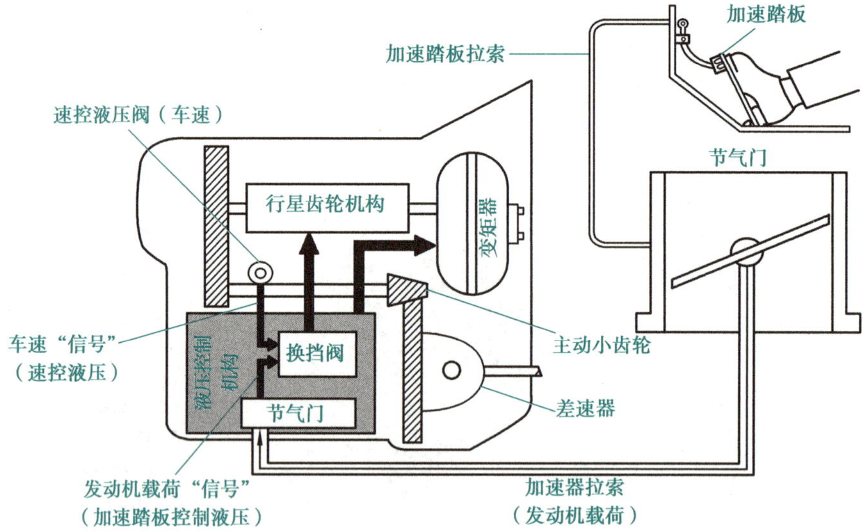

图 4-1-6　液压控制自动变速器

• 电子控制自动变速器：如图 4-1-7 所示，其基本原理是电子控制自动变速器通过各种传感器，将发动机转速、节气门开度、车速、发动机冷却液温度、自动变速器油压、油温等参数转变为电信号，并输入电子控制系统，电子控制模块根据这些电信号，按照设定的换挡规律，向换挡电磁阀、液压电磁阀等发出电子控制信号，换挡电磁阀和液压电磁阀再将控制模块的电子控制信号转变为液压控制信号，液压控制系统中的各个控制阀根据这些液压控制信号，控制换挡执行机构的动作，从而实现自动换挡。

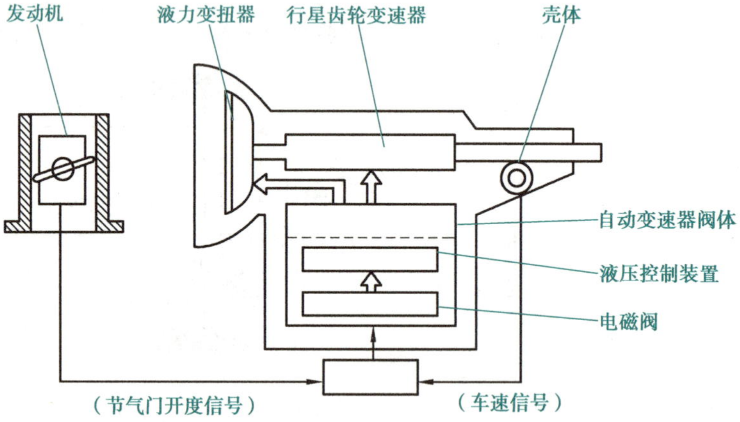

图 4-1-7　电子控制自动变速器

• 半电子控制自动变速器：在半电子控制自动变速器中，换挡控制已实现了电子化，而压力调节器的控制方法仍采用机械或液压控制方法，这种电子与机械混合的控制方法称为半电子控制自动变速器。

三、自动变速器的工作原理

如图 4-1-8 所示，发动机输出的转矩经过自动变速器减速增矩后输出给传动轴。自动变速器在工作过程中，发动机节气门开度信号通过液压控制系统的节气门阀产生节气门油压，而自动变速器输出轴通过速控阀在液压控制系统内产生速控油压，节气门油压和速控油压在液压系统内形成控制换挡执行机构工作的管道压力，控制自动变速器内部的换挡执行机构工作，实现自动换挡。在整个工作过程中，系统的压力由油泵提供。

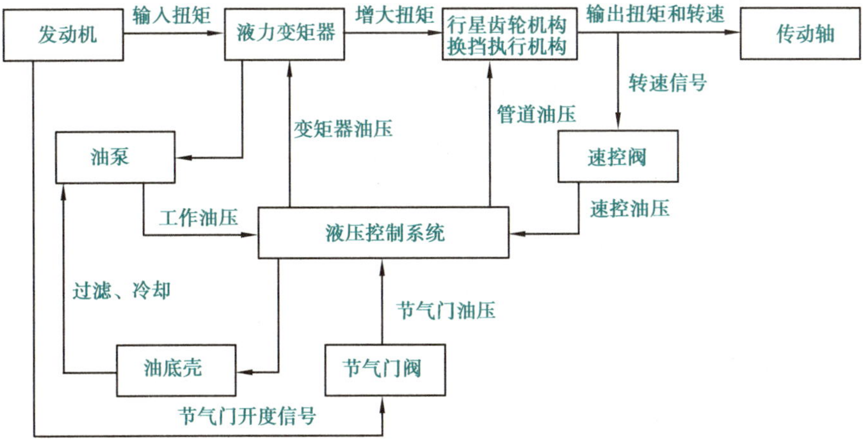

图 4-1-8　自动变速器的工作原理

四、自动变速器油的作用

自动变速器油是自动变速器的血液，它既是液力变矩器力矩传递的介质，又是行星齿轮机构的润滑油和换挡装置的液压油。自动变速器油除了具有传递转矩和液压以控制自动变速器的离合器和制动器工作的性能外，还应具有传递能量、润滑、冷却、清洗、防锈的作用。

五、油面高度检查方法及标准

油面高度检查方法主要有刻度油尺检查方法和溢油孔式检查方法。

• 刻度油尺检查方法：如果自动变速器处于冷态（即冷车刚刚启动，液压油的温度较低，为室温或低于 25 ℃时），液压油油面高度应在油尺刻线的下限附近；如果自动变速器处于热态（如低速行驶 5 min 以上，液压油温度已达 70～80 ℃），油面高度应在油尺刻线的上限附近，如图 4-1-9 所示。

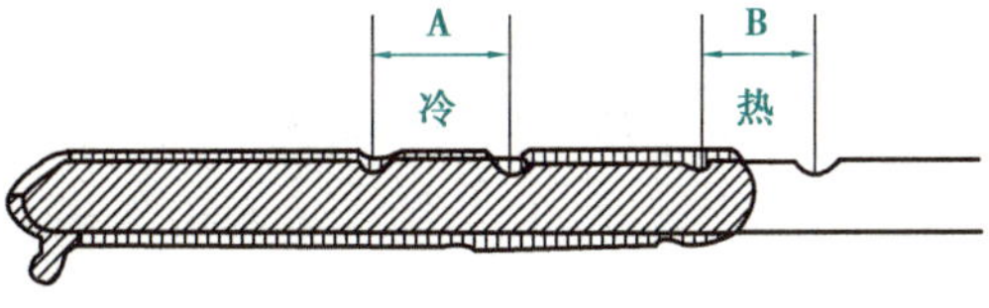

图 4-1-9　油面高度标准

• 溢油孔式检查方法：检查时使车身保持水平，如果有少量油溢出即为合适。

六、自动变速器油变质原因及检查方法

如图 4-1-10 所示，在检查油质时，可通过看、闻、摸的方法进行判断。在手指上蘸少许油液，用手指互相摩擦看是否有渣粒，或将油尺上的液压油滴在干净的白纸上，检查液压油的颜色及气味。

图 4-1-10　检查油质

正常的自动变速器油应该是红色或粉色的透明液体，若检查过程中发现油液出现下列情况，则说明油液已经变质。油液状态及变质原因见表 4-1-1。

表 4-1-1　油液状态及变质原因

油液状态	变质原因
油液有烧焦气味	①油温过高、油面过低 ②油冷却器或管路堵塞
油液中有金属屑	离合器盘、制动器盘或单向离合器严重磨损
油液呈深褐色或深红色	①没有及时更换油液 ②长期重载荷运转，某些部件打滑或损坏引起变速器过热
油尺上黏附脚质油膏	变速器油温过高
油液从加油管溢出	油面过高或通气孔堵塞

七、自动变速器油的更换周期

自动变速器油因使用时间长而引起变质。如果不更换自动变速器油会导致换挡时冲击变大，燃油经济性变差，变速器发出异常噪声。

自动变速器油的更换周期根据行驶里程和时间长短进行。对大多数国家来说，自动变速器油每8 万 km或 4 年更换一次。具体随车型不同而有差异，应参考维修手册。一般情况下，用两种办法来确定自动变速器油是否需要更换：一是根据该车的行驶里程来确定；二是根据自动变速器油的品质进行判断。如果油品已经变质，即使行驶里程还没有达到上限，也需要更换。

八、自动变速器油的选用

自动变速器油分为两大类，即通用型用油和专用油。

通用型用油是指能在大部分车型上使用的自动变速器用油。通用型用油由润滑油生产厂商根据油品的生产标准进行开发与生产，目前国内各车型的变速器主要使用的是符合美国 GM 公司和 FORD 公司制定的标准。

在选定自动变速器油时，对自动变速器的结构要求和换挡特性的要求都要考虑，选择自动变速器油的最好办法是查阅车辆维修手册。

【任务实施】

一、准备工量具和设备

(1)工量具:组合工具、扭力扳手等。

(2)设备:自动变速器轿车、换油机、油桶、自动变速器油等。

(3)维修手册、评分表等。

二、作业前的准备工作

(1)现场安全确认:车辆、举升机、工位。

(2)车辆防护:三件套、翼子板布、前格栅布、车轮挡块、干净抹布等。

三、完成车辆基本信息表的填写

请完成车辆基本信息表,见表 4-1-2。

表 4-1-2 车辆基本信息表

项 目	具体信息
车牌号码	
行驶里程	
发动机型号及排量	
车辆识别代码(VIN)	

四、自动变速器油的检查与更换

请查阅维修手册,根据以下步骤进行作业。

1.检查渗漏情况

检查自动变速器的下列区域是否漏液:壳接触面,轴和拉索伸出的区域,各种传感器密封圈、各种压力测试口的测试塞和密封圈、各管路的密封、油底壳等,检查油冷却软管是否有裂纹、隆起或者损坏,如图 4-1-11 所示。

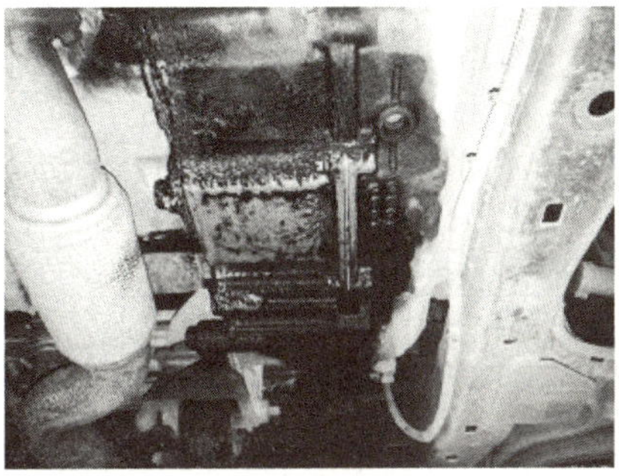

图 4-1-11 检查自动变速器的渗漏情况

2.检查油面高度和油质

(1)将汽车停放在水平地面上,拉紧驻车制动器。

(2)将发动机怠速运转至正常温度。

(3)踩下制动踏板,将选挡杆分别拨至各挡位,并在每个挡位停留几秒钟,使液力变矩器和所有换挡元件中都充满自动变速器油。

(4)将选挡杆拨至“P”挡。

(5)拔出油尺并擦干净，将擦干净的油尺全部插入加油管后再拔出，检查油面高度，如图4-1-12所示。

(6)闻闻油尺上油液的气味，用手指点少许油液，互相摩擦看是否有渣粒，或将油尺上的液压油滴在干净的白纸上，检查液压油的颜色及气味。

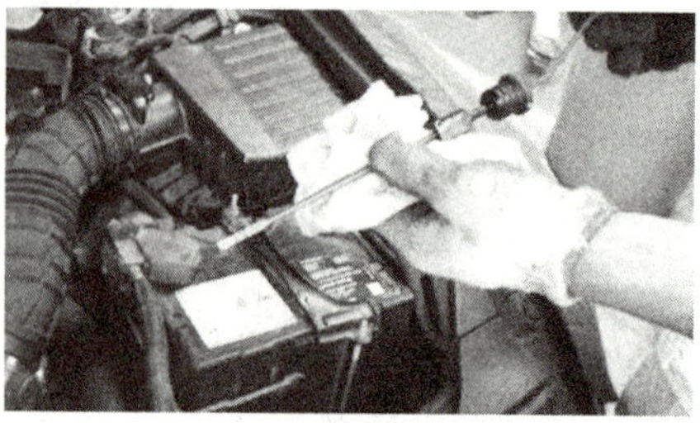

图4-1-12　检查油面高度和油质

3.更换自动变速器油

更换自动变速器油有交换机换油和人工换油两种方法。

自动变速器油交换机的操作方法请参考操作说明。在更换自动变速器油之前，首先预热自动变速器，并将挡位挂入不同的位置，避免自动变速器油中的杂质沉淀在油底壳中；然后再采用自动变速器油交换机进行更换，自动变速器油交换机利用汽车自身压力作循环清洗，将变速器内的金属屑、积胶、油泥逐步软化，脱落后带出汽车外，经滤清器过滤清除，再更换变速器油。使用自动变速器油交换机进行更换的优点：可使变速器换油更加彻底，同时可清洗变速器内部，从而恢复变速器的性能，最有效地保护自动变速器，延长其使用寿命。

如果该车型不适合使用交换机换油，则选择人工换油。

【任务评价】

(1)请完成自动变速器油的检查与更换评价项目，填写表4-1-3。

表4-1-3　评价表

评价内容	记录要点
本次任务中，你主要完成了哪些操作？	
本次任务中，你掌握了哪些知识点？	
在学习过程中，你做了哪些安全措施？请举例。	
在学习过程中团队合作和6S管理践行情况如何？	
你在本次任务学习中还存在哪些问题？	

(2)请根据你实训的实际情况完成以下内容的填写。

①自动变速器油的颜色：____。

②自动变速器油底壳有无渗漏：________________________________。

③自动变速器油位检查：______________________________________。

/任务二/ 自动变速器挂挡困难的检修

【学习目标】

通过本任务的学习，应达到以下学习目标：

- 能叙述换挡执行机构的作用和组成；
- 能叙述离合器、制动器的组成与工作原理；
- 能叙述单向离合器的组成与工作原理；
- 能描述自动变速器油挂挡困难的检修方法；
- 能规范地对制动器、离合器、单向离合器进行检查。
- 树立安全意识、节约意识、环保意识和客户至上的意识。
- 养成职业规范和精益求精的工作作风。

【任务引入】

一辆凌志 LS400 轿车(装备 A341E 型自动变速器)，将自动变速器换挡杆挂入 D 挡行驶，按动设置在换挡杆手柄处的超速挡 O/D 开关后，车速不能按要求随着加速踏板的踩下而自动加速到 150 km/h 以上。当节气门全开时，最高车速只能达到 120 km/h。车主需要你对车辆换挡执行部分进行检测，确定故障部位并进行修理。

【任务准备】

一、换挡执行机构的作用

换挡执行机构是用于约束行星齿轮机构的重要装置。通过适当选择被约束的基本元件和约束方式，可以得到不同的传动比，实现变速。换挡执行机构主要有 3 个基本作用，即连接、固定和锁止。

- 连接：将行星齿轮变速器的输入轴与行星排中的某个基本元件连接，以传递动力，或将前一个行星排的某一个基本元件与后一个行星排的某个基本元件连接，以约束这两个基本元件的运动。
- 固定：将行星排的某一基本元件与自动变速器的壳体连接，使之被固定住而不能旋转。

• 锁止：把某个行星排的 3 个基本元件中的两个连在一起，从而将该行星排锁止，使某 3 个基本元件以相同的转速一同旋转，产生直接传动。

二、换挡执行机构的组成

自动变速器的换挡执行机构主要有离合器、制动器和单向离合器 3 种元件。离合器和制动器以液压方式控制行星齿轮机构元件的旋转，而单向离合器则以机械方式对行星齿轮机构的元件进行锁止。

三、离合器的作用、结构、工作原理及止回阀

1.离合器的作用

离合器是用来连接输入轴、中间轴、输出轴和行星排的某个基本元件，或将行星排的某两个基本元件连接在一起，使之成为一个整体转动，实现扭矩的传递。

2.离合器的结构

多片湿式离合器的结构如图 4-2-1 所示。离合器活塞安装在离合器毂内，它是一种环状活塞，由活塞内外圆的密封圈保证其密封，从而和离合器毂一起形成一个封闭的环状液压缸，并通过离合器毂内圆轴颈上的进油孔和控制油道相通。钢片和摩擦片交错排列，两者统称为离合器片。钢片的外花键齿安装在离合器毂的内花键齿圈上，可沿齿圈键槽作轴向移动；摩擦片由其内花键齿与离合器毂的外花键齿连接，也可沿键槽作轴向移动。摩擦片的两面均为摩擦系数较大的铜基粉末冶金层或合成纤维层。离合器毂以一定的方式和变速器输入轴或行星排的某个基本元件相连接。

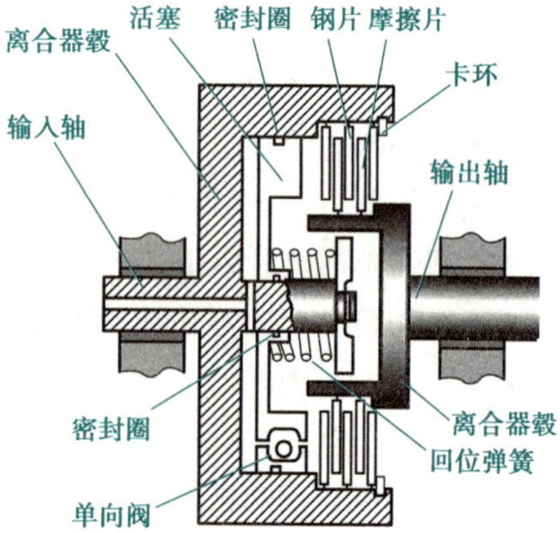

图 4-2-1　多片湿式离合器的结构

3.离合器的工作原理

• 离合器结合情况：当来自控制阀的液压油进入离合器液压缸时，推动单向阀钢球，使其关闭单向阀。活塞克服回位弹簧力的作用，将所有的钢片和摩擦片相互压紧在一起，产生摩擦力，使离合器接合，如图 4-2-2 所示。

• 离合器分离情况：当液压控制系统将作用在离合器液压缸内的液压油的压力解除后，单向阀在离心力的作用下离开阀座，活塞缸外缘的油液经单向阀流出，活塞在回位弹簧的作用下回到原位，使离合器分离。

4.离合器中的止回阀

为了快速泄油，保证离合器彻底分离，一般在液压缸中都有一个止回阀，如图 4-2-3(a)所示。当液压油进入液压缸时，钢球在油压的推动下压紧在阀座上，单向阀处于关闭状态，保证了液压缸密封；当液压缸内的油压解除后，单向阀钢球在离心力的作用下离开阀座，使单向阀处于开启状态，残留在液压缸内的液压油在离心力的作用下从单向阀的阀孔中流出，从而保证离合器的彻底分离。

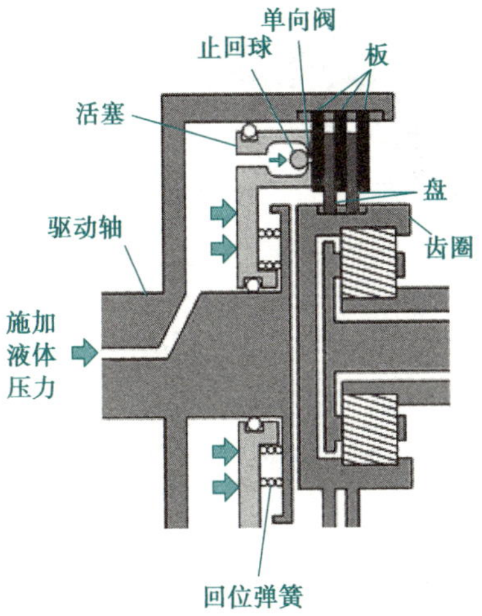

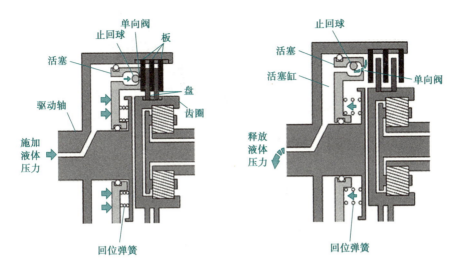

图 4-2-2 离合器的工作原理

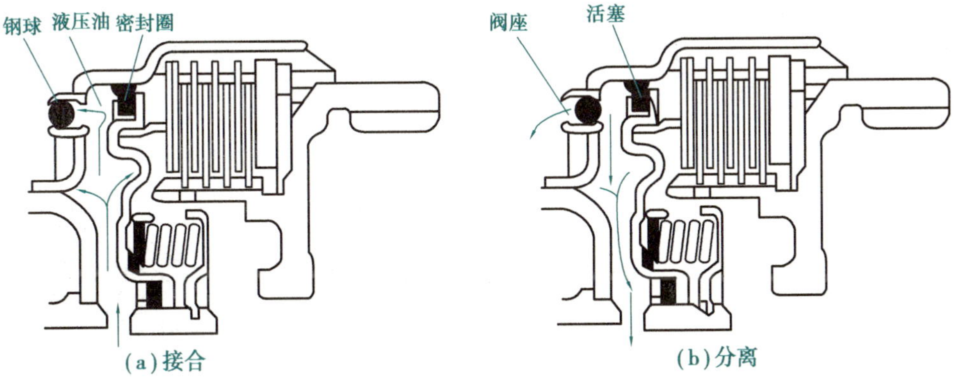

图 4-2-3 离合器中的止回阀

四、制动器的作用、结构及工作原理

1.制动器的作用

制动器是将行星齿轮机构中的太阳轮、齿圈和行星架这 3 个基本元件之一与变速器壳体相连，使该元件被约束固定而不能旋转，以便与离合器或单向离合器配合，实现不同挡位的输出。

2.制动器的结构

目前，最常见的制动器是带式制动器和多片湿式制动器。多片湿式制动器的结构与离合器基本相同，下面重点介绍带式制动器。

带式制动器又称为制动带，主要由制动带和制动油缸等组成，图 4-2-4 为带式制动器分解图。

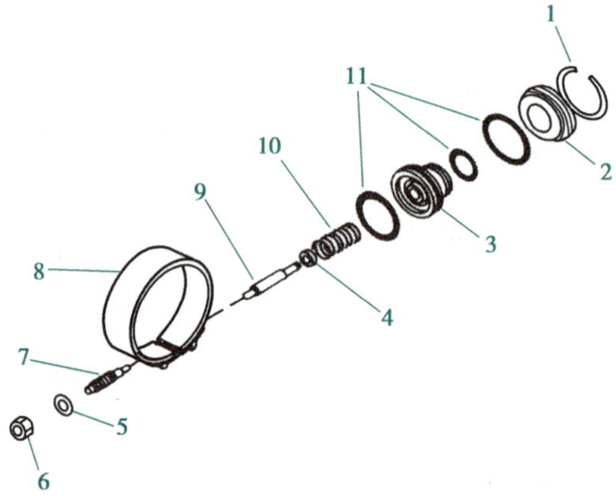

图 4-2-4　带式制动器分解图

1—卡环；2—活塞定位架；3—活塞；4—推力垫圈；5—垫圈；
6—锁紧螺母；7—调整螺钉；8—制动带；9—活塞杆；10—复位弹簧；11—"O"形圈

3.制动器的工作原理

1）带式制动器的工作原理

● 制动情况：如图 4-2-5 所示，当控制油压加在活塞上时，活塞向左移，压缩复位弹簧，推杆推动制动带的一端。由于制动带的另一端固定在变速器壳体上，制动带的直径变小，箍紧在制动鼓上，在制动带与制动鼓之间产生很大的摩擦力，使之无法转动。

● 制动解除情况：当活塞缸中没有控制油压时，活塞和推杆在复位弹簧的作用下被推回，制动带松开，制动鼓解除制动。制动带不工作时，制动带和制动鼓之间存在一定的间隙。

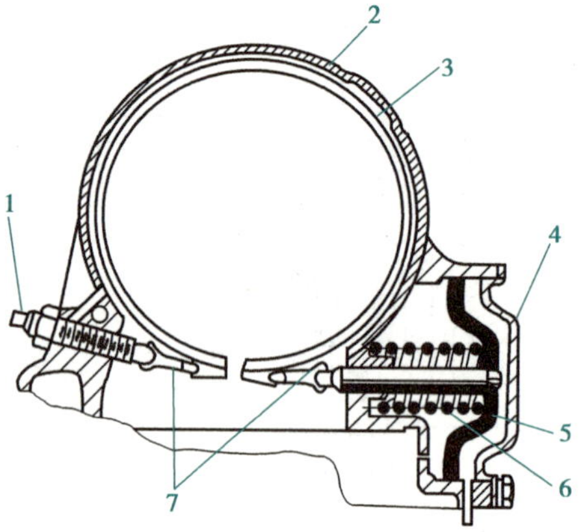

图 4-2-5　带式制动器的工作原理

1—调整螺钉；2—制动带；3—制动鼓；
4—油缸盖；5—活塞；6—复位弹簧；7—支柱

2）片式制动器的工作原理

制动情况：如图 4-2-6 所示，片式制动器由制动鼓、制动器活塞、复位弹簧、钢片和摩擦片等组成。片式制动器的工作原理和多片湿式摩擦离合器基本相同，但片式制动器的制动鼓（相对于离合器鼓）固定在变速器壳体上。钢片通过外花键齿直接安装在变速器壳体上的内花键齿圈中，摩擦片则通过内花键齿和制动鼓上的外花键齿连接。

当制动器不工作时，钢片与摩擦片之间没有压力，制动器鼓可以自由旋转；当制动器工作时，来自控制阀的液压油进入控制器鼓内的液压缸中，油压作用在制动器活塞上，推动活塞将制动器摩擦片和钢片夹紧在一起，与行星排某一基本元件连接的制动器鼓就被固定住而不能旋转。

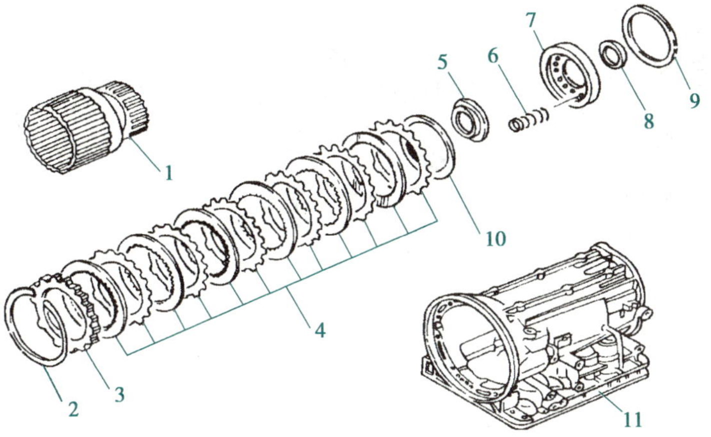

图 4-2-6　片式制动器的工作原理

1—制动鼓;2—卡环;3—挡圈;4—钢片和摩擦片;5—弹簧座;

6—复位弹簧;7—制动器活塞;8,9—密封圈;10—碟形环,11—变速器壳体

五、单向离合器的作用、结构及工作原理

1.单向离合器的作用

单向离合器将约束元件单向锁止,另一方向自由转动,以实现换挡或提高换挡质量的要求。

2.单向离合器的结构

单向离合器常用的结构形式有滚柱斜槽式和楔块式两种。

滚柱斜槽式单向离合器由外圈、内圈、滚柱及弹簧等组成,如图 4-2-7 所示。

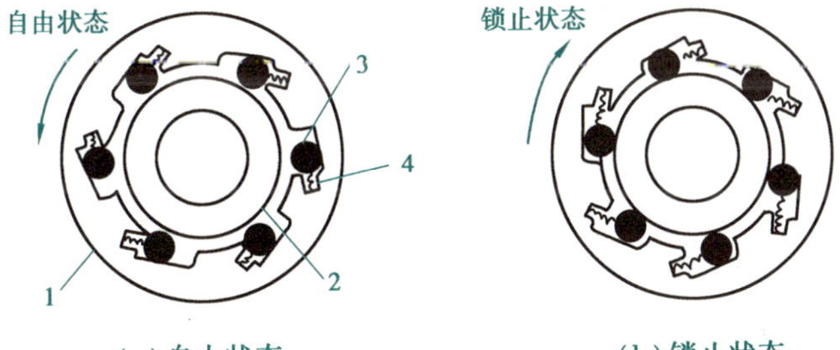

(a)自由状态　　(b)锁止状态

图 4-2-7　滚柱斜槽式单向离合器

1—外圈;2—内圈;3—滚柱;4—弹簧

楔块式单向离合器的结构和滚柱斜槽式单向离合器的结构基本相似,也有外圈、内圈、楔块等,如图 4-2-8 所示。不同之处在于,楔块式单向离合器的外圈或内圈上都没有楔形槽,其滚子不是圆柱形的,而是特殊形状的楔块。楔块在 A 方向上的尺寸略大于内外圈之间的距离 B,而在 C 方向上的尺寸略小于 B。

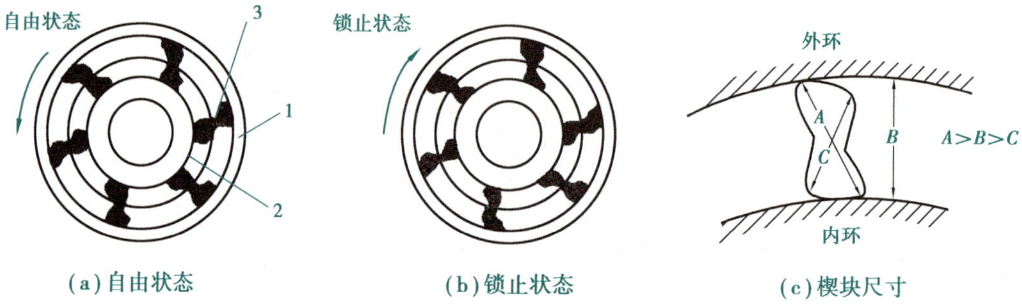

图 4-2-8 楔块式单向离合器

1—外圈;2—内圈;3—楔块

3.单向离合器的工作原理

滚柱斜槽式单向离合器的内外圈分别和行星排的基本元件或变速器壳体连接。在外圈的内表面制有与滚柱相同数目的楔形槽。内外圈之间的楔形槽内装有滚柱和弹簧。弹簧的弹力将各滚柱推向楔形槽较窄的一端。当外圈相对于内圈朝顺时针方向转动时,滚柱在摩擦力和弹簧弹力的作用下,卡死在楔形槽较窄的一端,于是内外圈互相连成一个整体,不能相对转动,此时单向离合器处于锁止状态。与内外圈连接的基本元件被单向固定或者连成一个整体。当外圈相对于内圈朝逆时针方向转动时,滚柱在摩擦力的作用下,克服弹簧的弹力,滚向楔形槽较宽的一端,出现打滑现象,外圈相对于内圈可以作自由滑转,此时单向离合器脱离锁止而处于自由状态。有些单向离合器的楔形槽开在内圈上,其工作原理同楔形槽开在外圈上。

楔块式单向离合器,当外圈相对于内圈朝顺时针方向转动时,楔块在摩擦力的作用下立起,因自锁作用而被卡死在内外圈之间,使内圈与外圈无法相对滑转,此时单向离合器处于锁止状态;当外圈相对于内圈朝逆时针方向旋转时,楔块在摩擦力的作用下倾斜,脱离自锁状态,内圈与外圈可以相对滑动,此时单向离合器处于自由状态。

【任务实施】

一、准备工量具和设备

(1)工量具:组合工具、专用工具、厚薄规等。

(2)设备:丰田 A341E 自动变速器、空气压缩机等。

(3)维修手册、评分表等。

二、作业前的准备工作

(1)现场安全确认:车辆、举升机、工位。

(2)车辆防护:三件套、翼子板布、前格栅布、车轮挡块、干净抹布等。

三、完成车辆基本信息表的填写

请填写车辆基本信息表，见表 4-2-1。

表 4-2-1　车辆基本信息表

项　目	具体信息
车牌号码	
行驶里程	
发动机型号及排量	
车辆识别代码(VIN)	

四、自动变速器挂挡困难的检修

请查阅维修手册，根据以下步骤进行作业。

按下列项目，对丰田 A341E 的 3 个离合器进行检修。

(1) 检查离合器的摩擦片，如有烧焦、表面粉末冶金层脱落或翘曲变形，应更换。许多自动变速器的摩擦片表面上印有符号，若这些符号已被磨去，说明摩擦片已磨损至极限，应更换。也可测量摩擦片的厚度，若小于极限厚度，则应更换。丰田 A341E 的自动变速器的离合器、制动器技术规范，见表 4-2-2。

表 4-2-2　A341E 的自动变速器的离合器、制动器技术规范

离合器的名称	代　号	摩擦片/钢片	弹簧自由长度标准/mm	自由间隙/mm
超速离合器	C_0	2/2	15.8	1.45~1.70
前进离合器	C_1	6/7	28.6	0.7~1.00
高、倒挡离合器	C_2	4/5	24.35	1.37~1.60
超速制动器	B_0	5/6	17.23	1.85~2.05
二挡强制制动器	B_1	40(宽度)	24.35	2.0~3.0
	B_2	5/6	19.64	0.63~1.98
低、倒挡制动器	B_3	7/8	12.9	0.7~1.22

(2) 检查钢片，如有磨损或翘曲变形，应更换。

(3) 检查离合器的活塞，其表面应无损伤或拉毛，否则应更换新件。

(4) 检查离合器活塞上的单向阀，其球阀应能在阀座内活动自如，用压缩空气或煤油检查单向阀的密封性，如从液压缸一侧向单向阀内吹气，密封应良好，如有异常，应更换活塞，如图 4-2-9 所示。

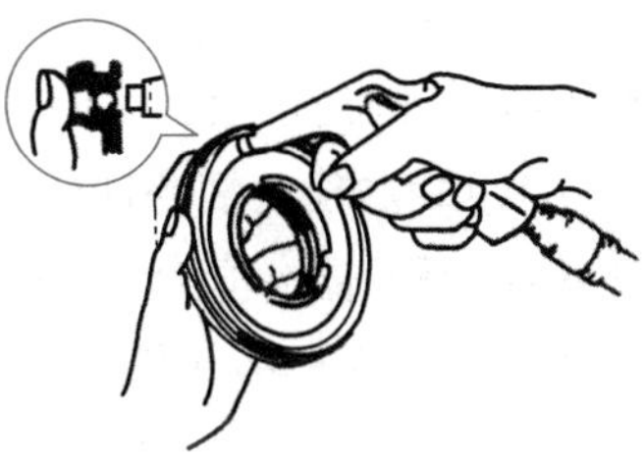

图 4-2-9　检查离合器活塞上的单向阀

(5)检查离合器毂,其液压缸内表面应无损伤或拉毛,与钢片配合的花键槽应无磨损,如有异常,应更换新件。

(6)测量活塞回位弹簧的自由长度,并标准比较。若弹簧自由长度过小或有变形,应更换新弹簧。

(7)更换所有离合器液压缸活塞上的"O"形密封圈及轴颈上的密封环。新的密封圈或密封环应涂上少许液压油后装入。

(8)装配后,用厚薄规或千分表测量离合器的自由间隙。若自由间隙不符合标准,用压盘调整。

五、检修制动器

按下列项目,对丰田 A341E 的 3 个片式制动器、1 个带式制动器进行检修。

片式制动器参见片式离合器的检修方法,带式制动器按下列方法进行检修。

(1)检查带的外观。外观上如有烧焦、表面粉末冶金层脱落、磨损不均匀、硬化或变色、打印数字的部分表面磨损,只要出现上述现象中的任何一项,必须更换,如图 4-2-10 所示。在检查制动带时,不要将制动带反折,以防止制动带变形。

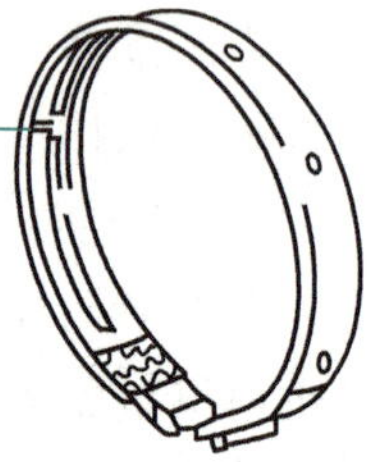

图 4-2-10 检查带的外观

(2)检查制动器伺服机构部件有无磨损和划痕,检查制动器的活塞,其表面应无损伤或拉毛,液压缸内表面应无损伤或拉毛,如有异常,应更换新件。

(3)检查制动带表面的含油量。擦净制动带摩擦片上的油,然后用手指轻压制动带摩擦片,应有油渗出,如轻压后无油渗出,说明制动带摩擦片表面含油能力下降,应更换,否则易烧蚀和造成制动鼓干磨。拆检修理带式制动器时,不要将制动带随意展平或叠压,以免造成摩擦表面的裂纹剥落等;不要将制动带随意弯曲或扭转,以免造成制动带变形,安装时不能复位,使配合间隙发生变化,造成制动器工作不良。

(4)检查制动鼓。检查制动鼓表面是否磨损严重,是否有烧蚀,如磨损严重或有烧蚀,应更换制动鼓。

(5)检查调整自由间隙。安装制动带时,一定要检查自由间隙。间隙过小会造成换挡冲击以及摩擦片和制动鼓之间分离不彻底,间隙过大易造成制动带打滑,因此,间隙的调整在检修制动器重新安装时是十分必要的,调整时可将调整螺钉松开,先使制动带完全抱死,然后将调整螺钉退回 1.5~2.5 圈锁死。对倒挡的制动带,因油压较高,制动带与制动鼓的间隙应稍大些,一般是扭紧后将调整螺钉退回 5 圈锁死。

(6)组装后检查活塞杆行程。可用 400~800 kPa 的气压向伺服缸内施压,用专用工具测量活塞杆行程,标准值为 2.0~3.0 mm。如果测量值不在规定范围,应选择相应的活塞杆长度。活塞杆有 4 种不同长度,即 70.7,71.4,72.2,72.9 mm。

六、检修单向离合器

按下列项目,对丰田 A341E 的 3 个单向离合器进行检修。

(1)检查外观。保持架是否变形、拉伤,有无卡滞或无锁止现象;如有,应进行更换。

(2)检查单向离合器锁止方向,如图 4-2-11 所示。

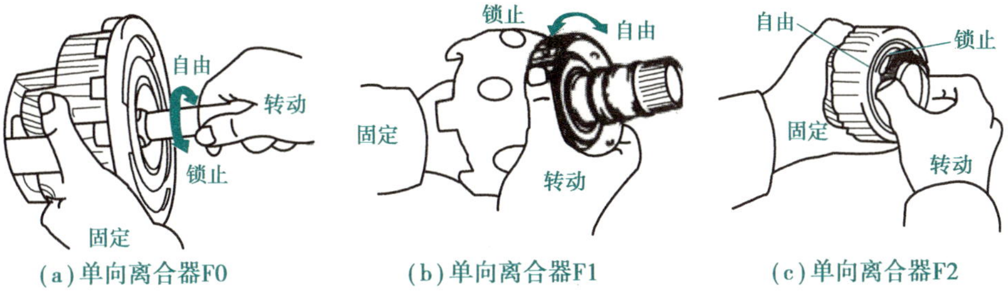

图 4-2-11　检查单向离合器锁止方向

【任务评价】

(1)请完成自动变速器挂挡困难的检修评价项目,填写表 4-2-3。

表 4-2-3　评价表

评价内容	记录要点
本次任务中,你主要完成了哪些操作?	
本次任务中,你掌握了哪些知识点?	
在学习过程中,你做了哪些安全措施?请举例。	
在学习过程中团队合作和 6S 管理践行情况如何?	
你在本次任务学习中还存在哪些问题?	

(2)请根据你实训的实际情况完成以下内容的填写。

①离合器的摩擦片表面情况:______________________________。

②离合器的活塞表面情况:______________________________。

③离合器活塞上的单向阀、球阀在阀座内的活动情况:____________________。

④带式制动器的外观情况:____________________。摩擦表面出现不均匀磨损、摩擦材料剥落、摩擦材料上印刷数字部分磨损,或者有调色、外观颜色发黑,只要出现其中任何一项,就必须更换。

⑤带式制动器制动鼓表面情况:______________________________。

项目五｜悬架系统的检修

【案例导入】

问:师傅,汽车悬架异响、前轮摆动或跑偏故障的原因是什么?

答:悬架异响故障原因主要有:下摆臂的前后橡胶衬套磨损、老化或损坏;螺旋弹簧失效或弯折;减震器活塞杆与缸筒磨损严重;减震器、转向节、下摆臂的连接螺栓松动。前轮摆动或跑偏故障原因主要有:轴承损坏;车轮轮毂产生偏据;轮钢的钢圈螺栓松动;车轮不平衡;前轮定位角不正确;下摆臂或转向横拉杆的球头销磨损或松动;左右前减震器损坏或变形;转向节、减震器及下摆臂的紧固螺栓松动;两前轮的气压不一致,等等。

【项目概述】

悬架系统是汽车的重要组成部分,如图 5-1-1 所示。悬架系统工作不良或失效,将导致汽车行驶振动、跑偏等故障。

图 5-1-1 悬架系统

/任务一/ 车轮的检查与换位

【学习目标】

通过本任务的学习,应达到以下学习目标:

- 能叙述车轮的作用、组成及换位方法;
- 能描述车轮的检查与换位检修方法;
- 能规范地对车轮进行拆卸、车轮换位与修复检查。
- 树立安全意识、节约意识、环保意识和客户至上的意识。
- 养成职业规范和精益求精的工作作风。

【任务引入】

一辆丰田卡罗拉轿车,行驶里程为20 000 km,轮胎磨损不均匀。车主需要你对车轮进行检查并进行换位。

【任务准备】

一、车轮的安装位置及作用

1.车轮的安装位置

车轮总成安装位置如图5-1-2所示,它处于车桥与地面之间。车轮总成由车轮和轮胎两大部分组成。

图5-1-2 车轮总成安装位置

2.车轮总成的作用

车轮总成的基本作用如下:

(1)支承整车质量,包括在汽车质量上下运动时产生的惯性动载荷。

(2)缓和由路面传递来的冲击载荷。

(3)通过轮胎和路面之间的附着作用,产生驱动和阻止汽车运动的外力,即为汽车提供驱动力(牵引力)和制动力。

(4)产生平衡汽车转向离心力的侧向力,以便顺利转向,并通过轮胎产生的自动回正力矩,使车轮具有保持直线行驶的能力。

(5)承担跨越障碍的作用,保证汽车的通过性。

二、车轮的组成及换位方法

1.车轮的组成

车轮一般是由轮辋、轮辐和轮毂组成,如图 5-1-3 所示。轮毂通过圆锥滚子轴承装在车桥或转向节轴径上,用于连接车轮与车桥;轮辋用于安装和固定轮胎;轮辐用于将轮毂和轮辋连接起来。

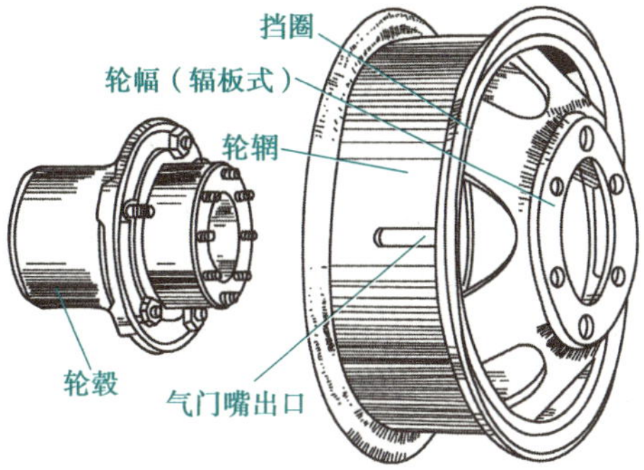

图 5-1-3　车轮的组成

1)轮辋

按其结构不同,轮辋的常见结构形式有深槽轮辋、平底轮辋和对开式轮辋,如图 5-1-4 所示。此外,还有半深槽轮辋、深槽宽轮辋、平底宽轮辋和全斜底轮辋等。

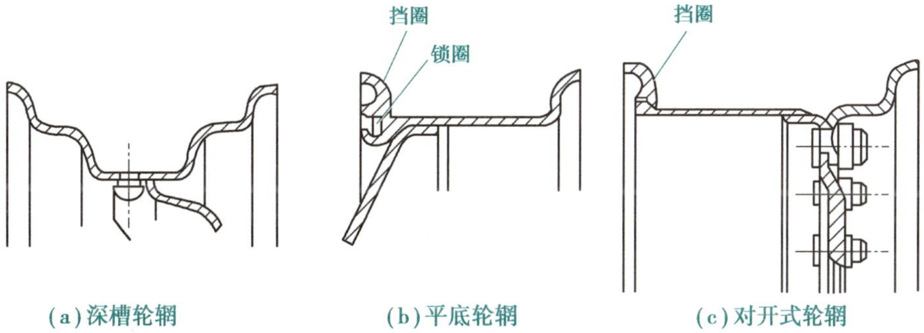

图 5-1-4　轮辋的常见结构形式

2)轮辐

按轮辐结构的不同,车轮可以分为辐板式车轮和辐条式车轮两种形式。

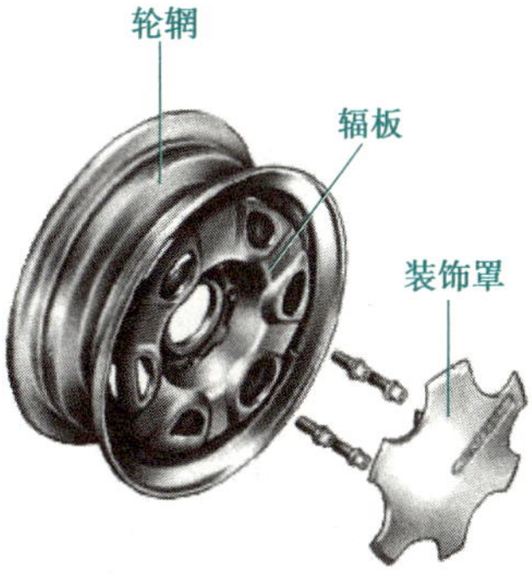

图 5-1-5　铝合金车轮

普通轿车和轻、中型货车通常采用辐板式车轮,由挡圈、轮辋、辐板和气门嘴伸出口组成。车轮中用以连接轮毂和轮辋的钢质圆盘称为辐板,大多数是冲压制成的,少数是和轮毂铸成一体的。

轿车的辐板所用板料较薄,常冲压成起伏多变的形状,以提高其刚度,目前广泛采用的轿车车轮为铝合金车轮,如图 5-1-5 所示,且多为整体式的,即轮辋和轮辐铸成一体。铝合金车轮质量小,尺寸精度高,生产工艺好,美观大方,可以明显改善车轮的空气阻力,降低汽车油耗。

3)轮毂

轮毂内装有轮毂轴承,为使轴承得到润滑,可在轮毂内腔加少量润滑脂。轮毂螺栓又称为轮胎螺栓,用以连接轮毂、轮辐和制动鼓,包括螺柱、螺母和套螺母。多数轮胎螺栓是不能左右互换的,左轮用左旋螺纹,右轮用右旋螺纹,这样可避免汽车前进行驶时因旋转惯性而出现轮胎螺母自行松动现象。注意:目前一些车辆上由于采用了球面弹簧垫圈,可以防止螺母自行松脱,故左右车轮的螺栓均可用右旋螺纹。

2.车轮的换位方法

车轮的换位方法如图 5-1-6 所示。方法(a)将后轮交叉换至前轮,前轮单边换至后轮,对于无方向要求的车轮可使用该方法。方法(b)进行前后轮单边换位。具体选择方法参见各种车型的维修手册。

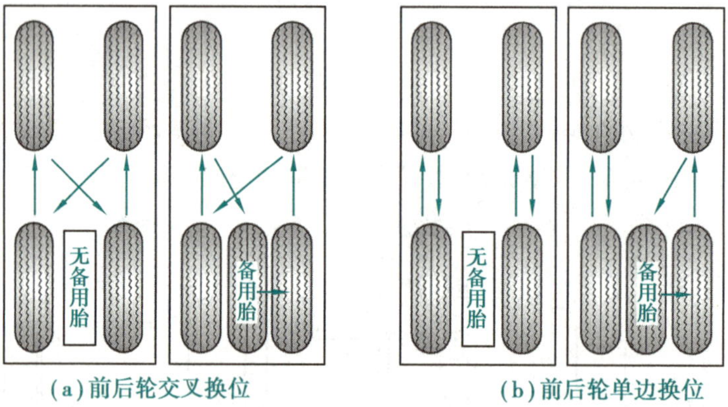

图 5-1-6 车轮换位方法

车轮换位时的注意事项如下:

(1)前后轮胎所起的作用不同,因而磨损情况也不同。轮胎磨损的程度取决于路面状况、驾驶习惯、车轮定位、车轮平衡和轮胎气压等各种因素。

(2)定期将车轮换位,以平衡车轮的磨损。除了定期将车轮换位外,当发现轮胎磨损不均匀时,也应将车轮换位。

(3)子午线轮胎车轮换位顺序如图 5-1-7 所示。有备用胎时的车轮换位顺序如图 5-1-8 所示。

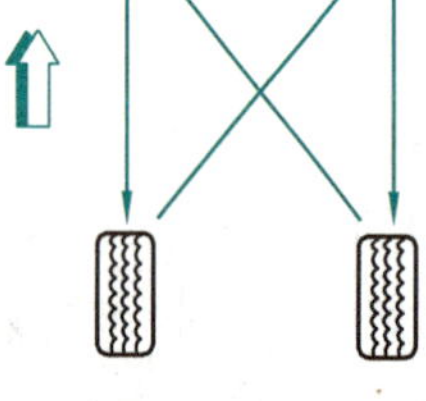

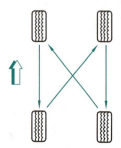

图 5-1-7 子午线轮胎车轮换位顺序

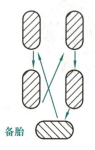

图 5-1-8 有备用胎时的车轮换位顺序

(4)子午线轮胎在肩部区域特别是前端磨损较快。非驱动轴位置的子午线轮胎可能产生不规则磨损而提高轮胎噪声，这就需要定期的四轮换位来解决。

(5)换位后，应检查车轮螺母是否达到规定的紧固力矩，然后设定轮胎压力。

【任务实施】

一、作业前准备工量具和设备

(1)工量具：轮胎套筒、风炮或轮胎拆装专用扳手等。

(2)设备：丰田卡罗拉轿车或其他轿车。

(3)维修手册、评分表等。

二、作业前的准备工作

(1)现场安全确认：车辆、举升机、工位。

(2)车辆防护：磁力护裙、转向盘护套、变速杆手柄套、脚垫和座位套等。

三、完成车辆基本信息表的填写

请完成车辆基本信息表，见表 5-1-1。

表 5-1-1 车辆基本信息表

项 目	具体信息
车牌号码	
行驶里程	
发动机型号及排量	
车辆识别代码(VIN)	

四、车轮的检查与换位

请查阅维修手册，根据以下步骤进行作业。

1.拆卸车轮

(1)按对角交叉的方法将 4 个车轮拧松，如图 5-1-9 所示。

(2)将车辆安全举升至轮胎最低点距离地面约 20 mm 的高度，并可靠锁止。

(3)拆下轮胎，做好标记，将轮胎放在轮胎架上，如图 5-1-10 所示。

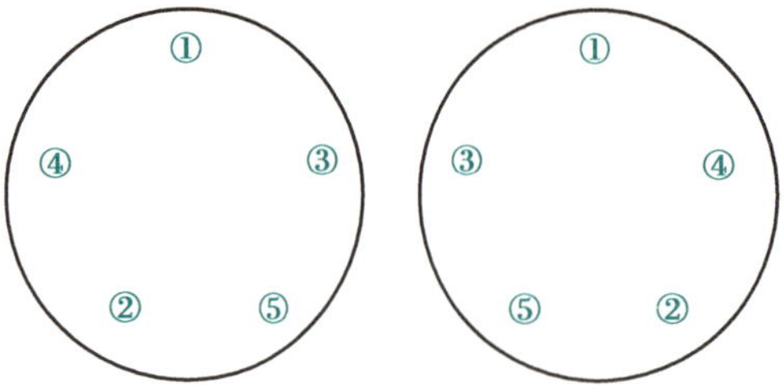

图 5-1-9　安装车轮螺栓顺序

图 5-1-10　轮胎放置

2.车轮的检查

(1)检查轮胎是否有胎体变形、鼓包、橡胶开裂、异常磨损及穿刺异物等现象,如图 5-1-11 所示。

(2)检查并清除轮胎花纹中堆积的杂物等。

(3)如图 5-1-12 所示,测量轮胎花纹深度,检查花纹深度是否低于 1.6 mm。

图 5-1-11　检查轮胎是否损坏

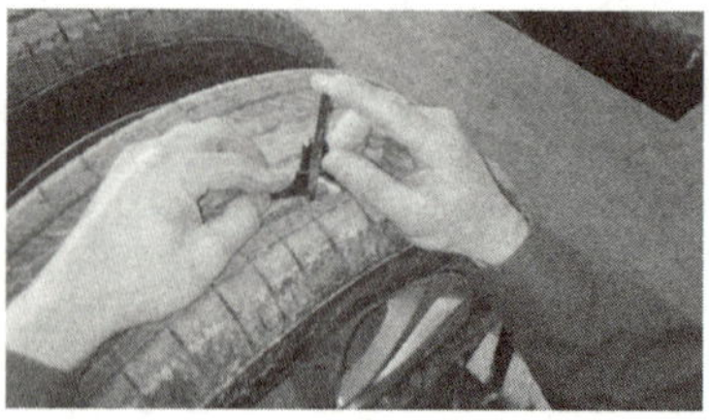

图 5-1-12　测量轮胎花纹深度

☆ 小提示

胎面磨损极限标志位于胎面花纹沟槽底部,当胎面磨损到磨损极限标志处时,花纹沟断开,该轮胎就必须停止使用。按照国家标准规定,每条轮胎应沿着周向等距离地设置不少于 4 个磨损标志。图 5-1-13 为带有 6 个磨损标志的轮胎。

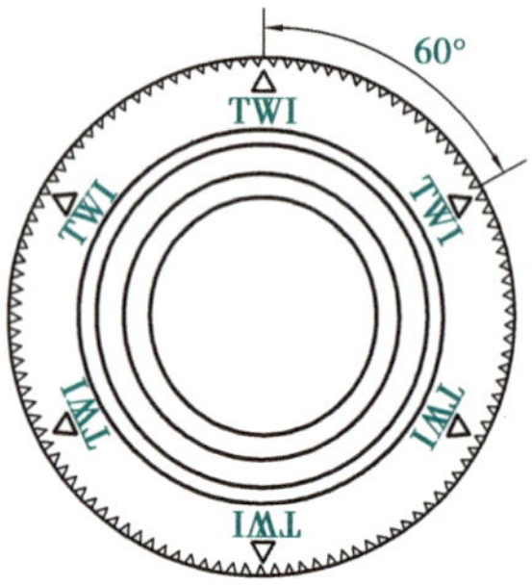

图 5-1-13　轮胎磨损标志

(4)如图 5-1-14 所示,检查并记录轮胎气压。

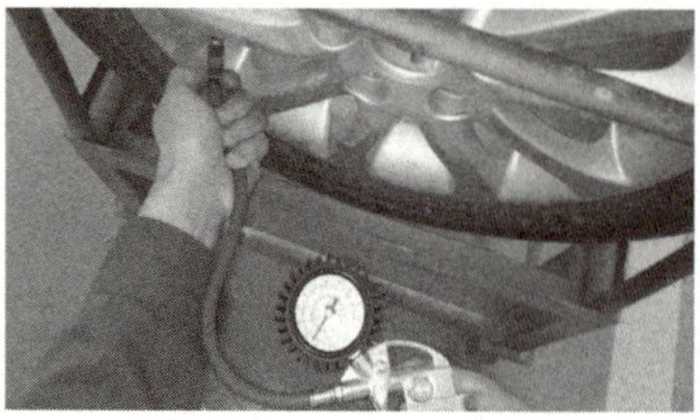

图 5-1-14　检查轮胎气压

☆ 小提示

查看驾驶室车门附近标示牌上关于胎压的要求,如果胎压过低,则需进行充气;如果胎压过高,则需进行放气,直到达到规定要求。

（5）如图 5-1-15 所示，检查气嘴气密性。

图 5-1-15　检查气嘴气密性

☆ 小提示

将肥皂水涂在气嘴上，如果有冒泡的地方，则说明该处漏气。

（6）检查轮辋损坏或腐蚀。

（7）检查备用轮胎。

3.车轮的换位

查看维修手册，按照车轮换位方法进行车轮换位，同时注意是否有备胎。

4.车轮的安装

（1）将车轮换位后，对正螺栓孔，将车轮放置好，用手将螺母旋入。

（2）使用轮胎扳手以对角方法将螺母拧紧到合适力矩。

（3）将车降下后，按照对角分步要求，将螺栓拧紧到规定力矩。

5.应急情况下原地换轮胎

车辆使用中遇到意外情况需要在公路或车辆停放处换轮胎的情形很常见。

（1）首先把换胎用的工具准备好，取出备胎。如图 5-1-16 所示，把千斤顶置于所换车轮的相关位置（先不要全部顶起）。

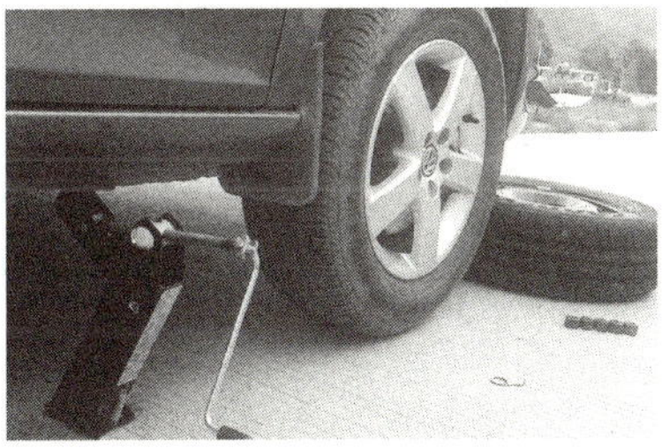

图 5-1-16　顶起车身

图 5-1-17　钩出防尘帽

（2）钩出防尘帽，用专用套筒对角交叉地将所换车轮的全部螺栓拧松，如图 5-1-17 所示。

（3）顶起车辆，使轮胎稍离地面，把螺栓全部松下，取下轮胎。

（4）装上备胎，按对角交叉的顺序将螺栓拧紧。将车放下，再用力把所有螺栓拧紧。

（5）收拾并清洁好工具，将换下的轮胎装回后备箱原来装备胎的位置中，如图 5-1-18 所示。

图 5-1-18　将换下的轮胎装回后备箱

【任务评价】

（1）请完成车轮的检查与换位评价项目，填写表 5-1-2。

表 5-1-2　评价表

评价内容	记录要点
本次任务中，你主要完成了哪些操作？	
本次任务中，你掌握了哪些知识点？	
在学习过程中，你做了哪些安全措施？请举例。	
在学习过程中团队合作和 6S 管理践行情况如何？	
你在本次任务学习中还存在哪些问题？	

（2）请根据你实训的实际情况完成以下内容的填写。

①按________方法将 4 个车轮拧松。

②将车辆举升至轮胎最低点距离地面约________ mm 的高度，并可靠锁止。

③轮胎表面的检查情况：____。

④检查轮胎的花纹深度情况：____。

/ 任务二 /　轮胎的修补与更换

【学习目标】

通过本任务的学习，应达到以下学习目标：

- 能叙述轮胎的结构、分类及标记；
- 能叙述车轮的动平衡；
- 能规范地对轮胎进行修补或更换；
- 能正确识别轮胎的型号与规格；
- 能规范地对轮胎进行动平衡检测。
- 树立安全意识、节约意识、环保意识和客户至上的意识。
- 养成职业规范和精益求精的工作作风。

【任务引入】

一辆丰田卡罗拉轿车，该车前轮胎损坏。车主需要你对轮胎进行检查，根据实际情况对轮胎进行修补或更换。

【任务准备】

一、轮胎的结构

轮胎通常由外胎、内胎、垫带等组成。也有不需要内胎的，其胎体内层有气密性好的橡胶层，配合专用的轮辋构成。

二、汽车轮胎的类型及轮胎标记

1.汽车轮胎的类型

(1)汽车轮胎按用途可分为载货汽车轮胎和轿车轮胎，而载货汽车轮胎又分为重型、中型和轻型载货汽车轮胎。

(2)汽车轮胎按胎体结构不同可分为充气轮胎和实心轮胎。现代汽车绝大多数采用充气轮胎。充气轮胎按组成结构不同，又分为有内胎轮胎(图 5-2-1)和无内胎轮胎(图 5-2-2)。

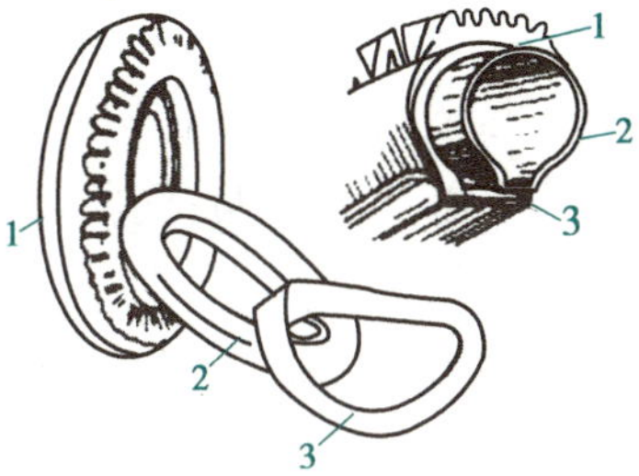

图 5-2-1　有内胎轮胎的结构
1—外胎；2—内胎；3—垫带

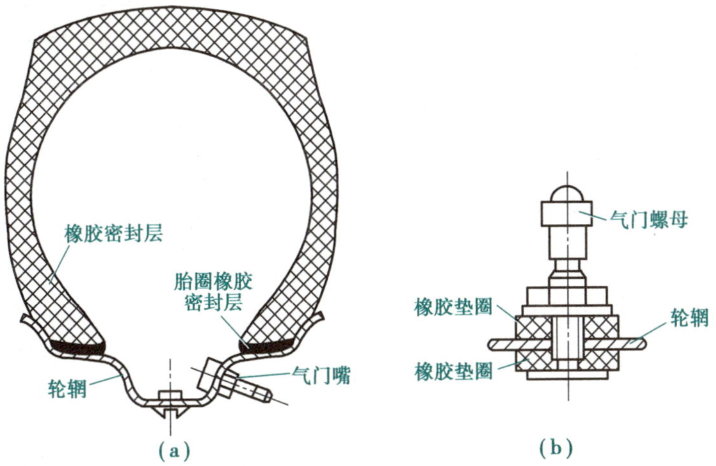

图 5-2-2　无内胎轮胎的结构

(3)充气轮胎按胎体结构中帘线排列的方向不同可分为斜交轮胎和子午线轮胎。斜交轮胎的帘线按斜线交叉排列，故而得名，如图 5-2-3 所示。

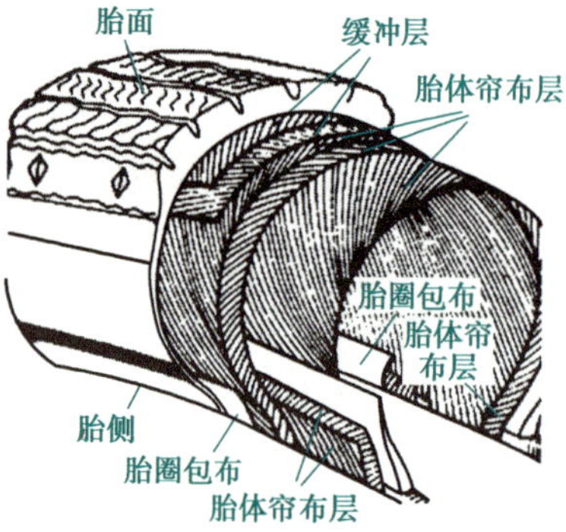

图 5-2-3　斜交轮胎的结构

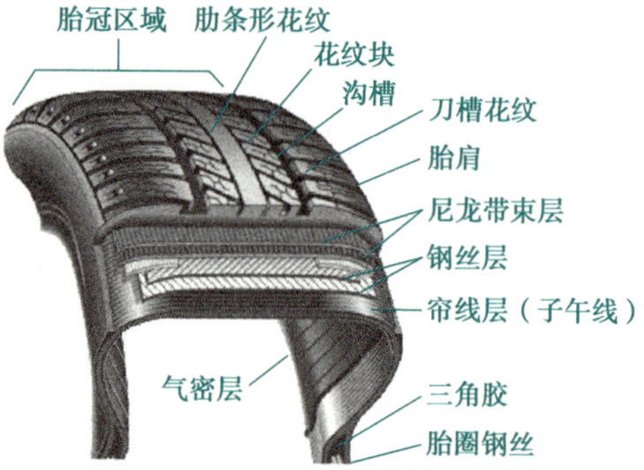

图 5-2-4　子午线轮胎的结构

子午线轮胎的帘布层相当于轮胎的基本骨架，其排列方向与轮胎子午断面一致，如图 5-2-4 所示。

(4)按胎内的空气压力大小，充气轮胎可分为高压胎、低压胎和超低压胎。气压在 0.5～0.7 MPa 为高压胎；气压在 0.15～0.45 MPa 为低压胎；气压在 0.15 MPa 以下为超低压胎。

(5)活胎面轮胎，如图 5-2-5 所示。

2.轮胎的标记

汽车轮胎上的标记有 10 余种，按国家标准规定，在外胎的两侧要标出生产编号、制造厂商标、尺寸规格、层级、最大负荷和相应气压、胎体帘布汉语拼音代号、安装要求和行驶方向记号等，如图 5-2-6 所示。

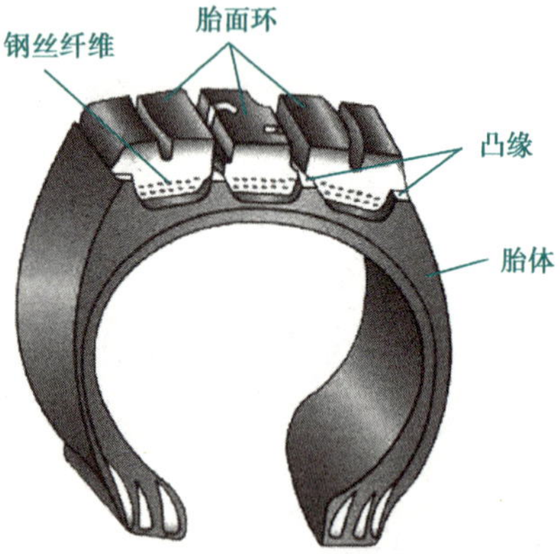

图 5-2-5　活胎面轮胎的结构

图 5-2-6　轮胎标记

1—轮胎制造商；2—轮胎制造国；3—轮胎制造日期；
4—胎面类型；5—欧洲标准；6—公司内部代码；
7—冬季轮胎；8—子午线帘布结构；
9—轮胎型号和速度等级

1）国际标准化组织（ISO）现定新轮胎规格标志

例如 195/60R1485H

其中，195 为轮胎名义断面宽度（195 mm）；60 为轮胎名义高宽比（H13≈0.60）；R 为子午线轮胎标志；14 为轮辋名义直径（14 in）；85 为负荷指数（515 kg）；H 为速度符号（210 km/h）。

2）我国轮胎的规格标志

我国轮胎的规格标志主要分为英制规格标志和公制规格标志。

一般普通断面货车轮胎和轿车斜交轮胎使用英制规格标志。

例如 6.5R166P.R.

其中，6.5 为轮胎名义断面宽度（6.5 in）；R 为子午线轮胎标志；16 为轮辋名义直径；6P.R.轮胎层级为 6（最大负荷为 635 kg，相应气压为 3.50 kg）。

一般子午线轿车轮胎使用公制规格标志。

例如 195/60HR14

其中，195 为轮胎名义断面宽度（195 mm）；60 为轮胎名义高宽比（HB≈0.60）；H 为速度符号（210 km/h）；R 为子午线轮胎标志；14 为轮辋名义直径（14 in）。

三、车轮的动平衡

轮胎或轮毂的材料组织内部不均匀、车轮与车轴的装配尺寸误差、轮胎与地面的不正常磨损等因素的影响造成车轮总成的动不平衡，使汽车操纵稳定性下降。

行驶中车轮不平衡产生的影响：胎面会与地面产生不正常的磨损；会加速车轴与轴承的磨损；会加速悬架和转向系统部件的磨损；影响驾驶者的驾驶舒适性；操纵稳定性下降。

【任务实施】

一、作业前准备工量具和设备

（1）工量具：撬棍等。

（2）设备：需修补轮胎、润滑脂、压缩空气管路、U200 优耐特扒胎机、轮胎的修补套件、砂轮机、动平衡仪、平衡块若干。

（3）维修手册、评分表等。

二、作业前的准备工作

（1）现场安全确认：举升机、工位。

（2）车辆防护：三件套、翼子板布、前格栅布、车轮挡块等。

三、完成车辆基本信息表的填写

请完成车辆基本信息表，见表 5-2-1。

表 5-2-1 车辆基本信息表

项　目	具体信息
车牌号码	
行驶里程	
发动机型号及排量	
车辆识别代码(VIN)	

四、轮胎的修补与更换

请查阅维修手册,将轮胎拆下后按以下步骤进行。

1.轮胎的拆卸

(1)如图 5-2-7 所示释放轮胎气压,去掉轮辋上所有配重铅块。

(2)认识 U200 扒胎机的结构,共有 4 个踏板。

(3)将轮胎放到如图 5-2-8 所示的位置,反复转动轮胎并压下轮胎挤压板,踩下轮胎挤压臂踏板,使轮胎和轮辋彻底分离。操作时应注意避开气嘴位置。

图 5-2-7 释放轮胎气压

图 5-2-8 分离轮胎与轮辋

(4)如图 5-2-9 所示,将轮辋放在卡盘上,踩下锁紧/放松车轮踏板,锁住轮辋。

(5)在轮胎内圈抹上润滑脂。

(6)如图 5-2-10 所示将拆装臂拉下,使卡头内滚轮与轮辋边缘贴住,将扒胎臂卡紧。

图 5-2-9 固定车轮

图 5-2-10 拉下拆装臂

(7)如图 5-2-11 所示,用撬棍将轮胎挑到拆装臂尖角端外。

图 5-2-11　用撬棍挑出轮胎

图 5-2-12　扒出一侧轮胎

(8) 如图 5-2-12 所示，踩下逆时针旋转踏板，使卡盘逆时针旋转，扒出一侧轮胎。

(9) 如图 5-2-13 所示，用相同的方法扒出另一侧轮胎。

图 5-2-13　扒出另一侧轮胎

(10) 补胎完成后，用顺时针旋转方法将轮胎安装好，补充好胎压。

2.轮胎的修补

一般而言，胎冠被刺穿、扎钉或割开 2～6 mm 的创口都可进行修补。补胎方法根据轮胎受损程度，常用的有冷补（内补或粘贴补）和热补（俗称火补）法。

1) 从轮胎内部修理

(1) 标记好轮胎的受损位置。

(2) 拆下轮胎并清洁受损区域。

(3) 用砂纸或专用打磨工具打磨并清洁轮胎受损区域，直到有平滑绒状的摩擦面产生。

(4) 用锥子从里面修整轮胎破损的地方，切下或拆下钢束带层上任何可松动的钢丝材料。

(5) 将补丁贴到受损部位，切掉多余的补丁保持与轮胎内部平齐。

(6) 在补丁和受损处涂上化学硫化剂粘胶并使其变干。

(7) 使用挤压工具从中心往四周在补丁上施加作用力，排出所有留存在补丁和轮胎之间的气体。

(8) 重新把轮胎固定在轮辋上，并与第一步所做的标记对齐，按照标准为轮胎充气，再次检查轮胎是否漏气。

2) 橡胶塞杆轮胎修补

(1) 检查轮胎并清洁受损区域。

(2) 选择适当的专用橡胶塞杆。

(3) 用专用工具由外到内进行穿刺橡胶塞杆。

(4) 用专用工具从轮胎的里面往外用力拔出并固定橡胶塞杆。

(5) 清理突出轮胎外多余的塞杆。

3.车轮动平衡检查

(1)准备工作。

①目检。检查车轮表面是否有污泥砂石等附在上面;轮胎表面是否卡有金属碎片、石头或其他异物;车轮是否有破损、变形和转动起来后颤抖的现象。

②调节轮胎气压。用气压表检测并将轮胎气压调节至标准气压。

(2)使用平衡钳拆下原车轮上的旧平衡块,拆卸时注意不要弄花轮辋的表面。

(3)将轮胎的中心孔对正平衡机旋转轴,将轮胎安装到平衡旋转轴上,选择合适的定位锥体,并将快换螺母旋紧到平衡转轴上,如图 5-2-14 所示。

(4)打开位于主机箱左侧的电源开关,控制面板上的指示灯应全部点亮。

(5)从主机箱右侧拉出"A"距离测量尺,测量主机箱到轮辋边缘的距离,通过"↑""↓"将数据输入"A"设置里。

(6)使用宽度测量尺,测量轮辋两边缘的宽度值,测量时,测量尺位置要放置在正中间,读数时注意视线与刻度平齐。通过"↑""↓"将数据输入"L"设置里。

(7)查找位于轮胎胎侧上的轮胎规格,确定轮辋直径,通过"↑""↓"将数据输入"D"设置里。

(8)确定数据无误后,向前方推动车轮旋转,按下启动按钮(START 开始),平衡旋转轴开始旋转,数秒后自动停止旋转。待平衡旋转轴停止后,控制面板上的数值显示器显示的数字即为轮胎的不平衡量。

(9)用手缓慢旋转轮胎,当内侧不平衡点定位指示灯全部点亮时,停止转动轮胎,选择最接近显示不平衡量的平衡块,使用平衡钳将平衡块安装在内侧轮辋边缘最高点位置处,如图 5-2-15 所示。

图 5-2-14　安装车轮

图 5-2-15　安装内侧平衡块

【任务评价】

(1)请完成轮胎的修补与更换评价项目,填写表 5-2-2。

表 5-2-2　评价表

评价内容	记录要点
本次任务中,你主要完成了哪些操作?	
本次任务中,你掌握了哪些知识点?	
在学习过程中,你做了哪些安全措施?请举例。	
在学习过程中团队合作和6S管理践行情况如何?	
你在本次任务学习中还存在哪些问题?	

(2)请根据你实训的实际情况完成以下内容的填写。

①检查轮辋上配重铅块情况:________________________________。

②胎压检查情况:________________________________。

③扒胎机的型号:________________________________。

④车轮动平衡检查情况:内侧为________;外侧为________。

/任务三/　汽车四轮定位的检测与调整

【学习目标】

通过本任务的学习,应达到以下学习目标:

- 能叙述车轮定位的作用及含义;
- 能规范地对汽车进行车轮定位的检查与调整;
- 能对汽车四轮定位的检测与调整修复后进行质量检验。
- 树立安全意识、节约意识、环保意识和客户至上的意识。
- 养成职业规范和精益求精的工作作风。

【任务引入】

一辆丰田卡罗拉轿车(1ZR),车辆行驶时总是跑偏。车主需要你对悬架系统进行检查及维护,根据情况使用车轮定位仪对汽车进行检查和调整。

【任务准备】

一、悬架系统的作用及组成

1.悬架系统的作用

悬架将车桥和车架弹性地连接起来，并缓解和吸收地面引起的车轮跳动、冲击与振动，改善乘坐舒适性，传递路面作用于车轮的支持力、驱动力、制动力和侧向力及其产生的力矩，稳定车身的行驶姿势，便于操纵。

2.悬架系统的组成

如图 5-3-1 所示，悬架是车架或车身与车桥之间一切传力连接装置的统称，主要由弹性元件、减振器和导向机构 3 个部分组成。

弹性元件的作用是减缓来自路面的冲击，改善乘坐的舒适性。按制造材料可划分为金属弹簧和非金属弹簧两种，其中金属弹簧包括螺旋弹簧、钢板弹簧和扭杆弹簧，如图 5-3-2 所示；非金属弹簧包括气体弹簧和橡胶弹簧。

图 5-3-1　典型悬架系统在车上的安装位置

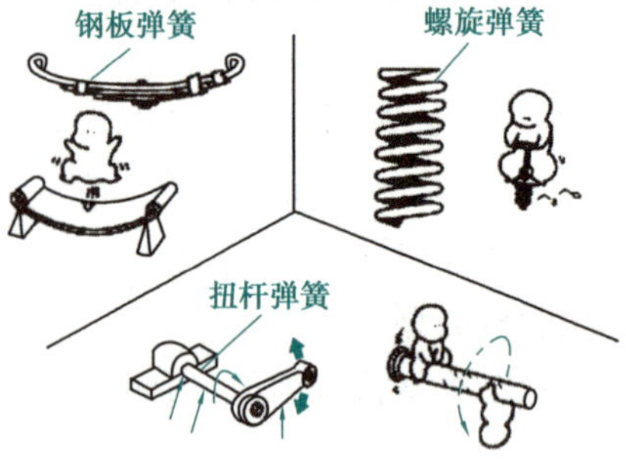

图 5-3-2　常见金属弹簧

- 螺旋弹簧：由特殊的圆形金属丝和棒材缠绕成的螺旋结构，弹簧的抗扭强度可以吸收振动力或冲击力，如图 5-3-3 所示。

- 钢板弹簧：除了具有抗压抗振功能外，还可以看作支撑车桥的臂，兼导向机构的作用。绝大部分货车使用钢板弹簧非独立式悬架，图 5-3-4 为钢板弹簧及其安装位置。

- 扭杆弹簧：主要由高弹性的弹簧钢经特殊处理加工而成的一根钢杆，扭杆一端固定在车辆的固定部位，限制其扭转程度；另一端则连接到车辆的悬架控制臂上，可自由扭转，如图 5-3-5 所示。

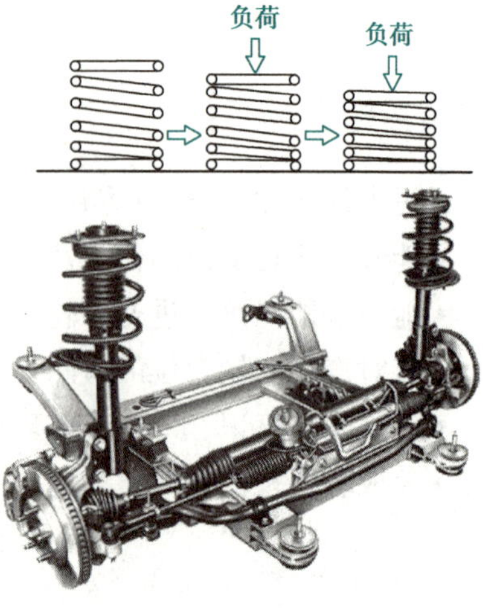

图 5-3-3　螺旋弹簧及其安装位置

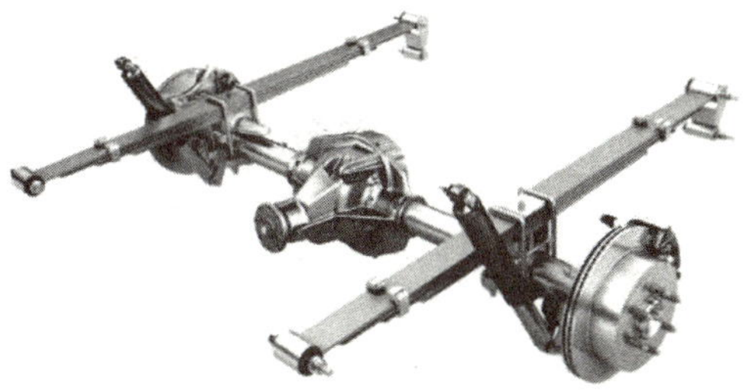

图 5-3-4　钢板弹簧及其安装位置

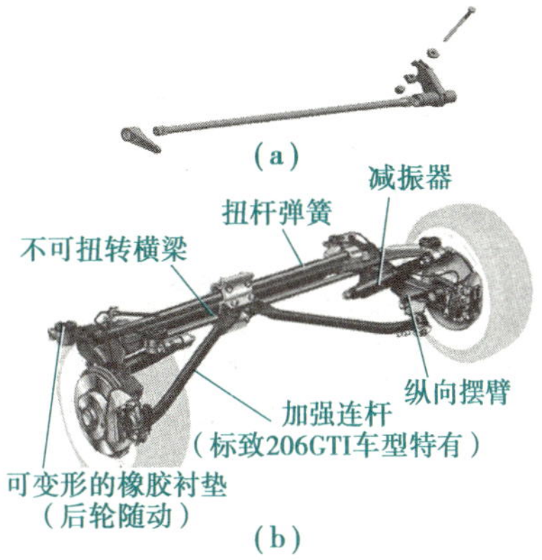

图 5-3-5　扭杆弹簧结构及其位置

• 气体弹簧：包括空气弹簧和油气弹簧两种。空气弹簧多用于轿车，而油气弹簧主要用于重型汽车。空气弹簧通过利用压缩空气所产生的弹性来缓冲车辆行驶过程中的小振动，图 5-3-6 为空气弹簧的结构及其安装位置。

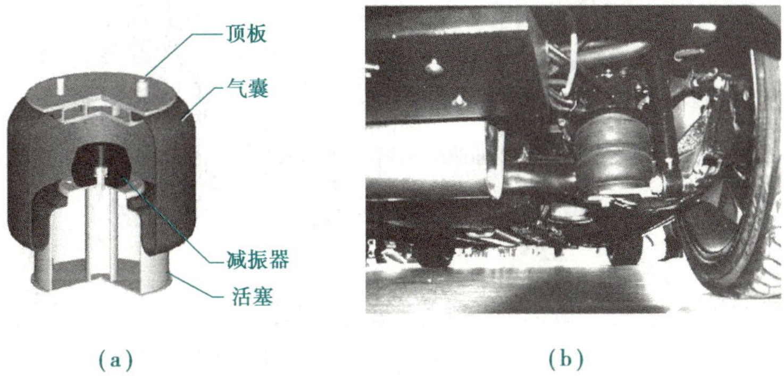

图 5-3-6　空气弹簧的结构及其安装位置

二、减振器的工作原理及导向装置的组成

1.减振器的工作原理

减振器的工作原理如图 5-3-7 所示，当车轮受到来自路面的冲击时，弹簧的变形会减缓车辆所受到的冲击，由于减振器吸收了地面的冲击力，因此可以改善乘坐的舒适性。不带减振器的弹簧与带减振器的弹簧的工作情况比较：没有减振器时，振动所持续的时间会较长；有减振器时，在较短的时间内减缓振动。

大多数汽车所用的减振器是筒式伸缩减振器，其结构如图 5-3-8 所示。

减振器以减振器油作为工作介质，利用减振器活塞的拉伸和压缩运动，使油液流经节流孔产生的流动阻力（阻尼力）来达到减振目的。

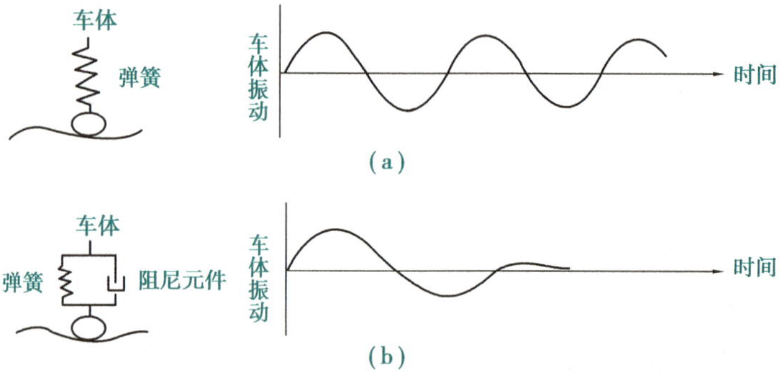

图 5-3-7　减振器的工作原理

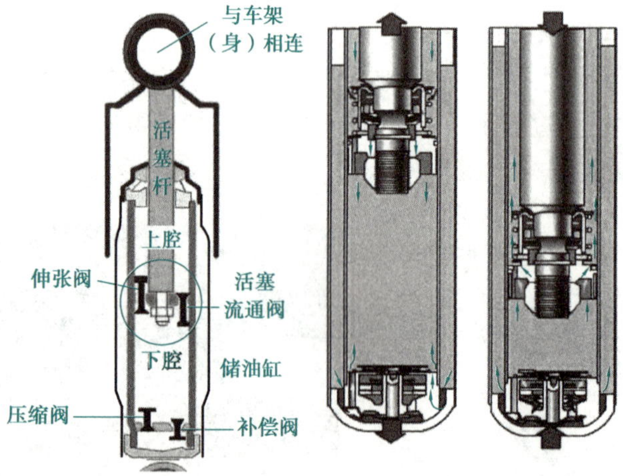

图 5-3-8　筒式伸缩减振器的结构

减振器的单向阀（流通阀和补偿阀）的弹簧很软，弹力很弱，当阀上的油压作用力与弹簧力同向时，阀处于关闭状态，完全不通液流；而当油压作用力与弹簧力反向时，只要有很小的油压，阀便能开启。而卸载阀（压缩阀和伸张阀）的弹簧较硬，预紧力较大，只要当油压升高到一定程度时，阀才能开启；而当油压降低到一定程度时，阀即自动关闭，从而起到一定的阻尼作用，即缓冲减振作用。

2.导向装置的组成

如图 5-3-9 所示，导向装置也称连接机构，主要由上摆臂、下摆臂、横向稳定杆和球头等连接杆件组成。导向装置通过这些连杆部件可将弹簧、减振器、稳定杆、车轮和车身都连接起来，起到承受车辆质量及车轮运动的作用。

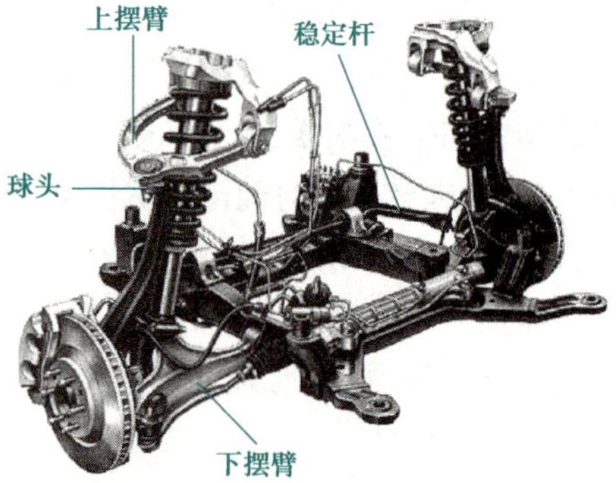

图 5-3-9　导向装置的组成

三、悬架系统的类型及各自的特点

1.非独立悬架

非独立悬架中，两侧车轮与整体式车桥相

连，由弹性元件将车轮和车轿悬挂在车架（或车身）下面，因此，当一侧车轮因路面不平而发生跳动时，会引起另一侧车轮的位置随之发生变化，如图 5-3-10 所示。

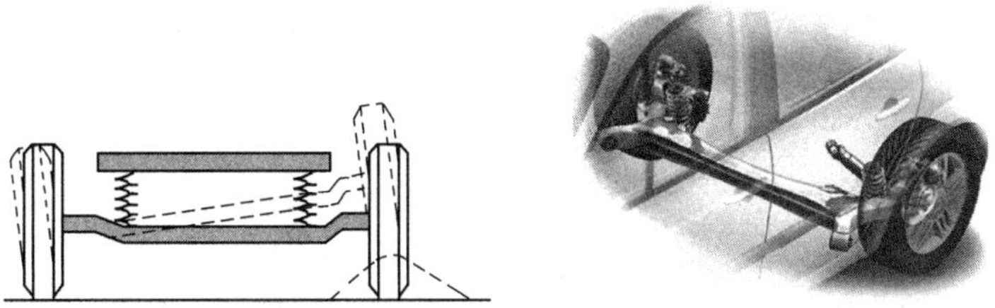

（a）　　（b）

图 5-3-10　非独立悬架示意图

2.独立悬架

独立悬架的结构特点：车架与每一侧车轮之间的悬架连接是独立的，如图 5-3-11 所示。独立悬架的车桥为断开式，当一侧车轮上下跳动时，不会影响另一侧车轮位置的变化。这种悬架乘坐舒适性和操纵稳定性都较好，还可降低汽车重心。独立悬架可分为双横臂、单横臂、纵臂式、单斜臂、多杆式及滑柱连杆（摆臂）式（麦弗逊式）等。

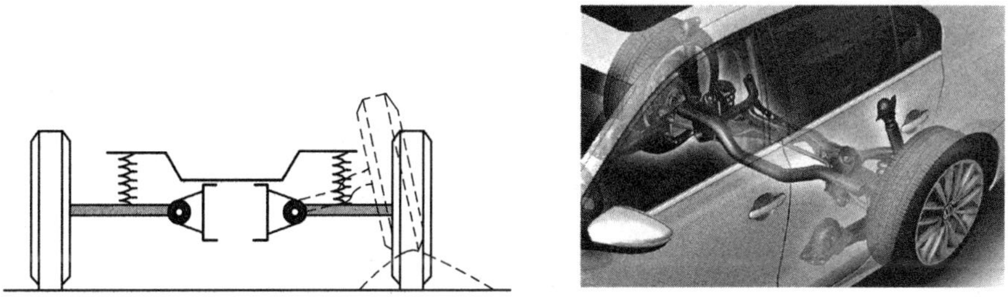

（a）　　（b）

图 5-3-11　独立悬架示意图

四、车轮定位的作用及主要参数

1.车轮定位的作用

车轮定位的作用是使汽车保持稳定的直线行驶和转向轻便，同时减少汽车在行驶中轮胎和转向机件的磨损。良好的四轮定位参数匹配能保证汽车具有良好的操纵稳定性，防止汽车在使用过程中出现转向沉重、发抖、跑偏、不复位、振动、摇摆等不正常磨损现象。

2.车轮定位的主要参数

前轮定位包括主销后倾角、主销内倾角、前轮外倾角和前轮前束 4 个定位参数；后轮定位包括车轮外倾角、后轮前束角和推力角 3 个定位参数，如图 5-3-12 所示。汽车前轮定位和后轮定位合起来称为车轮定位，也就是人们常说的四轮定位。

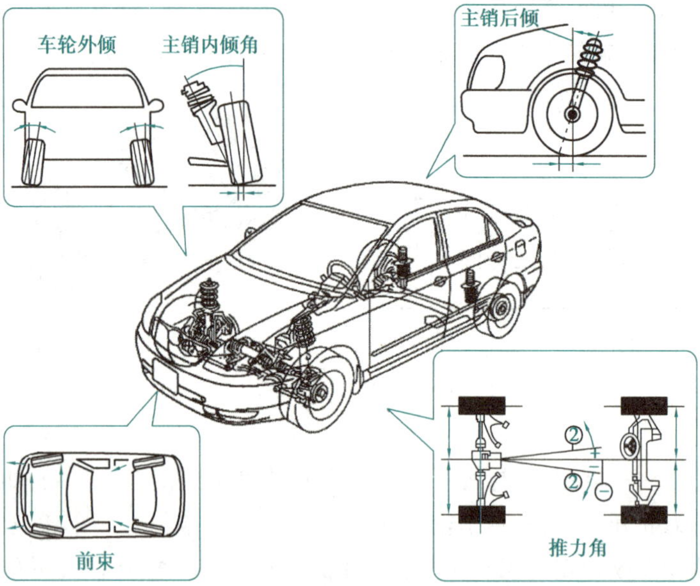

图 5-3-12　车轮定位各参数在车上的位置

1）主销后倾角

如图 5-3-13 所示，从侧面看车轮，转向主销（车轮转向时的旋转中心轴线）向后倾倒，称为主销后倾角。当汽车直线行驶，因偶受外力而发生偏离时，滚动阻力会将车轮向后拉，产生相应的稳定力矩，使汽车转向轮自动回正，从而保证汽车稳定直线行驶。

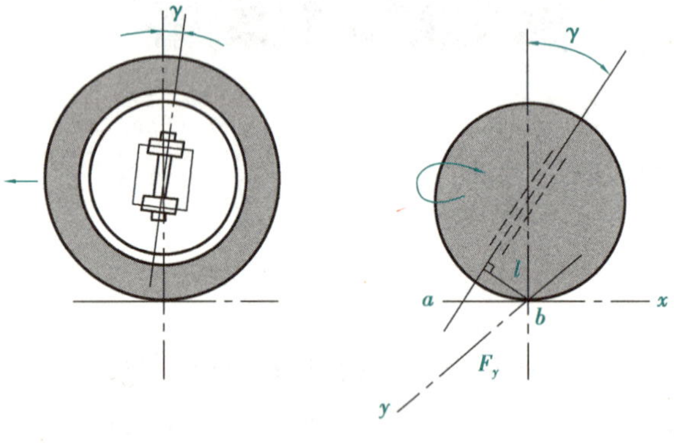

图 5-3-13　主销后倾角

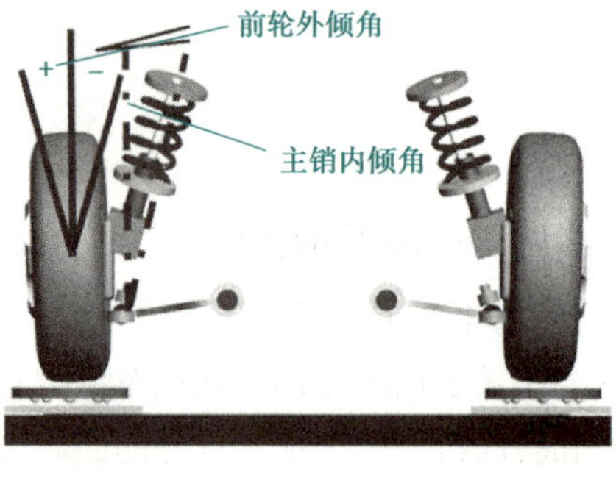

图 5-3-14　主销内倾角和前轮外倾角

2）主销内倾角

如图 5-3-14 所示，从车前后方向看轮胎时，主销轴向车身内侧倾斜，该角度称为主销内倾角。

主销内倾角的作用如下：

（1）主销内倾角使车轮转向后能自动回正，保持汽车直线行驶。当车轮以主销为中心回转时，车轮的最低点将陷入路面以下，但实际上车轮下边缘不可能陷入路面以下，而是将转向车轮连同整个汽车前部向上抬起一个相应的高度，这样汽车本身的重力可使转向车轮力图自动回正到旋转前的中间位置的趋势，从而使转向盘复位容易。

(2) 主销内倾角可使转向操纵轻便、省力。主销内倾角还使得主销轴线与路面交点到车轮中心平面与地面交线的距离减小，从而减小转向时驾驶人加在转向盘上的力使转向操纵轻便，同时也可减少从转向轮传到转向盘上的冲击力。

3) 前轮外倾角

如图 5-3-14 所示，从前后方向看车轮时，轮胎并非垂直安装，而是稍微“倾倒”呈“八”字形张开，故称为前轮外倾角。

前轮外倾角的作用如下：

(1) 前轮外倾角使轮胎倾斜触地便于转向盘的操作，使转向更为轻便。

(2) 由于很多路面中间比两边高，采用主销外倾，可使车轮充分与地面接触。

4) 前轮前束

如图 5-3-15 所示，从车上方看，前轮分别向内，即所谓“内八字脚”。

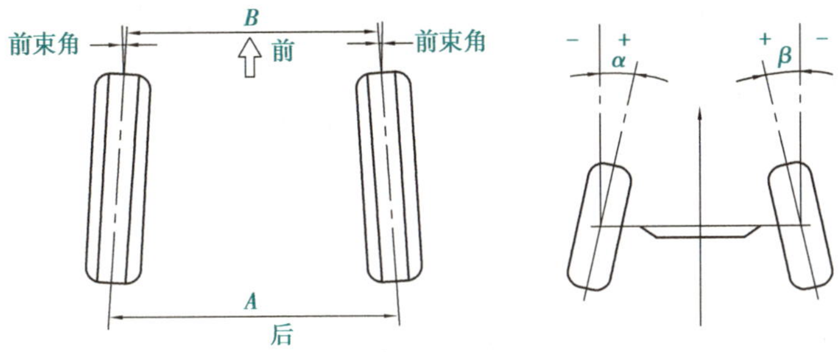

图 5-3-15 前轮前束

前轮前束：能修正上述前轮外倾角引起的车轮向外侧转动，如图 5-3-16 所示。

上述 4 种定位值都是前轮定位的指标。后轮定位值与前轮定位值相似，绝大多数轿车的后轮定位不可调整。

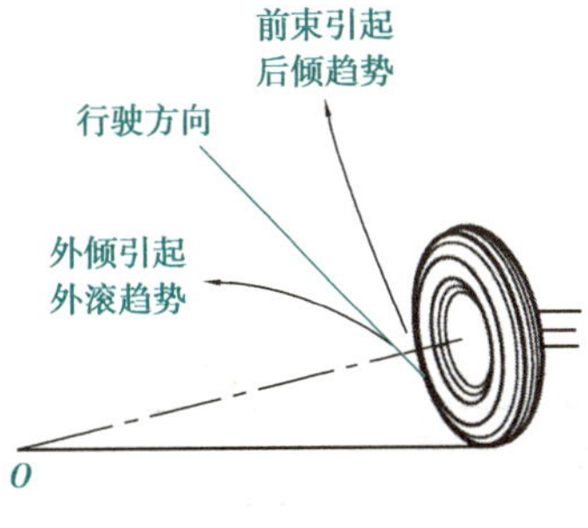

图 5-3-16 前轮前束和外倾综合作用

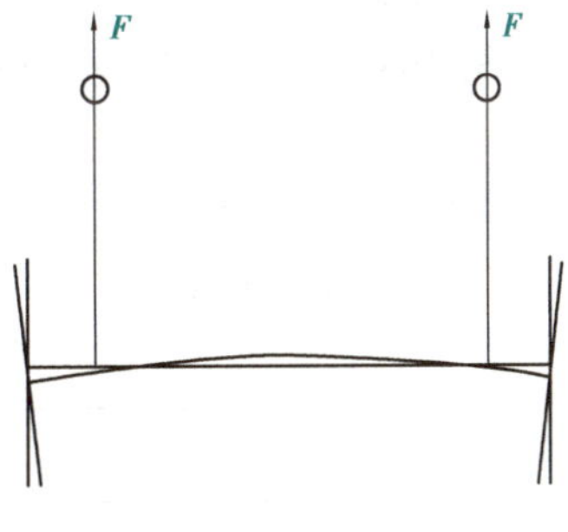

图 5-3-17 后轮的外倾和前束

5) 后轮的外倾和前束

如图 5-3-17 所示，在有些发动机前置、前轮驱动的轿车上，后轮是从动轮。汽车的驱动力 F 通过纵臂作用在后轴上，如果车轮没有前束角，当汽车行驶时，在驱动力 F 的作用下，后轴将产生一定弯曲，使车轮出现前转现象，导致轮胎出现偏磨损。

同样，后轮设置后轮外倾角（负值），增加车轮接地点的跨度和横向稳定性。负外倾角是用来抵消当汽车高速行驶且驱动力 F 较大时，车轮出现的负前束以减少轮胎的磨损。

6）推力角

如图 5-3-18 所示，推力角车辆在俯视平面内纵向轴线和推力线（是一条假想的线，从后轴中心向前延伸，由两后轮共同确定的后轴行驶方向线）的夹角。推力线相对纵向轴线向左侧偏斜为正，向右侧偏斜为负。运行状况良好的汽车是不应该有推力角的，然而，后轴胶套磨损会使后轴推力线偏斜，后轮沿推力线产生沿汽车质心的力矩，使汽车跑偏，因此推力角的存在是汽车跑偏的一个重要原因。如果后轮指向汽车正前方，轴向推力线和汽车几何中心线一致，则推力角为零。当汽车直线行驶时，后轮驱动汽车沿着推力线前进，因此零推力角是理想的。目前大多数四轮定位仪都是根据推力角定位的。

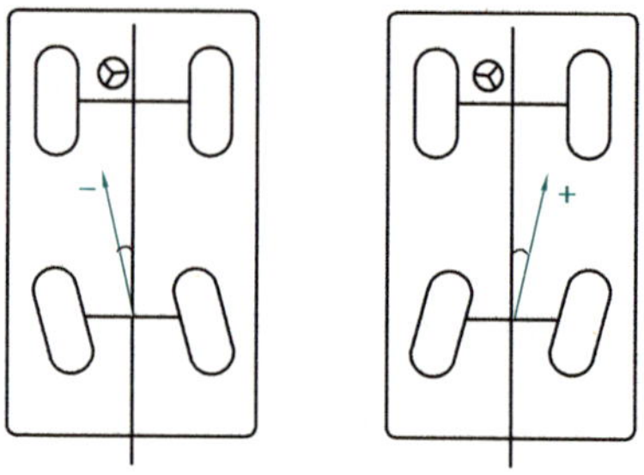

图 5-3-18　推力角

【任务实施】

一、作业前准备工量具和设备

（1）工量具：胎压计、钢尺、世达工具 120 套件等。

（2）设备：丰田卡罗拉轿车（1ZR）或其他轿车、四轮定位仪。

（3）维修手册、评分表等。

二、作业前的准备工作

（1）现场安全确认：车辆、举升机、工位。

（2）车辆防护：三件套、翼子板布、前格栅布等。

三、完成车辆基本信息表的填写

请完成车辆基本信息表，见表 5-3-1。

表 5-3-1　车辆基本信息表

项　目	具体信息
车牌号码	
行驶里程	
发动机型号及排量	
车辆识别代码（VIN）	

四、汽车四轮定位的检测与调整

以丰田卡罗拉轿车(1ZR)前轮定位为例。请查阅维修手册,根据以下步骤进行作业。

1.车轮定位的检修步骤与定位前的准备工作

1)车轮定位的检修步骤

车轮定位的检修步骤:定位前准备工作,安装卡具和定位仪,测量与调整,车轮定位后的检验。

2)定位前准备工作

(1)停放车辆。

①车辆停置于检测台上。

②转向盘处于直线行驶位置。

③车轮位于居中位置。

④车身处于空载状态。

⑤分别压车身的前部和后部,使车辆的悬架回弹至正常位置。

(2)车轮检查。

检查4个车轮的胎压是否符合标准胎压、轮胎尺寸是否相同;轮胎花纹是否有明显的异常磨损;轮胎动平衡是否正常;轮胎是否偏摆。

(3)悬架检查。

①车身高度检查,如图5-3-19所示。

②螺旋弹簧是否损坏或明显变形。

③减振器是否漏油或损坏。

④转向横拉杆是否变形。

⑤转向横拉杆球头节是否损坏或松动。

⑥悬架臂是否明显变形。

⑦悬架臂球头节是否损坏或松动。

⑧悬架臂铰接处衬套是否损坏或松动。

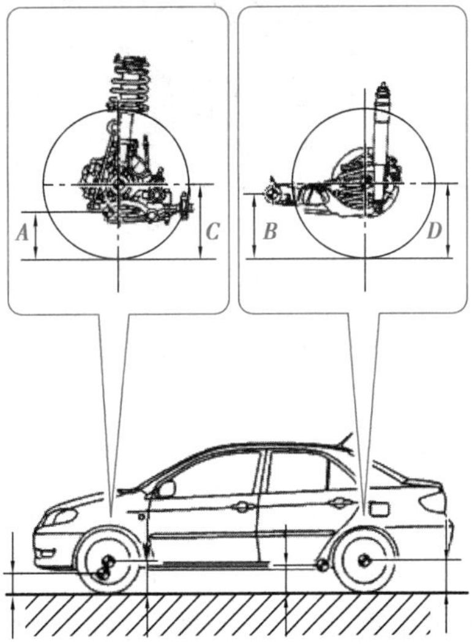

图5-3-19　车身高度检查

3)四轮定位

以百斯巴特ML 8R Tech型定位仪为例,如图5-3-20所示。

百斯巴特ML 8R Tech型定位仪所测量的数据经由无线电通信的方式发送到主机的接收器,再传到计算机进行处理。如果在打开定位仪包装后立刻开始测试定位仪传感器,请确保各传感器之间至少相距1.5 m。由于每个传感器装备有两个CCD镜头,使用红外线进行测量,因此相对应镜头之间的光线不能被遮挡。

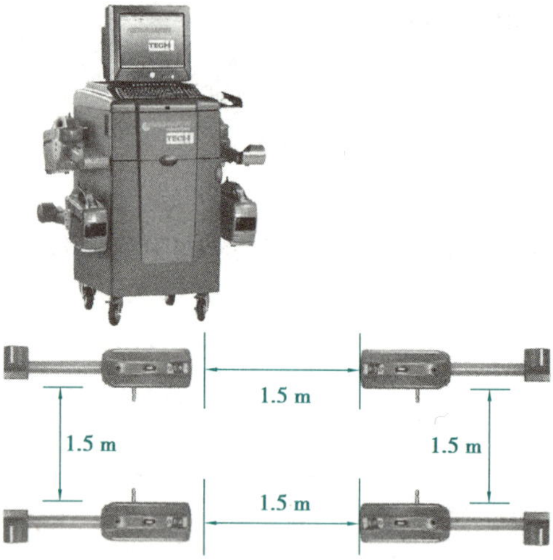

图 5-3-20 百斯巴特 ML 8R Tech 型定位仪

（1）安装制动器锁，如图 5-3-21 所示。

（2）安装多用快速卡具，如图 5-3-22 所示。将车轮装饰盖拆下，并清洁轮胎卡紧衬套。

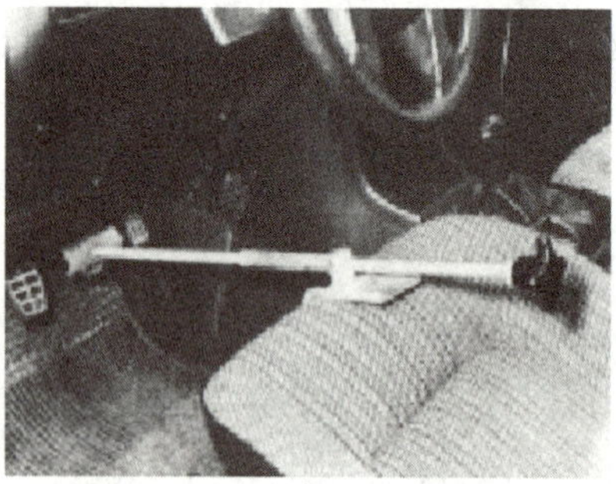

图 5-3-21 安装制动器锁

图 5-3-22 安装多用快速卡具

（3）安装传感器，连接通信电缆和转角盘电缆，如图 5-3-23 所示。电缆连接好后，拔掉转角盘和后滑板上的固定销。将车辆举升后落到举升机最低一格的安全锁止装置，以保证举升平台处于水平状态。

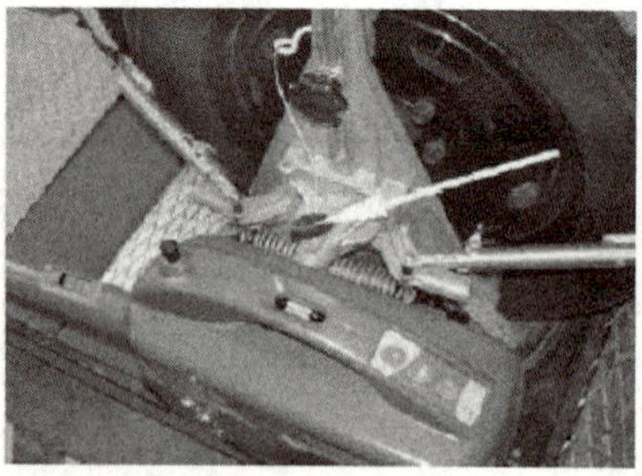

图 5-3-23 安装传感器

根据水平气泡指示调整传感器水平，气泡处在显示条的中央时，拧紧卡具上的固定螺钉。

（4）测量前的准备工作。打开测试主机后，传感器上的电源指示灯亮。进入测量程序的初始状态，按屏幕提示进行操作：按 R 键或相应的位置键激活各个传感器，把传感器放水平后拧紧固定旋钮，水平气泡处在大致中央的位置。

按 F3 键可前进到下一步。屏幕上出现“TEST”，表示系统正在刷新所记忆的上次测量的信息。

(5)调整前检测。完成准备工作后进入调整前检测步骤,屏幕上会出现转向盘对中提示图案。在绿色区域内,表示可以接受的范围,但在绿色区域的左右两侧的测量结果,会相差5′左右。因此,最好是将箭头对中绿色区域的中间黑线处。打转向盘的顺序为:先对中,然后向右 20°,再向左 20°,接着对中。此时屏幕上出现测量得到的前轮前束时。按 F3 键进入测量最大总转角的步骤,使用电子转角盘的定位仪可以通过这个步骤自动测量出最大总转角。先对中转向盘,然后按照屏幕提示,取下两个前部传感器。待屏幕上显示出测量等待画面后,连续向右打转向盘直到打不动为止,然后稳住不松手。等到测量结束后,再连续向右打转向盘直到打不动为止,然后稳住不松手。测量结束后,屏幕自动显示出所有的测量数据。再装上两个前部传感器,如果测量出的数据中,可调数据有超出允许范围的,则可进入定位调整的步骤。

(6)定位调整。做定位调整前,先用转向盘锁将转向盘固定成水平状,再升起举升机到合适调整的高度,将举升机锁止在水平安全位置。将 4 个传感器调整为水平状态,再操作定位仪进入定位调整操作。调整程序会先显示车辆后轴各个参数的测量值,如果车辆后轴参数是可调的(多数车辆的后轴定位参数是不能调整的),则可参照屏幕上显示的数据进行调整,屏幕显示的数据会随时显示当前调整后的参数数据。后轴定位参数调整完后,按 F3 键可进入前轴调整步骤。前轴外倾角的调整按照车辆底盘的结构可分为两种:一种是需要举升前轴使前轴车轮悬空才能调整外倾角;另一种是不需要举升前轴就可调整外倾角。

(7)调整后检测。将举升机降回到调整前测量时的高度,并锁止在水平安全位置。进入调整后测量步骤,此时屏幕上显示出当前的两前轮的单独前束值。按 F3 键前进,其余步骤与调整前检测的步骤相同。

2.外倾角的调整

外倾角的调整因车型各异,调整方法也不同,而后轮外倾角一般都不可调整。常用的调整方法有调整垫片、大梁槽孔、同心凸轮、偏心球头、上控制臂的调整、下控制臂的调整等。

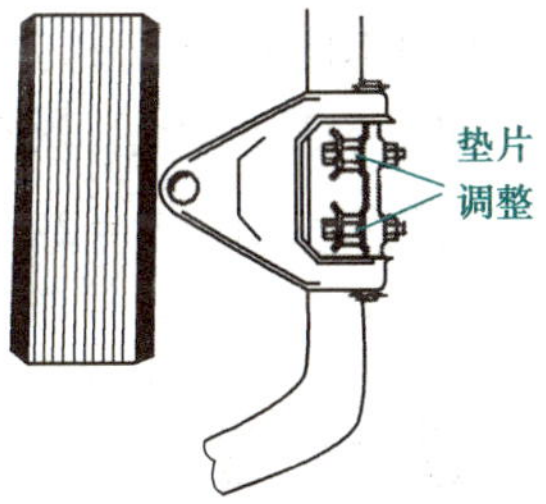

图 5-3-24 垫片调整

● 车架与控制臂之间加减垫片调整法:如图 5-3-24 所示,该方法是通过在车架与控制臂之间加减垫片的方法使控制臂向内或外移动,从而使轮胎的顶端向内或向外移动。如果减少车架上的垫片则控制臂向内移动,改变外倾角向负的方向调整;如果增加车架上的垫片则控制臂向外移动,改变外倾角向正的方向调整;如果只改变外倾角角度,加减垫片于前后调整螺栓必须相等。

● 大梁槽孔的调整:如果控制臂的安装是用螺栓孔的,可用上悬臂的长方螺栓孔进行调整。只要前后两个螺栓孔位置相对移动的刻度相同,就可以调整外倾角,如图 5-3-25 所示。

● 不同心圆凸轮的调整:克莱斯勒汽车采用的是使用不同心圆凸轮螺栓装在控制臂上,要调整外倾角角度可通过转动不同心圆凸轮来实现,如图 5-3-26 所示。

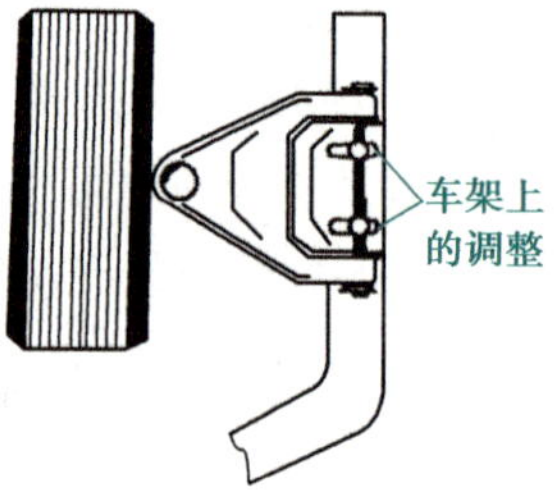

图 5-3-25　大梁槽孔的调整

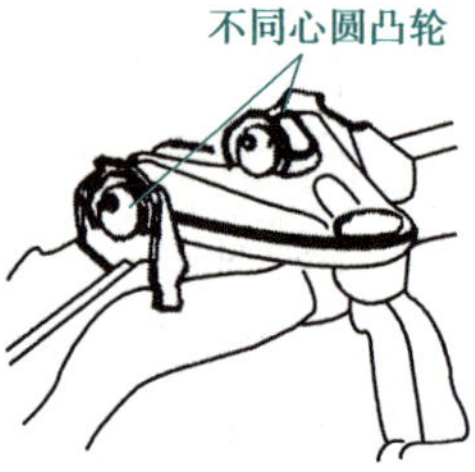

图 5-3-26　不同心圆凸轮的调整

●偏心球头的调整：如图 5-3-27 所示。有一种控制臂的设计是不对称的，一侧用于调整后倾角，另一侧用于调整外倾角。

●减振器上支柱的调整：如图 5-3-28 所示。减振器支柱上方使用的座由橡胶及铁构成，称为支柱上座。支柱上座与机架相连，将减振器上支柱向内（发动机外侧）或向外移动可改变外倾角的大小。

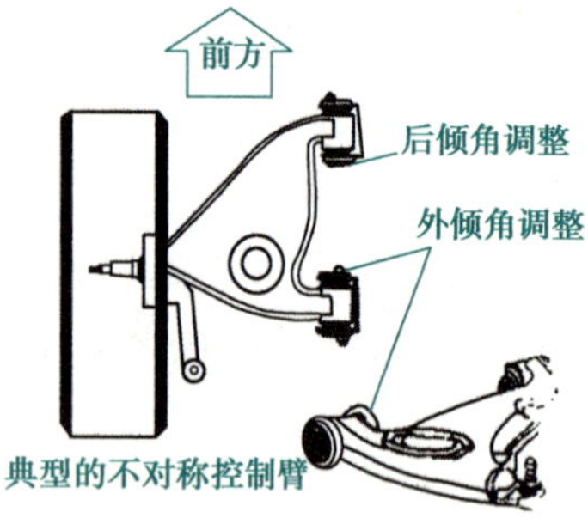

图 5-3-27　偏心球头调整

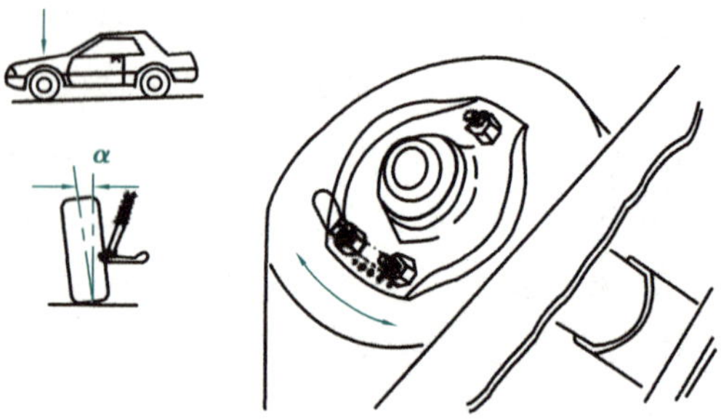

图 5-3-28　减振器上支柱的调整

3.前束的调整

如图 5-3-29 所示，汽车前轮后端的距离数值减去前端的距离数值即为前束值。前束值的变化范围为 $A_2-A_1=2\sim7$ mm。

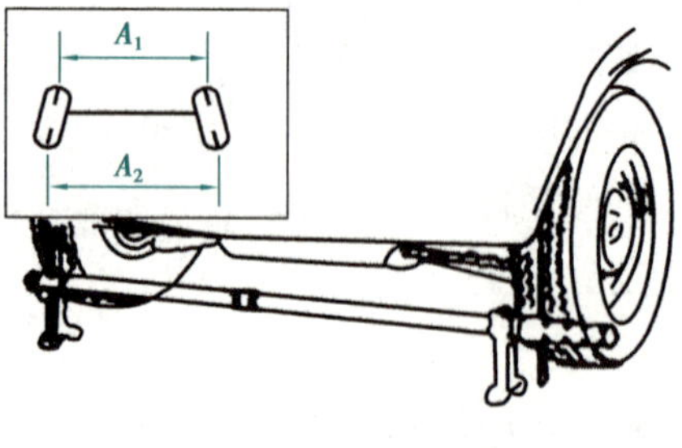

图 5-3-29　前束的检查

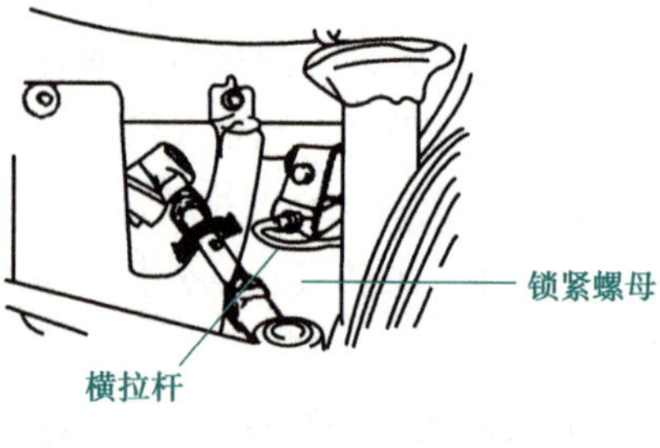

图 5-3-30　前束的调整

如图 5-3-30 所示，改变左右横拉杆的长度即能改变前束。调整时先将横拉杆的锁紧螺母松开，再顺转或反转横拉杆，合适后再拧紧锁紧螺母。注意左右横拉杆的长度差不应大于 3 mm。

4.主销后倾角的调整

对主销后倾角的调整，应根据车型的不同，进行分析判断，然后进行调整，其调整方法有垫片、不同心凸轮轴、偏心球头、大梁槽孔、平衡杆等。

● 在车架与控制臂之间加减垫片：如果车辆上控制臂在加减垫片时，垫片加减数量相同则不会影响外倾角。要先调整后倾角再调整外倾角，否则，外倾角调整后再调整后倾角，则在调整后倾角时改变外倾角的大小。

● 孔的调整：上悬臂用长方螺栓孔进行调整，只要前后两个螺钉位置相对移动的刻度相同，则不会影响外倾角。

● 凸轮螺栓的调整：由于控制臂上装有不同心凸轮螺栓，因此，转动不同心凸轮螺栓就可以改变主销后倾角角度。两个不同心凸轮螺栓所转角度一致时不会改变外倾角，如图 5-3-31 所示。

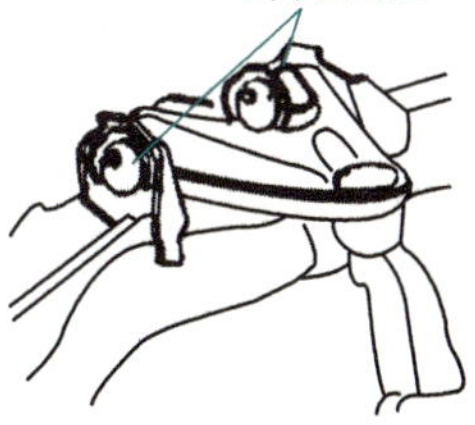

图 5-3-31　不同心凸轮螺栓的调整

● 支撑杆的调整：支撑杆与支架连接，如果调长支杆则下球头会向后移而减少后倾角，而缩短支杆将增加后倾角，如图 5-3-32 所示。

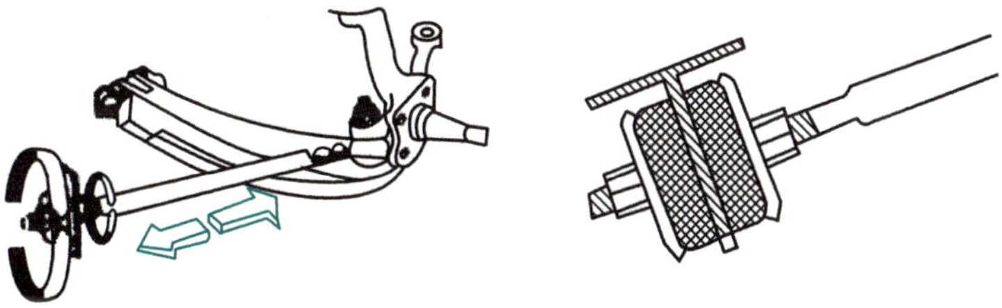
图 5-3-32　支撑杆调整后倾角

● 不对称臂的调整：调整不对称臂的一侧（长控制臂）可以调整后倾角，而调整不对称臂的另一侧（短控制臂）调整外倾角，如图 5-3-33 所示。

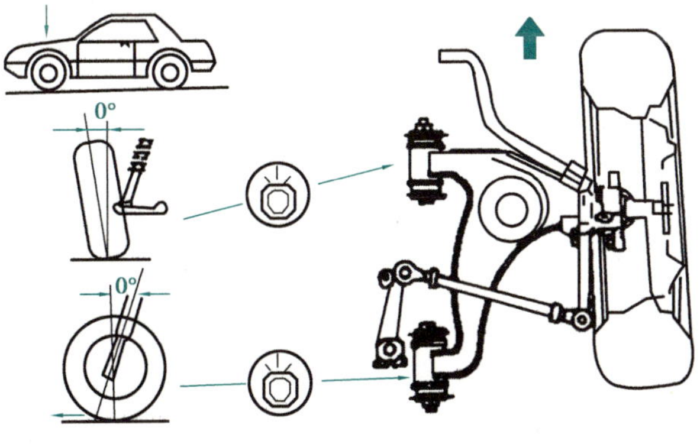

图 5-3-33　不对称臂调整后倾角

5.车轮定位调整测量作业表

车轮定位调整测量使用的作业表可参考表 5-3-2。

表 5-3-2　车轮定位调整测量作业表

序号	车轮定位值	前轮或后轮	调整前	调整后	标准值
1	主销后倾角	前轮			
2		后轮			
3	主销内倾角				
4					
5	车轮外倾角				
6					
7	前束值				
8					

【任务评价】

（1）请完成汽车四轮定位的检测与调整评价项目，填写表 5-3-3。

表 5-3-3　评价表

评价内容	记录要点
本次任务中，你主要完成了哪些操作？	
本次任务中，你掌握了哪些知识点？	
在学习过程中，你做了哪些安全措施？请举例。	
在学习过程中团队合作和 6S 管理践行情况如何？	
你在本次任务学习中还存在哪些问题？	

（2）请根据你实训的实际情况完成以下内容的填写。

①定位前 4 个车轮的胎压情况：________。

②定位仪型号：________。

③主销后倾角调整前，前轮：________，后轮：________；调整后，前轮：________，后轮：________。

④主销内倾角调整前，前轮：________，后轮：________；调整后，前轮：________，后轮：________。

⑤前束值调整前，前轮：________，后轮：________；调整后，前轮：________，后轮：________。

⑥车轮外倾角调整前，前轮：________，后轮：________；调整后，前轮：________，后轮：________。

项目六 | 转向系统的检修

【案例导入】

问:师傅,汽车转向系统故障的原因是什么?

答:汽车转向系统故障常见原因有:转向沉重。转向液压管路中有异物导致转向泵流量控制阀卡滞;转向助力系统中连接部位出现松动,导致转向液泄露;转向异响。转向系统过度负荷运转,造成转向泵内部的定、转子过度磨损,从而导致泵内的油液不规则运动而产生异响;转向系统漏油。油管与转向泵的接口处油封损毁。

【项目概述】

转向系统装置是汽车的重要组成部分,如图 6-1-1 所示。转向系统工作不良或失效,将导致汽车动力转向油的漏油、转向沉重且不能回正、转向沉重且有异响等故障现象。

图 6-1-1　转向系统装置

/任务一/ 动力转向油的检查与更换

【学习目标】

通过本任务的学习,应达到以下学习目标:

- 能叙述动力式转向系统的作用和特点;
- 能叙述动力转向油的性能和选用方法;
- 能叙述动力转向油检查、添加和更换的必要性;
- 能描述动力转向油的检查与更换方法;
- 能规范地对动力转向油进行检查与更换;
- 能规范地对动力转向系统进行空气排放。
- 树立安全意识、节约意识、环保意识和客户至上的意识。
- 养成职业规范和精益求精的工作作风。

【任务引入】

一辆桑塔纳3000型轿车,车辆转向沉重,从外表观察发现,动力转向油有向外渗漏情况。车主需要你检查与更换动力转向油。

【任务准备】

一、动力式转向系统的作用及工作原理

1.动力式转向系统的作用

动力式转向系统将发动机输出的部分机械能转化为液压能,协助驾驶员转向,使转向操纵既轻便又灵敏。

动力式转向系统是在传统机械式转向系统的基础上,增加了一套液压助力装置。

2.动力式转向系统的工作原理

动力式转向系统除机械装置外,主要包括转向助力油(液压油)、储油罐、转向油泵(助力油泵)、转向控制阀、转向动力缸等,如图6-1-2所示。

当驾驶人向左转动转向盘时,转向盘通过转向轴带动转向控制阀转动或滑动,使转向控制阀与阀体的位置发生相应改变,从而使转向控制阀上与动力油泵相连的高压油管与动力缸的左腔室相通,而转向控制阀上与储油罐相连的低压油管则与动力缸的右腔室相通,动力缸的左腔室进油,右腔室回油,动力缸中的活塞在左、右腔室压差的作用下,开始右移,从而辅助驾驶人推动齿条或转向摇臂轴的运动,通过转向横拉杆等传动机件带动车轮向左偏转,实现左转向。右转向与左转向的工作原理一样,只是动作方向相反。

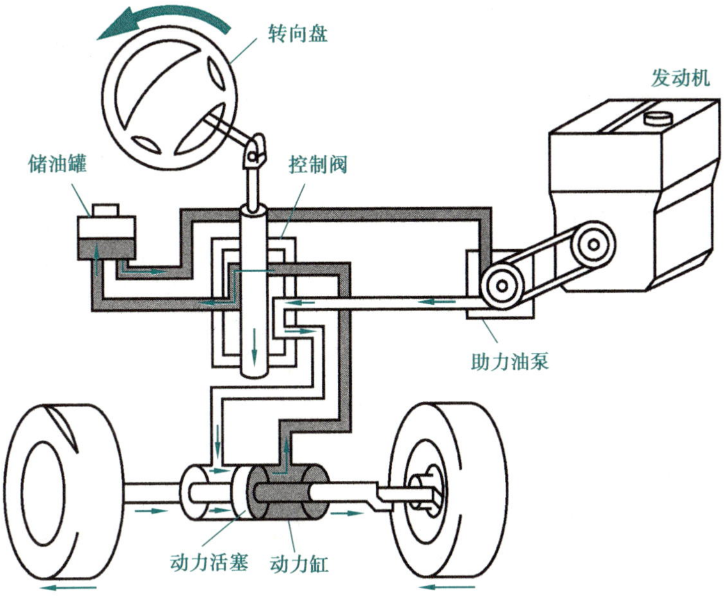

图 6-1-2　动力式转向系统的工作原理示意图

二、动力转向油的性能

动力转向油是加注在汽车转向器里的一种特种油液，是液压油的一种，与自动变速箱油是同一种油，统称为液力变矩油。动力转向油应具有良好的黏温特性、耐磨性、抗氧化性、润滑性等。一般的油品颜色是红色的(奥迪使用的是白色)，有毒，易燃。

为确保行车安全，动力式转向系统中所使用的油液牌号应符合原厂要求，无杂质和沉淀物。同时还应注意不能将两种不同牌号的油液混合使用。

【任务实施】

一、作业前准备工量具和设备

(1)工量具：常用工具等。

(2)设备：桑塔纳 3000 车型或其他车型、几个废油容器、几根排油延长管、几台抽油机。

(3)维修手册、评分表等。

二、作业前的准备工作

(1)现场安全确认：车辆、举升机、工位。

(2)车辆防护：三件套、翼子板布、前格栅布、车轮挡块、干净抹布等。

三、完成车辆基本信息表的填写

请完成车辆基本信息表，见表 6-1-1。

表 6-1-1 车辆基本信息表

项目	具体信息
车牌号码	
行驶里程	
发动机型号及排量	
车辆识别代码(VIN)	

四、动力转向油的检查与更换

请查阅维修手册,根据以下步骤进行作业。

1.动力转向油的检查与更换

1)动力转向油的检查

(1)冷态检查

①转动转向盘,使前轮处于直线行驶位置。

②从蓄电池固定架上拆下回液管和油壶管夹,如图 6-1-3 中的箭头所示。

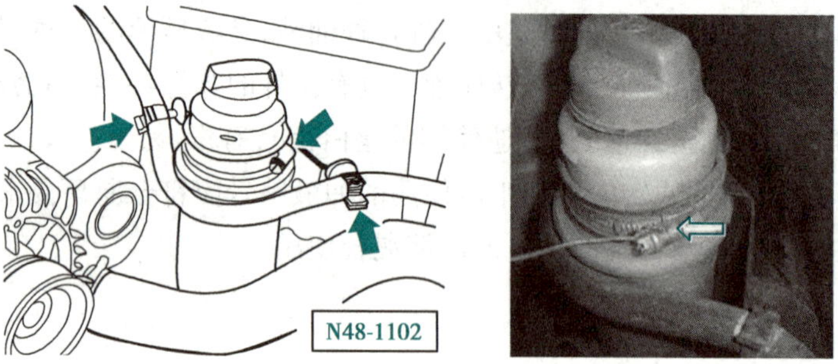

图 6-1-3 拆下回液管和油壶管夹

③旋下油壶盖,用干净的抹布擦拭油尺。

④再将油壶盖重新拧紧并拆下。

⑤观察并记录油尺上的油位高度,如图 6-1-4 所示。

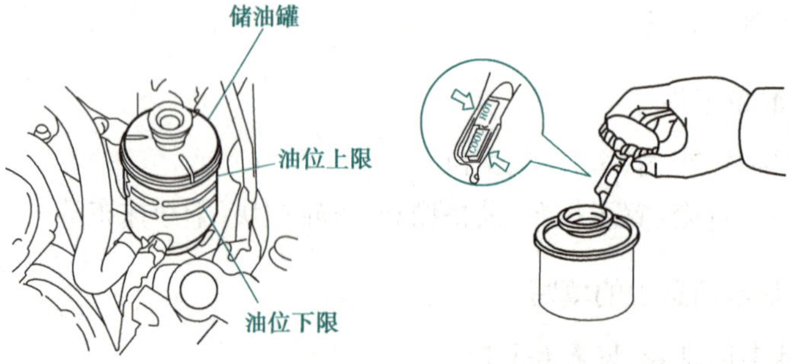

图 6-1-4 转向油罐油位的检查

(2)热态检查

①启动发动机,使发动机怠速运转。

②在左右转向极限位置内,来回不停地转动转向盘 10 次,一般为 2~3 min。

③使油温升高到约 50 ℃以上,关闭发动机,拆下油壶盖。

④仔细观察并记录油尺上的油位高度。

2)动力转向油的更换

(1)用抽油机抽空储油罐。

(2)断开助力转向油储油罐的回油管。助力转向油储油罐一般接有出回两根油管,较细的油管是回油管,如图 6-1-5 所示。

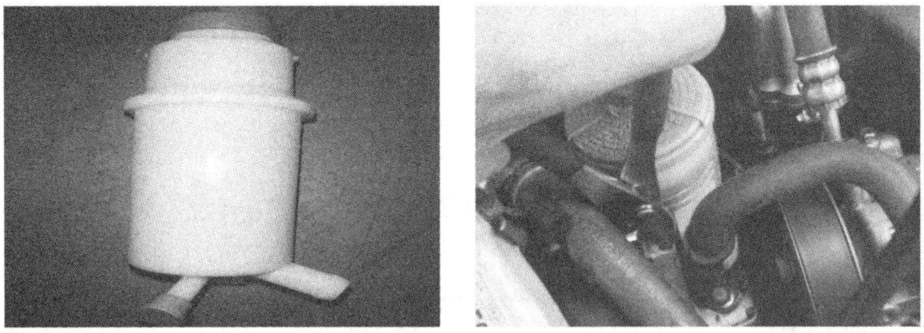

图 6-1-5　拆卸储油罐的回油管接头

(3)在回油管接头上接排油延长管,将排油延长管放入废油容器内,如图 6-1-6 所示。

(4)堵住储油罐的回油管接口,启动发动机并怠速运转,如图 6-1-7 所示。

图 6-1-6　收集废油

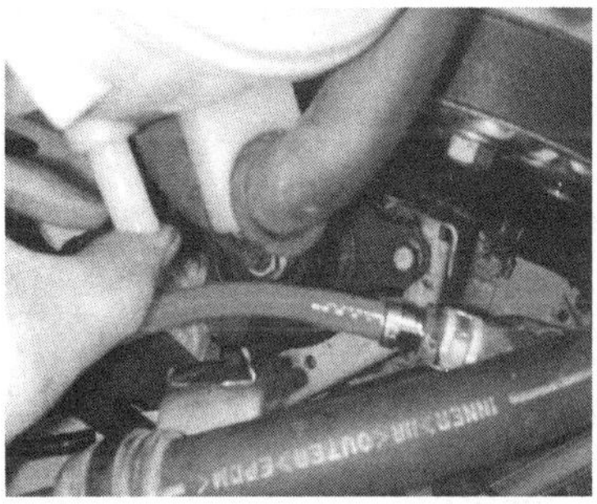

图 6-1-7　排放旧油

(5)同时将转向盘向左、向右反复转动到极限位置,直到旧助力油排尽 1~2 s 后。

(6)关闭点火开关,接好回油管,将新助力油加到规定液面为止,拧紧油壶盖,如图 6-1-8 所示。

动力转向系统在添加、更换液压油之后,或检查储油罐中油位时,发现油中有气泡或乳化现象,表明系统内有空气渗入,必须排放。

2.动力转向系统空气排放

(1)如前所述,旋下油壶盖,检查液压油油位,必要时添加。

(2)举升汽车,使前轮离地。

(3)从一极限位置到另一极限位置,转动转向盘共 10 次,在此过程中油壶内有气泡冒出。

(4)检查液压油油位,必要时添加。

(5)放下汽车,启动发动机使发动机怠速运转。

(6)来回转动转向盘从一极限位置到另一极限位置共 10 次。

(7)将转向盘置于中间位置,检查液压油油位,必要时添加。

(8)关闭发动机,仔细观察储油罐中应无气泡冒出并消除乳化现象,同时液面不超过上限,停机 5 min 后,液面升高约 5 mm;否则,应重复上述步骤(2)~步骤(7)。

图 6-1-8　拧紧油壶盖

【任务评价】

(1)请完成动力转向油的检查与更换评价项目,填写表 6-1-2。

表 6-1-2　评价表

评价内容	记录要点
本次任务中,你主要完成了哪些操作?	
本次任务中,你掌握了哪些知识点?	
在学习过程中,你做了哪些安全措施?请举例。	
在学习过程中团队合作和 6S 管理践行情况如何?	
你在本次任务学习中还存在哪些问题?	

(2)请根据你实训的实际情况完成以下内容的填写。

①动力转向油的检查,冷态油位应位于:________________。

②动力转向油的检查,热态油位应位于:________________。

③检查储油罐中油位时,是否发现油中有气泡或乳化现象:________________。

④关闭发动机时,储油罐中是否有气泡冒出:________________。

/任务二/　转向系统故障的检修

【学习目标】

通过本任务的学习,应达到以下学习目标:

- 能叙述转向系统的作用、组成和工作原理;
- 能叙述转向盘自由行程;
- 能叙述机械转向器的结构;
- 能叙述转向动力装置各主要部件的作用、结构和原理;
- 能叙述转向动力装置的工作过程;
- 能规范地对转向盘自由行程进行检查与调整;
- 能规范地对转向操纵机构和转向传动机构的拆装与检修;
- 能规范地对齿轮齿条转向器进行拆装与调整;
- 能规范地对转向动力装置各部件进行拆装与检查;
- 能规范地对转向动力装置的油压进行测试和密封性检查。
- 树立安全意识、节约意识、环保意识和客户至上的意识。
- 养成职业规范和精益求精的工作作风。

【任务引入】

一辆桑塔纳 3000 型轿车,该车在转向时沉重且不能回正,同时伴有异响。车主需要你对转向系统故障进行拆检。

【任务准备】

一、转向系统的作用及组成

1.转向系统的作用

汽车转向系统根据需要使转向轮发生偏转,适时地改变汽车的行驶方向,确保汽车正常行驶。

2.转向系统的组成

汽车转向系统包括机械式转向系统和动力式转向系统两大类型。机械式转向系统由转向操纵机构、机械转向器和转向传动机构三大部分组成,如图 6-2-1 所示。

动力式转向系统是在机械式转向系统的基础上增加一套液压助力装置,如图 6-2-2 所示。动力式转向系统一般由转向动力装置和转向机械装置组成。

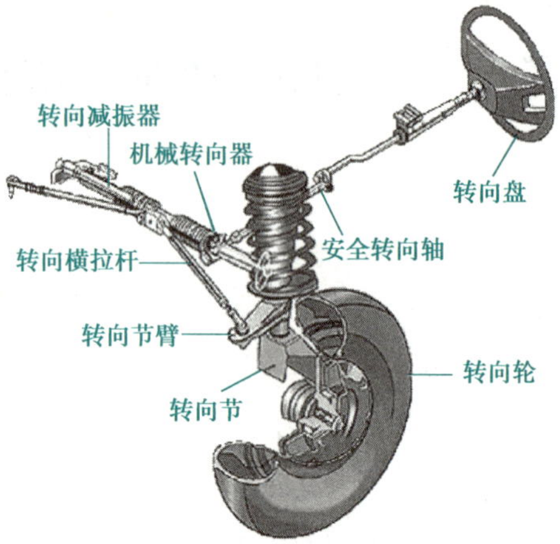

图 6-2-1 机械式转向系统的组成

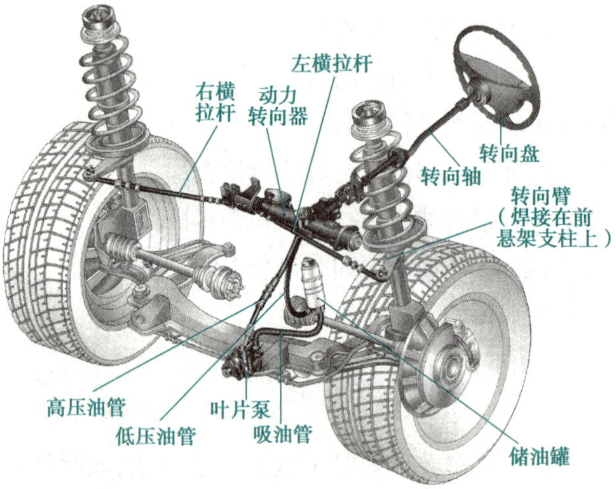

图 6-2-2 动力式转向系统的组成

二、转向系统的工作原理及转向盘自由行程

1.转向系统的工作原理

汽车转向时，驾驶人转动转向盘的力矩，通过转向操纵机构输入转向器；同时，由转向动力装置将发动机的机械能转化为液压能；之后，也进入转向器，经过转向器的减速增扭对力矩进行放大并改变方向后，传给转向传动机构；最后作用于转向轮，使之发生偏转，从而实现汽车转向。

2.转向盘自由行程

转向盘自由行程是指在转向轮发生偏转前，转向盘向左、向右所能转过的最大角度。转向盘自由行程是转向系统中各传动件之间必然存在的装配间隙引起的，这些间隙随零件磨损逐渐增大，因此，在一定范围内转动转向盘时，必须先消除这些间隙后，车轮才开始偏转，即转向盘有一空转过程。转向盘自由行程有利于缓解路面冲击和避免驾驶人过度紧张。但该行程也不宜过大，以免影响传动系统的灵敏性。

一般转向盘从汽车直行的中间位置向任意方向自由行程最好不超过 10°~15°。

三、机械转向器的作用及结构形式

1.机械转向器的作用

机械转向器是转向系统中最主要的机件之一。它的作用是增大驾驶人作用在转向盘上的力矩和改变力矩方向,再由转向传动机构传递到转向轮上。

2.机械转向器的结构形式

机械转向器按其结构形式不同,可分为齿轮齿条式、循环球式、曲柄双销式和蜗杆滚轮式。

- 齿轮齿条式转向器:采用一级传动副,主动件是转向齿轮,从动件是转向齿条,如图 6-2-3 所示。其工作原理是利用齿轮顺时针或逆时针旋转带动齿条左右移动的,通过转向传动机构横拉杆、转向节臂等带动转向轮偏转,以实现转向。

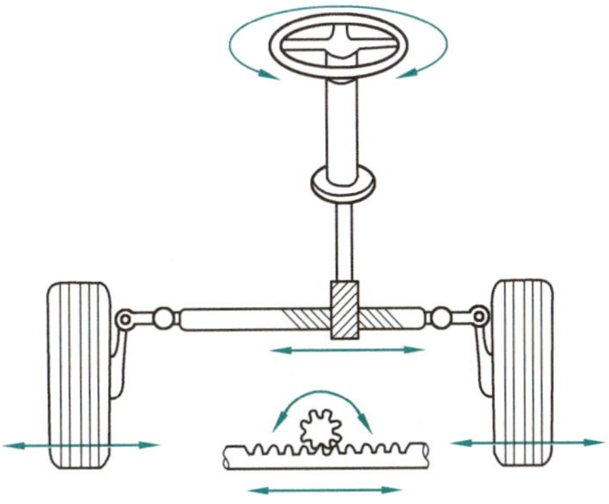
图 6-2-3　齿轮齿条式转向器

- 循环球式转向器:由两套传动副组成:一套是螺杆、螺母传动副;另一套是齿条、齿扇传动副或滑块曲柄销传动副,如图 6-2-4 所示。其工作原理:转向时,转向盘先通过转向轴带动转向螺杆旋转,通过摩擦使钢球滚动,将作用力传给带有齿形的螺母,齿形螺母即沿着螺杆轴线前后移动;然后通过齿形螺母上的齿条带动齿扇摆动,齿扇带动摇臂轴转动;最后由传动机构传至转向轮,使转向轮偏转实现转向。

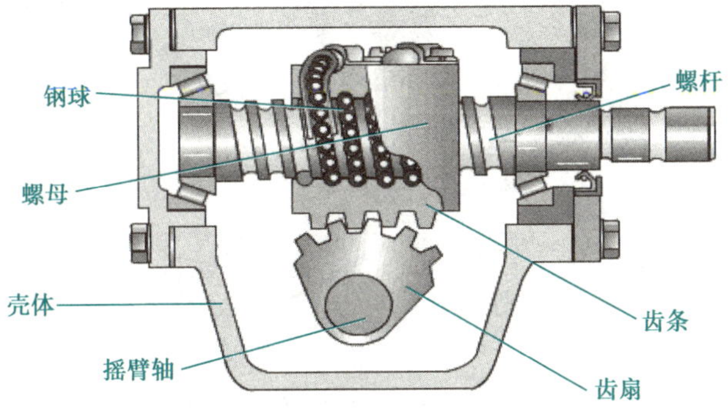

图 6-2-4　循环球式转向器的结构

四、转向操纵机构和转向传动机构的结构

1.转向操纵机构的结构

转向操纵机构由转向盘、转向柱管、转向轴等组成,如图 6-2-5 所示。转向操纵机构将驾驶人转动转向盘的操纵力传给转向器。转向轴的上转向轴通过螺母与转向盘相连,下转向轴通过万向节与转向器相连。为便于不同身高的驾驶人驾驶,有些车辆的转向柱上还设有转向柱倾斜度调整机构。

2.转向传动机构的结构

非独立悬架配用的转向传动机构主要包括转向摇臂、转向直拉杆、转向横拉杆、转向节臂和左右梯形臂等机件，如图 6-2-6 所示。转向传动机构的作用是将转向器输出的力和运动传给左右两侧转向轮，使转向轮偏转实现转向。

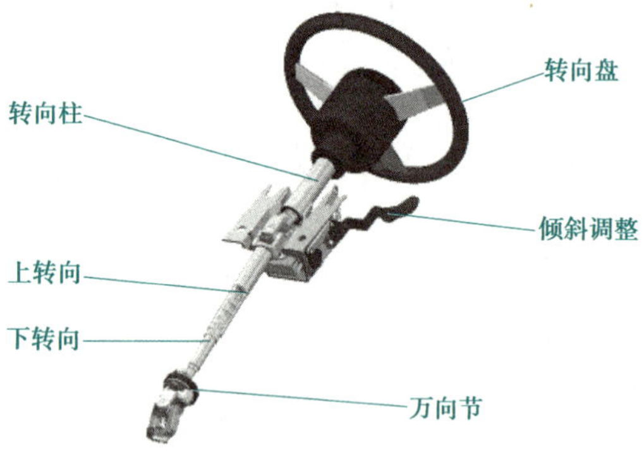

图 6-2-5　转向操纵机构的结构

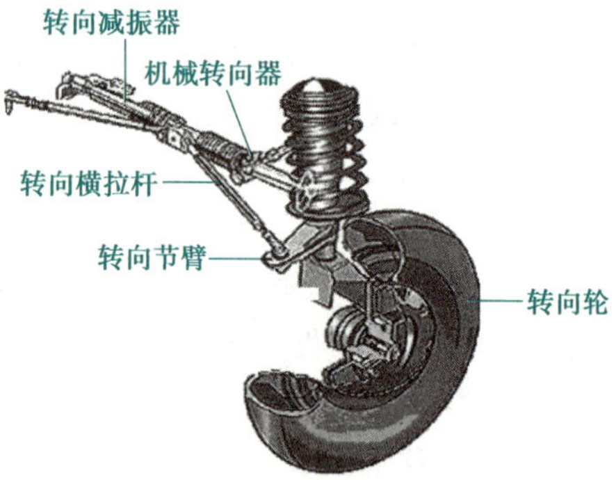

图 6-2-6　转向传动机构的结构

五、转向动力装置的组成及各部件的结构

1.转向动力装置的组成

为满足汽车转向既轻便又灵敏的要求，许多汽车在转向机械装置的基础上加用了转向动力装置，构成动力转向系统，如图 6-2-7 所示。

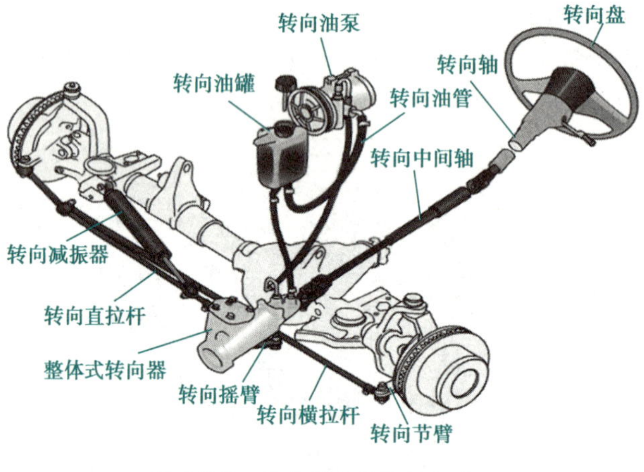

图 6-2-7　动力转向系统的组成

2.转向动力装置各部件的结构

转向动力装置主要由转向油罐、转向油泵、整体式转向器（包括转向动力缸、转向控制阀和机械转向器）等组成。

1）转向油罐

转向油罐是贮存、滤清并冷却液压转向加力装置的工作油液，其结构如图 6-2-8 所示。转向油罐上通常标有最低油位线（min）和最高油位线（max）。进入油罐的油液都经过滤芯过滤。

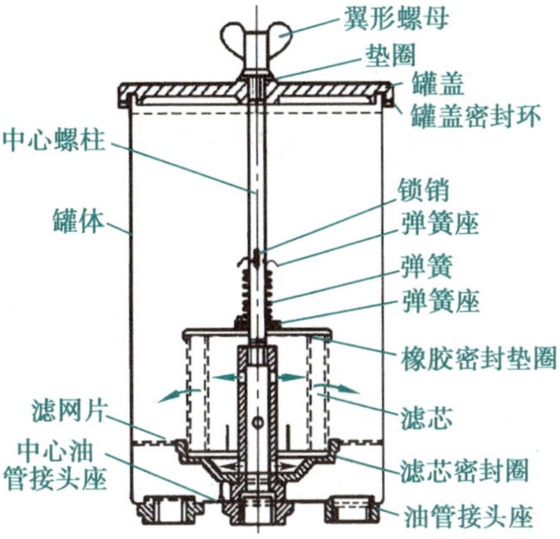

图 6-2-8　转向油罐

2)转向油泵

转向油泵是动力转向系统的动力源,通过皮带传动将发动机的部分机械能转化为动力缸工作的液压能,进而辅助驾驶人实现汽车转向。转向油泵通常为叶片泵,由壳体、定子、转子、叶片等组成,其上通常装有安全阀及调节流量大小的溢流阀,如图 6-2-9 所示。

转向油泵为变容积泵,转子与定子中心不重合,转子带动叶片旋转,叶片在离心力的作用下向外甩出,使进油腔容积增大,形成真空吸油,出油腔容积减小,压油,向外泵油。

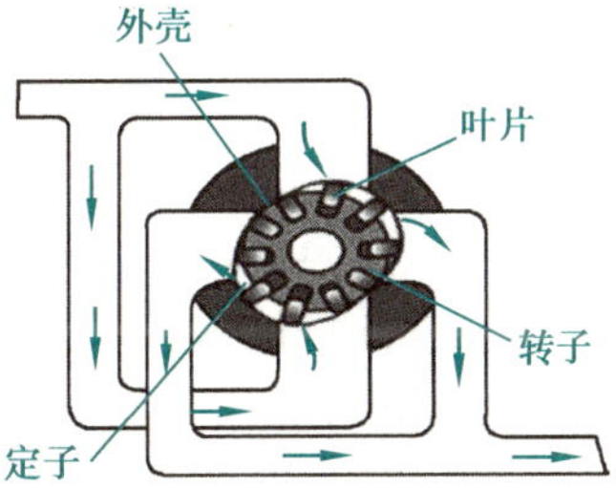

图 6-2-9　叶片式转向油泵

3)转向动力缸

转向动力缸将液压能通过活塞转化为推动转向轮运动的机械能。壳内装一活塞推杆,内部被活塞分成左右两个压力腔,成为左、右转向工作缸。通常,转向动力缸和机械式转向器制成一体,如图 6-2-10 所示。

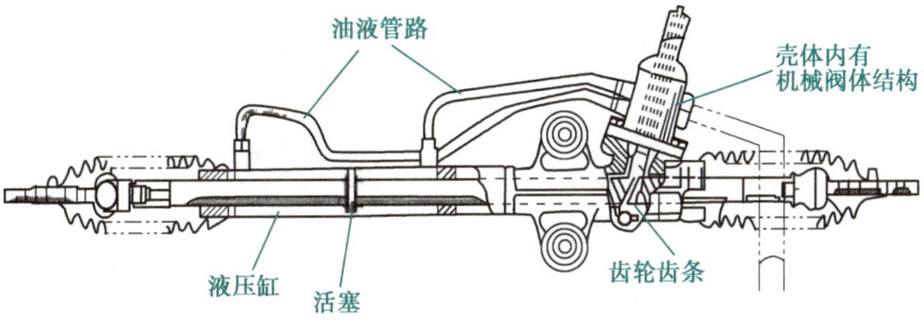

图 6-2-10　转向动力缸

4)转向控制阀

转向控制阀的作用是改变油路中油液的流量、流速和流向。它装于转向器主动齿轮轴靠上的位置,常为转阀式结构,如图 6-2-11 所示。转向控制阀主要由阀体、阀芯和扭杆等零件组成。

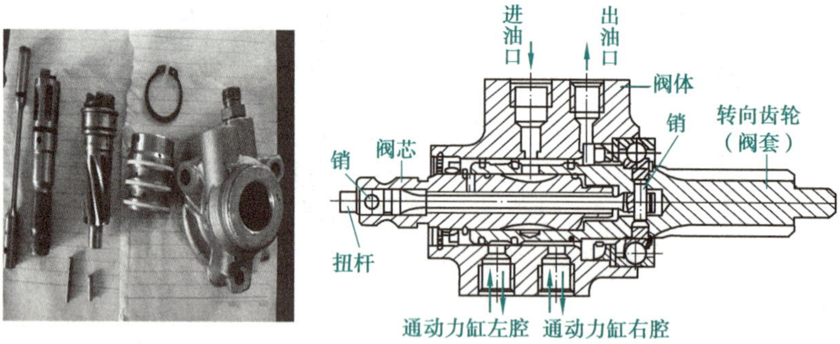

图 6-2-11　转向控制阀

汽车转向时,通过转向盘、转向轴带动扭杆、转阀相对于阀体转过一定的角度,进而使阀体上与油泵相通的进油口与动力缸的左腔或右腔相通,使左腔进油或右腔进油,同时阀体上与转向油罐相通的出油口与动力腔的右腔或左腔相通,使右腔或左腔回油,进而实现向右或向左的不同转向。

六、转向动力装置的工作过程

汽车左转向时,发动机运转时通过皮带带动转向油泵工作,将储油罐内的低压油液抽出加压后,经高压油管、转向控制阀的进油口进入动力缸的右腔,向左推动活塞,使动力缸左腔内的低压油液在活塞的推动下,经过转向控制阀的出油口、低压油管流回储油罐,活塞左移带动转向横拉杆向左运动,使转向轮向左偏转,如图 6-2-12 所示。汽车右转向与左转向时情况相反。

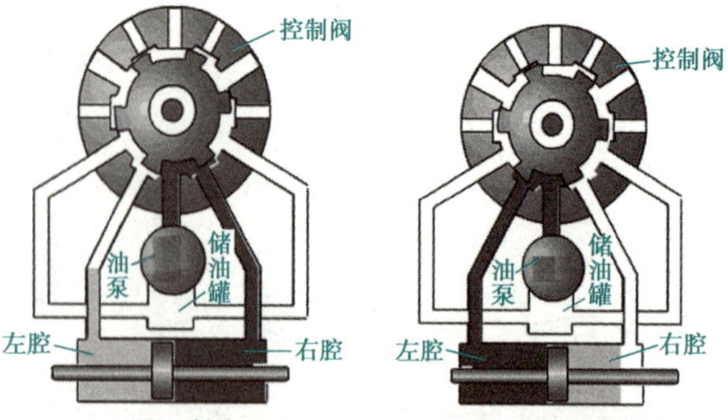

(a)左转向　　(b)右转向

图 6-2-12　转向动力装置的工作过程

【任务实施】

一、作业前准备工量具和设备

(1)工量具:组合扳手、螺丝刀、钳子、扭力扳手、锤子、专用工具 VW771、拉具(如 Kukko204-2)、油压表若干块等。

(2)设备:桑塔纳 3000 轿车或其他轿车、台虎钳、集油盘若干个、塑料铆头若干个。

(3)维修手册、评分表等。

二、作业前的准备工作

(1)现场安全确认:车辆、举升机、工位。

(2)车辆防护:三件套、翼子板布、前格栅布、车轮挡块等。

三、完成车辆基本信息表的填写

请完成车辆基本信息表,见表 6-2-1。

表 6-2-1 车辆基本信息表

项 目	具体信息
车牌号码	
行驶里程	
发动机型号及排量	
车辆识别代码(VIN)	

四、转向系统的故障之一:转向沉重且不能回正的检修

请查阅维修手册,根据以下步骤进行作业。

1.转向盘自由行程的检查与调整

1)转向盘自由行程的检查

(1)进入驾驶室,关闭发动机。

(2)调整转向盘使车辆在地面上保持直线行驶状态,将检查仪器的刻度盘和指针分别夹持在转向轴管和转向盘上,向左、向右轻轻转动转向盘,不能使车轮摆转,检查转向盘所能转过的角度或行程,如图 6-2-13 所示。

2)转向盘自由行程的调整

如果转向盘自由行程超过规定值时,应检查转向横拉杆接头、转向节臂球头、转向器齿轮齿条是否磨损或损坏,零件安装或连接是否松动,若松动应紧固,调整转向器齿条压紧装置中的补偿垫片厚度,使齿条和齿轮实现无侧隙或小侧隙啮合;如有不良,应更换相应零件。

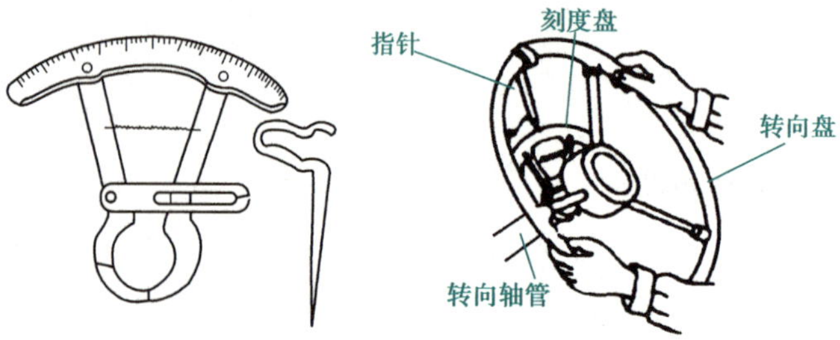

图 6-2-13　转向盘自由行程的检查

2.转向操纵机构的拆卸

桑塔纳 3000 转向系统操纵机构分解图，如图 6-2-14 所示。

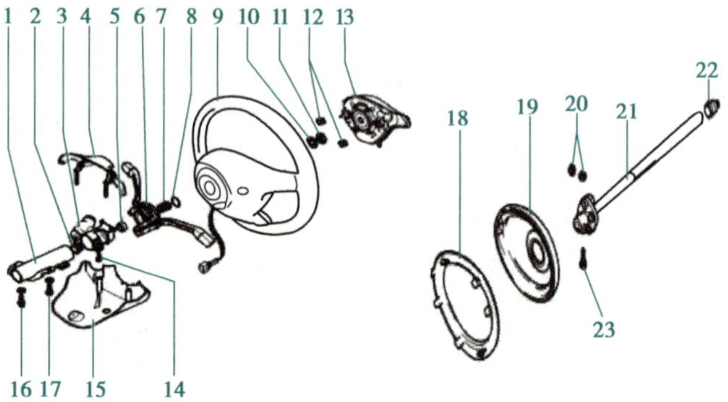

图 6-2-14　转向操纵机构分解图

1—转向柱套管;2—轴承;3—转向盘锁壳;4—上盖板;5—轴承内圈压圈;6—转向柱组合开关;7—弹簧;8—弹簧垫圈;9—转向盘;10—垫圈;11—螺母;12—弹簧;13—安全气囊总成;14—螺丝;15—下盖板;16,23—螺栓;17—断开螺栓;18—框架;19—密封罩;20—自锁螺母;21—转向柱;22—套筒

1)拆卸转向盘

(1)将转向盘转到其条辐成垂直方向，如图 6-2-15 所示，用螺丝刀从转向盘的后部按箭头所示方向用力，拆下安全气囊的凸耳。

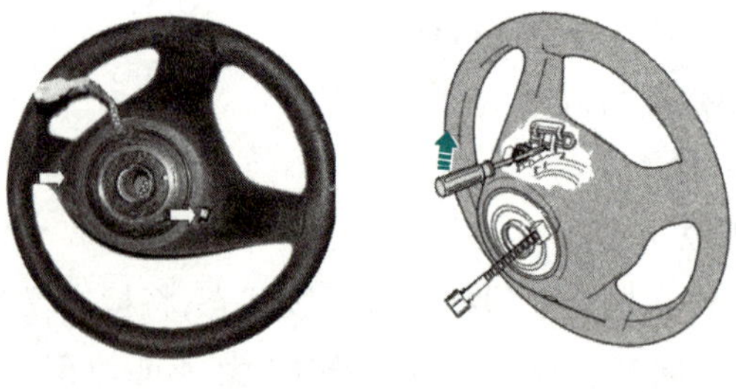

图 6-2-15　拆下安全气囊的凸耳

(2)转向盘摆正处于直线行驶方向，断开如图 6-2-16 所示安全气囊线束接头，拆下安全气囊。

(3)用螺丝刀旋出如图 6-2-17 所示箭头所指的 3 个螺丝，拆掉转向盘底部护罩。

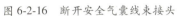

图 6-2-16　断开安全气囊线束接头

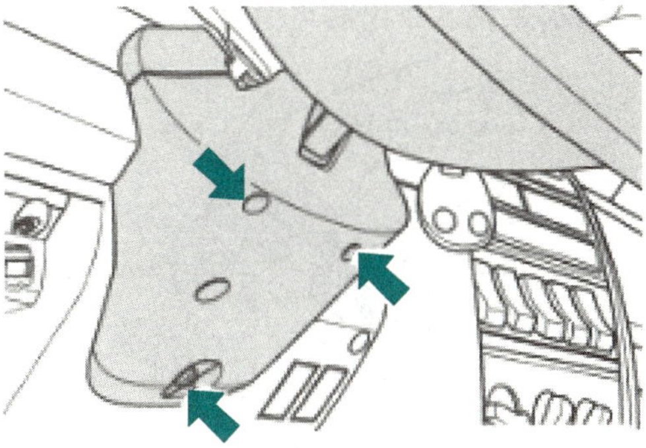

图 6-2-17　转向盘底部护罩

(4)用手断开如图 6-2-18 所示安全气囊接头。

(5)松开转向盘紧固螺母,拆下转向盘,如图 6-2-19 所示。

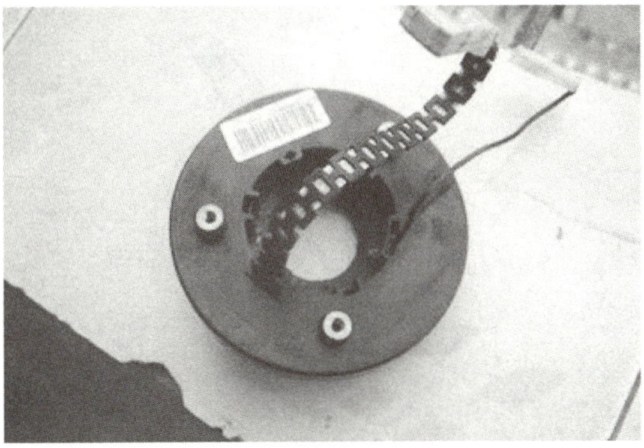

图 6-2-18　断开安全气囊接头

图 6-2-19　松开转向盘紧固螺母

2)拆卸转向柱开关

(1)拔下转向开关线束插头,如图 6-2-20 所示。

(2)用一字螺丝刀拆下转向柱开关上的 3 个固定螺钉,取下转向柱开关,如图 6-2-21 所示。

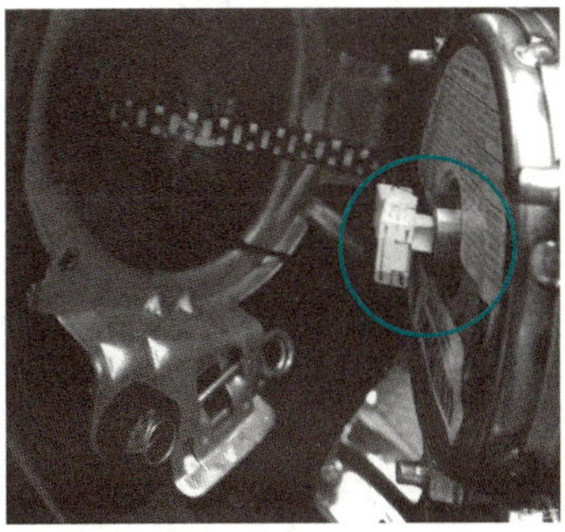

图 6-2-20　拔下转向开关线束插头

图 6-2-21　拆下转向柱开关上的 3 个固定螺钉

3)拆卸转向盘锁壳

(1)用专用工具拉出转向柱上的套筒,如图 6-2-22 箭头所示。

(2)用水泵钳子拉出箭头所指的转向柱套管上的弹簧垫圈,如图 6-2-23 箭头所示。

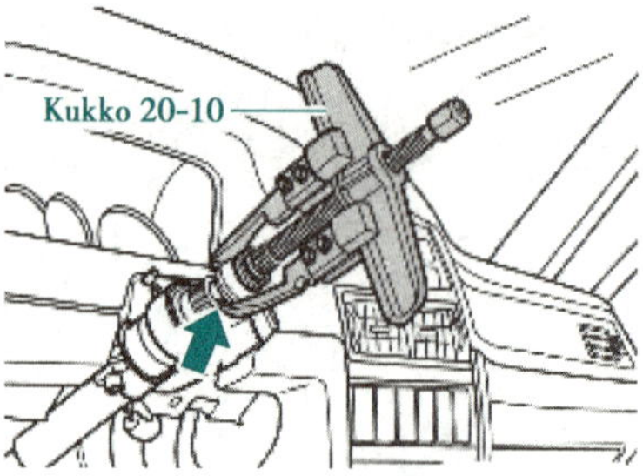

图 6-2-22　拆卸转向柱上的套筒

图 6-2-23　拉出转向柱套管上的弹簧垫圈

(3)拔下点火开关的线束接头,如图 6-2-24 箭头所示。

(4)用内六方扳手旋出转向盘锁壳左边的内六角螺栓 *A*,如图 6-2-25 箭头所示,拆下方向盘锁壳。

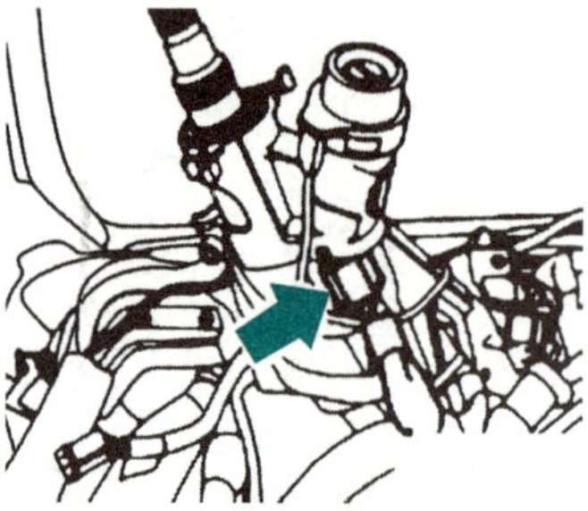

图 6-2-24　拔下点火开关的线束接头

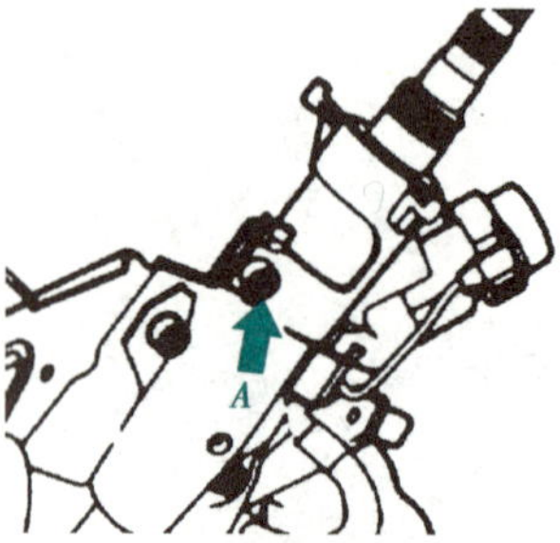

图 6-2-25　转向盘锁壳内六角螺栓

4)拆卸转向柱套管和转向柱

(1)拆卸驾驶室底部挡板的两个螺钉,如图 6-2-26 箭头所示,拆掉底部挡板。

(2)用内六方扳手旋出左边的内六角螺栓 *B*,如图 6-2-27 箭头所示。

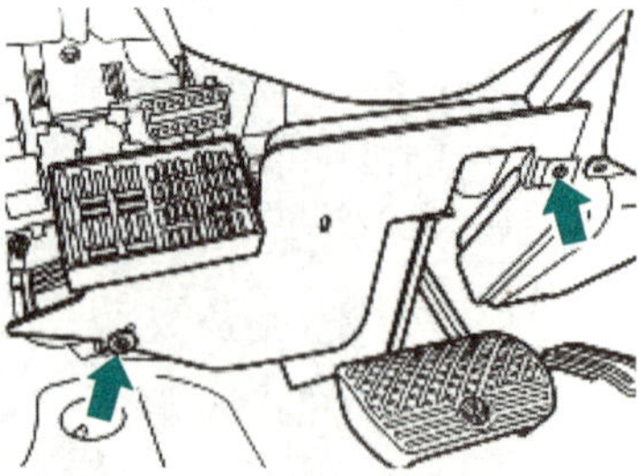

图 6-2-26　拆卸底部挡板的两个螺钉

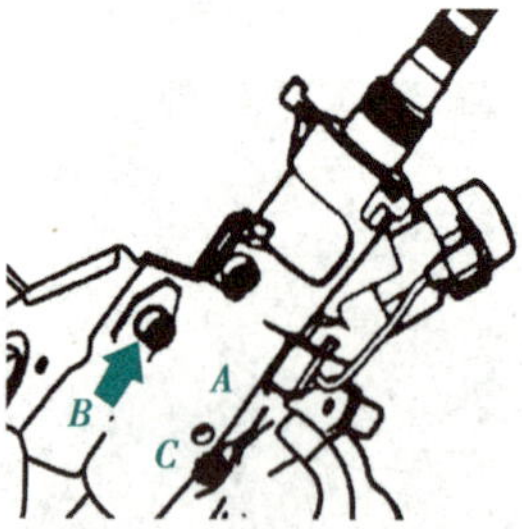

图 6-2-27　旋出左边的内六角螺栓

(3)用 8.5 mm 的钻头钻出左边的螺栓 *B*,如图 6-2-28 箭头所示,取下转向柱管。

(4)松开固定转向柱柔性万向节与转向器之间的连接螺栓,如图 6-2-29 箭头所示,拆卸转向柱。

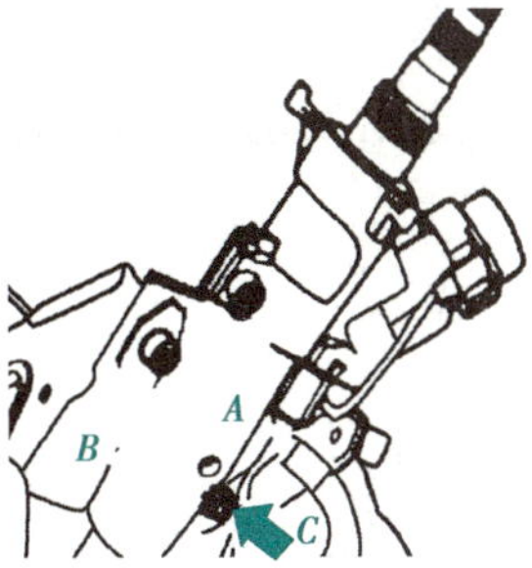

图 6-2-28　钻出右边的螺栓

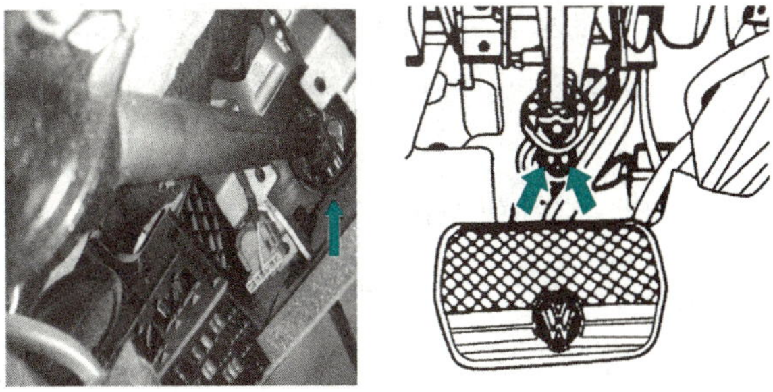

图 6-2-29　松开连接螺栓

3.转向操纵机构的装配

转向操纵机构的装配按拆卸过程的相反顺序进行。

4.转向操纵机构的检修

1)转向柱

用百分表测量,转向柱的直线度误差应不大于 1.00 mm,否则应予以校正。

2)其他

检查轴承内圈压圈、弹簧、转向柱驱动销、橡皮衬套、塑料衬套及所有密封套橡胶支承环等,若有老化、破裂、磨损严重等,一律换用新件。

5.转向器的拆卸

桑塔纳 3000 转向器的结构,如图 6-2-30 所示。

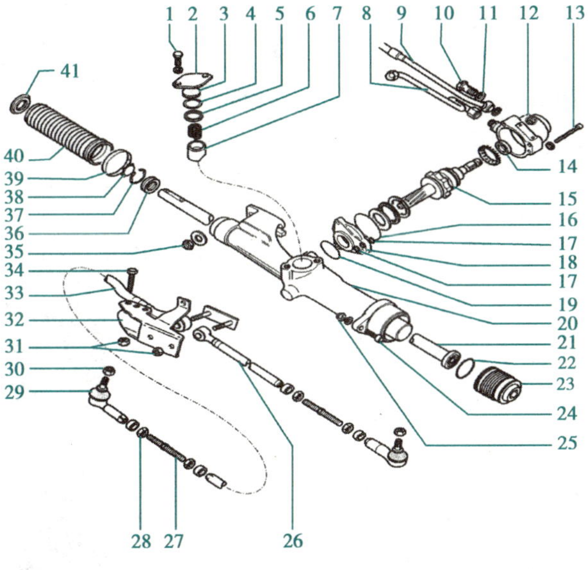

图 6-2-30　桑塔纳 3000 转向器的结构

1,10,13,24,34—螺栓;2—压盖;3—密封压座;4,16,17,19,22—圆绳环;5—补偿垫片;6—压簧;7—压块;8—油管;9—回油管;11,14—密封圈;12—阀体罩壳;15—主动齿轮;18—中间盖;20—转向器外壳;21—齿条;23,36—密封罩;25,28,30,31,35—螺母;26,33—左、右横拉杆;27—双头螺杆;29—横拉杆球接头;32—支架;37—挡圈;38—齿形环;39—夹箍;40—防尘罩;41—固定环

(1)旋下转向器齿条与支架的两个固定螺栓,如图 6-2-31 箭头所示。

(2)用软管夹紧器(3094)夹住进油管和出油管,如图 6-2-32 箭头所示,将废油盘放在汽车下面。

(3)从转向器上拆掉回油软管的空心螺栓,如图 6-2-33 箭头所示。

(4)从转向器上拆掉压力软管的空心螺栓。

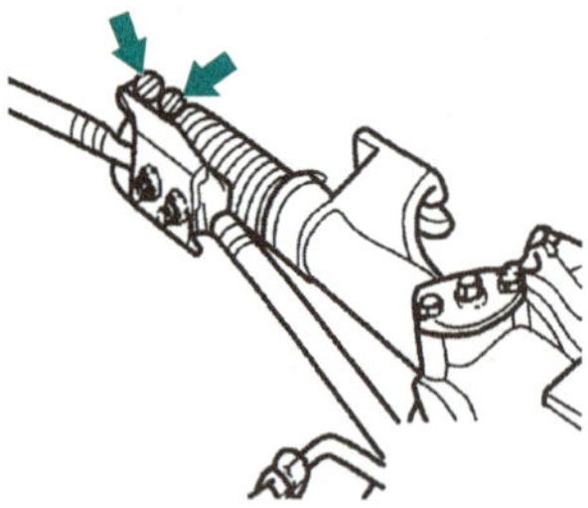

图 6-2-31 旋下齿条与支架的固定螺栓

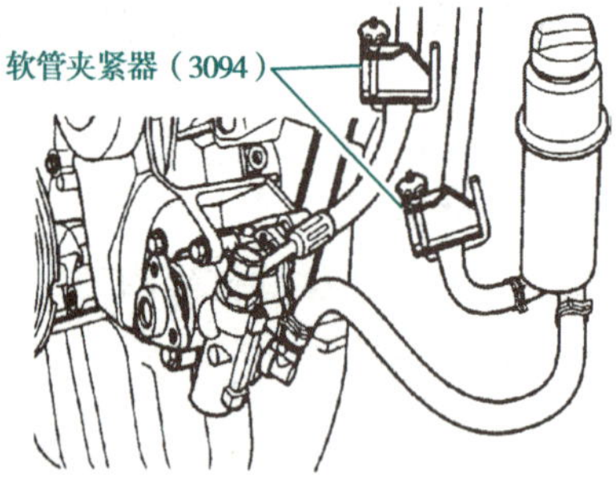

图 6-2-32 夹住进油管和出油管

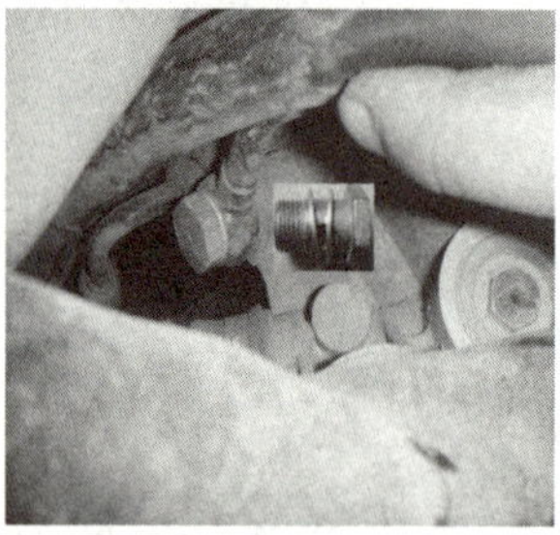

图 6-2-33 拆掉空心螺栓

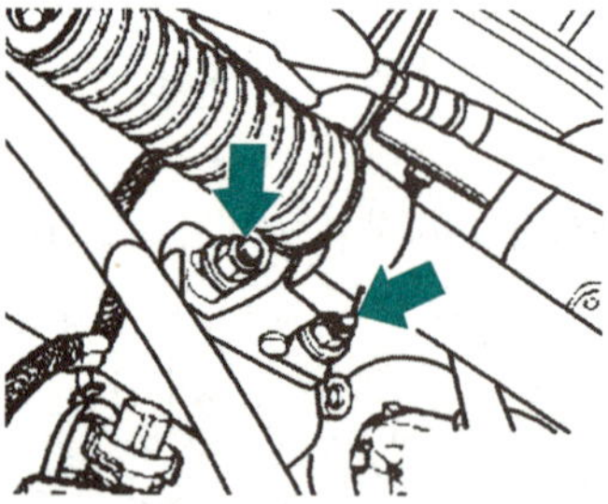

图 6-2-34 旋下转向器壳与串线板的固定螺母

(5)旋下转向器壳与串线板上的两个固定螺母,如图 6-2-34 所示,拆下车轮。

(6)旋下转向器壳与车身上的两个固定螺母,如图 6-2-35所示的食指所指,从右轮罩侧取出转向器(需要两人配合)。

图 6-2-35 旋下转向器壳与车身上的固定螺母

6.转向器的解体

(1)拆下与阀体罩壳连接的进油管螺母,回油管连接管接头螺栓,拆下进、回油管。

(2)拆下阀体罩壳的拧紧螺栓,拆下阀体罩壳。

(3)松开压盖固定螺栓,拆下齿条压紧装置。

(4)抽出转向机构主动齿轮,取下主动齿轮轴上的各种密封圈。

(5)用专用工具卸下齿条壳右端密封罩。

(6)拆下齿条左端固定环、防尘套和夹箍。

(7)最后抽出齿条。

7.转向器的检修

1)整体检修

(1)用手转动转向齿轮,应运动灵活,无卡滞现象。

(2)目测检查转向器外壳应无裂纹和磨损。

(3)上述检查若无法修复应更换转向器总成。

(4)齿条密封罩和防尘套若有老化、破损应更换。

2)解体检修

(1)检查转向齿条、齿轮有无磨损、锈蚀、变形、剥落或损伤等。

(2)检查转向齿轮轴承转动是否灵活,有无锈蚀、斑点、磨损、损坏等。

(3)检查补偿机构弹簧是否失效。

(4)上述检查无法修复时,应更换新件。

8.转向器的装配与调整

1)转向器的装配

转向器的装配过程按拆卸过程的相反顺序进行。

(1)先组装好转向器总成。

(2)将转向器装回原来的位置。

(3)悬上自锁螺母,但不拧紧。

(4)所有螺栓、螺母按规定力矩拧紧。

(5)防尘套可在转向器安装后进行调整,应在齿条上涂相应型号的转向器润滑脂,并将防尘套的一端用夹紧箍夹紧在环槽中。

(6)防尘套挡圈应推到齿条限位处。

2)转向器的调整

(1)先将方向盘摆正,处于直线行驶状态。

(2)调整齿条压紧装置中补偿垫片的厚度,使齿条和齿轮实现无侧隙或小侧隙啮合,且转向盘转动灵活。

(3)调整合适后,固定调整机构的锁紧螺母。

9.转向传动机构的拆卸

桑塔纳 3000 转向传动机构的分解图,如图 6-2-36 所示。

(1)旋下转向器齿条与支架的两固定螺栓,旋下左、右横拉杆球接头自锁螺母,如图 6-2-37所示。

(2)压出左、右横拉杆球接头,从右侧取出左、右横拉杆,如图 6-2-38 所示。

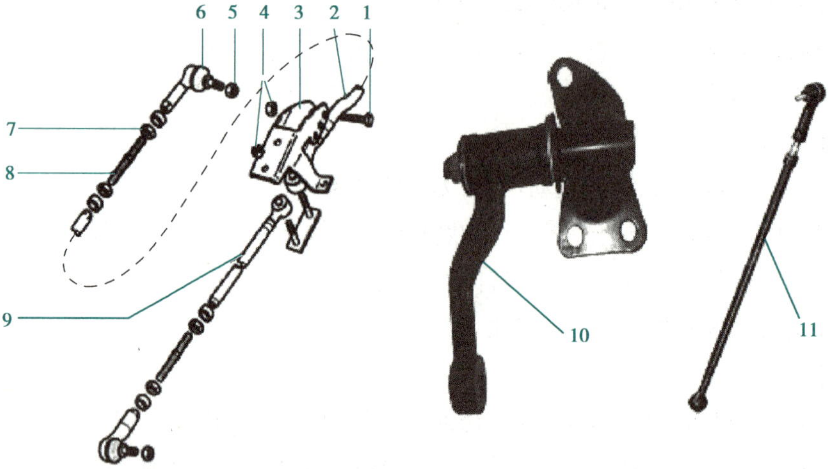

图 6-2-36 桑塔纳 3000 转向传动机构的分解图

1—螺栓;2,9—右、左转向横拉杆;3—支架;4,5—自锁螺母;6—横拉杆球接头;7—锁紧螺母;8—双头螺纹杆;10—转向节臂; 11—横拉杆

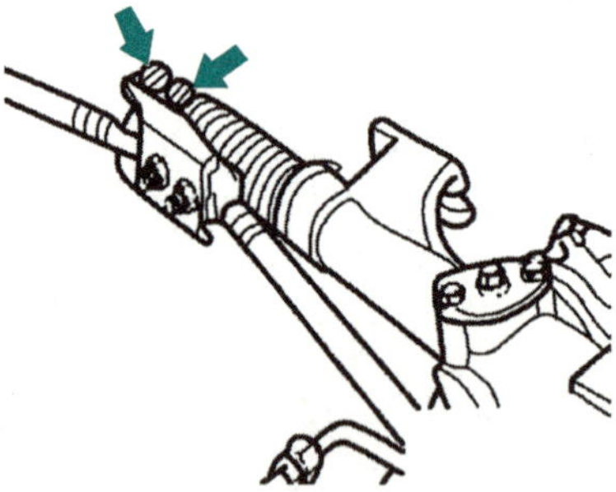

图 6-2-37 齿条与支架的连接螺栓

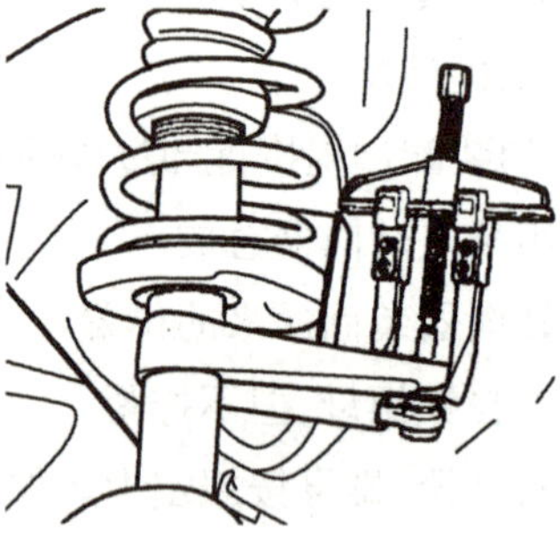

图 6-2-38 拆卸横拉杆球接头

10.转向传动机构的检修

(1)用磁力探伤法对转向横拉杆和球头销进行检查,如有裂纹,应予更换。

(2)检查横拉杆上的紧固螺母、开口销、盖等是否损坏、松动,若松动,应予紧固。

(3)使转向盘从中间位置向左、向右反复转动 60°左右,检查横拉杆、转向节臂等是否松旷,若松旷,应予紧固。

(4)检查横拉杆连接螺纹是否损坏,若损坏,应予更换。

(5)转向节臂有裂纹或变形时,应更换新件。

(6)横拉杆支架出现裂纹或变形时,应更换新件。

11.转向传动机构的装配与调整

1)转向传动机构的装配

转向传动机构的装配顺序与拆卸的顺序相反。

2）转向传动机构的调整

（1）转向传动机构装复后，用扁螺丝刀调整球头销预紧度：将调整螺塞拧到底，再退回1/4～1/2圈，使螺塞上的槽与开口销孔对正。

（2）调好后，用手扳动检查，应转动灵活，不发卡，无松旷，最后锁紧开口销。

五、转向系统的故障之二：转向沉重且有异响的检修

请查阅维修手册，根据以下步骤进行作业。

1.汽车转向动力装置的拆装和检修

1）转向油泵的拆卸

（1）升起车辆，将集油盘放在汽车下面。

（2）按食指所指方向转动张紧轮，拆卸转向油泵上的传动皮带，如图6-2-39所示。

（3）拆卸油泵上进、回油软管的放油螺栓，排放动力转向油，如图6-2-40所示。

（4）拆卸叶片泵皮带盘的固定螺栓，如图6-2-41所示。

（5）拆卸叶片泵的固定螺栓，取出叶片泵，如图6-2-42所示。

（6）将叶片泵固定在台虎钳上进行分解。

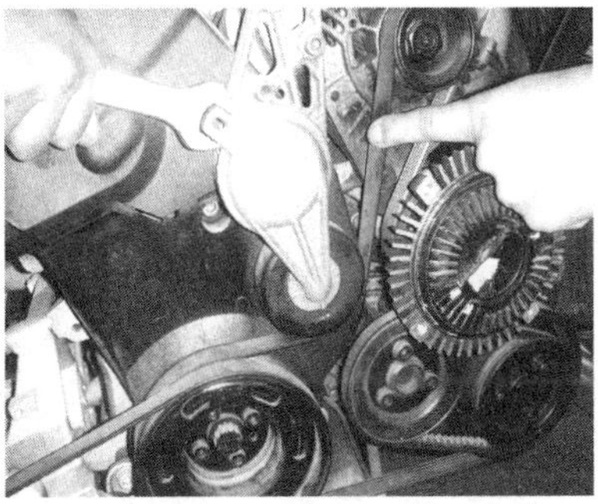

图6-2-39　拆卸转向油泵上的传动皮带

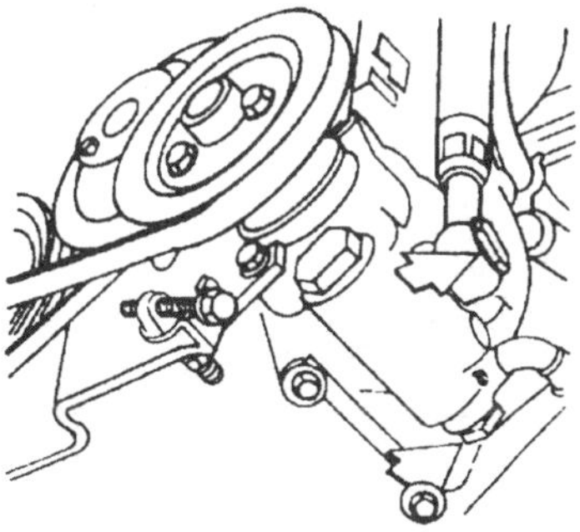

图6-2-40　拆卸放油螺栓

图6-2-41　拆卸叶片泵皮带盘的固定螺栓

图6-2-42　拆卸叶片泵

①在前后壳体接合面处做上装配记号，分解壳体。

②用软锤轻轻敲击，依次取出定子、转子、叶片和转子轴。

③用专用工具拆下卡环和油封。

④拧下出油管接头,取出溢油阀和回位弹簧(注意有无装配记号)。

2)转向油泵的检修

(1)壳体应无裂纹。

(2)定子的内表面、两个配油盘的内表面、叶片和转子上的滑槽表面应无划痕、磨损和变形。

(3)转子轴、轴承发卡或磨损松旷应更换。

(4)溢流阀及弹簧磨损或损坏后应更换。

(5)油封损坏、带轮有缺陷而失去平衡均应更换。

3)转向油泵的装配

转向油泵的装配与拆卸顺序相反。

4)转向油罐的拆装和检修

松开储油罐的安装支架螺栓和储油罐进油、回油软管夹箍,从车上拆下储油罐,如图6-2-43所示。

转向油罐的安装顺序与拆卸顺序相反。若转向油罐漏油、损坏,应整体更换。

5)动力转向器的拆卸

从车上拆卸动力转向器的过程与拆卸机械式转向器的过程相同,动力转向器的分解,如图 6-2-44 所示。

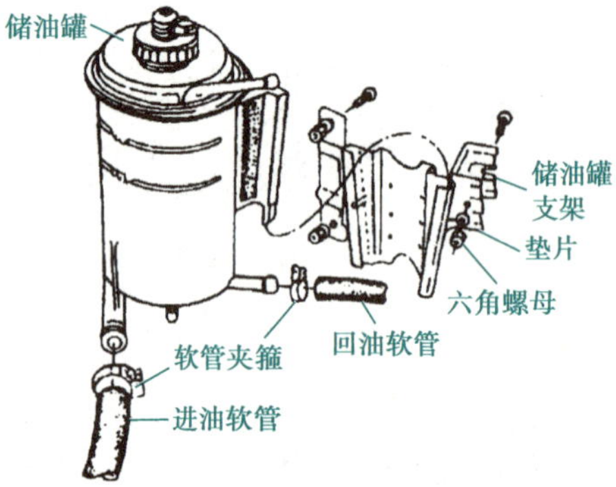

图 6-2-43　拆卸转向储油罐

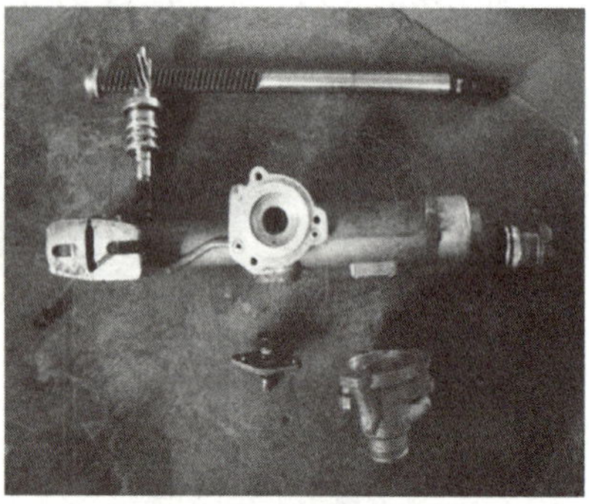

图 6-2-44　动力转向器的分解图

(1)拆下转向器上的进、出油管。

(2)拆下阀体外壳。

(3)拆下齿条压紧装置。

(4)拆下转向机构的主动齿轮。

(5)用专用工具拆下齿条壳右端的密封罩。

(6)拆下齿条左端的防尘套和夹箍,抽出齿条。

6)动力转向器的检修

(1)检查转向器壳体是否漏油。若漏油,应更换油封。螺栓松动应拧紧。

(2)检查轴承是否松旷,若松旷,应调整或更换。

(3)主动齿轮轴是否磨损,油封是否老化,若有,应更换。

(4)检查转向控制阀上的密封环是否有过量磨损和断裂,若有,应更换。

7)动力转向器的装配

动力转向器的装配与拆卸顺序相反。装配完后应进行调整,调整方法和机械式转向器相同。

2.转向动力装置的密封性检查

当动力转向系统漏油、技术性能变差或修复后,应进行系统密封性检查,如图 6-2-45 所示。

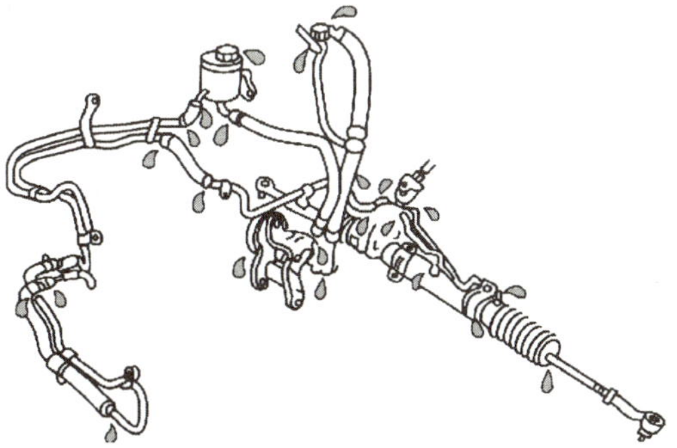

图 6-2-45　动力转向系统漏油部位

(1)使发动机怠速运转,将转向盘快速朝左右两侧转至极限位置数次。

(2)目测上图位置有无泄漏,检查转向控制阀、齿条密封(松开波纹管软管夹箍,再将波纹管推至一旁)、叶轮泵、油管接头是否有漏油现象,若有渗漏,应更换密封件或零部件。

3.动力转向系统油压检查

(1)将油压表串联在动力转向器的进油管路中,如图 6-2-46 所示。

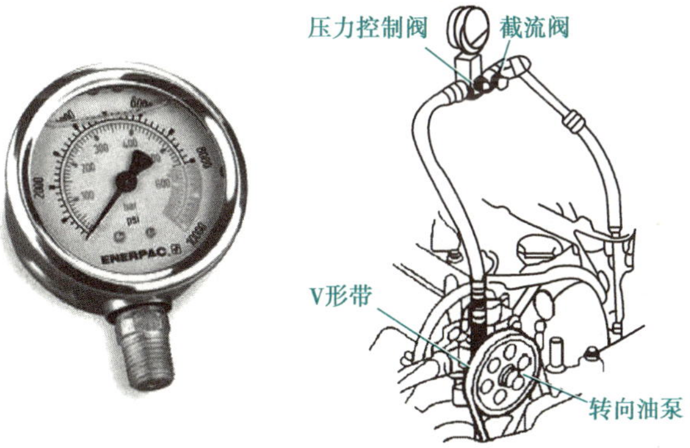

图 6-2-46　油压的检查

(2)如需要,则添加转向油液到规定高度。

(3)向右转动转向盘到极限位置。

(4)启动发动机,使其转速为 1 500~1 600 r/min。

(5)关闭截流阀,此时油压表读数应符合规定(一般不低于 7 MPa)。

【任务评价】

(1)请完成转向系统故障检修评价项目,填写表 6-2-2。

表 6-2-2 评价表

评价内容	记录要点
本次任务中,你主要完成了哪些操作?	
本次任务中,你掌握了哪些知识点?	
在学习过程中,你做了哪些安全措施?请举例。	
在学习过程中团队合作和 6S 管理践行情况如何?	
你在本次任务学习中还存在哪些问题?	

(2)请根据你实训的实际情况完成以下内容的填写。

①检查转向盘自由行程的角度或行程:________________。

②转向盘自由行程超过规定值时,应检查与其相关的零件:________________。

③转向器啮合间隙的调整方法:________________。

④转向油泵应检查的部位:________________。

⑤汽车转向动力装置的密封性检查情况:________________。

项目七 | 制动系统的检修

【案例导入】

问:师傅,汽车制动系统刹车突然失灵的原因是什么?

答:汽车在行驶中,一脚或连续几脚制动,制动踏板均被踏到底,刹车突然失灵。主要原因有:制动总泵或分泵漏油严重;制动总泵或分泵活塞密封圈破损,或制动管路中有过多的空气。发生制动失灵的故障,应立即停车检查。首先观察制动液罐中的制动液有无污损,然后观察制动总泵、分泵、油管有无泄漏制动液处。

刹车失灵是导致汽车事故的主要原因之一,而且其对人员的威胁也是非常大的,如何预防刹车失灵的关键就是加强刹车系统的日常检查和养护。

【项目概述】

制动系统是汽车的重要组成部分,如图 7-1-1 所示。制动系统工作不良或失效,将导致制动不灵、制动失效、制动跑偏及制动拖滞等故障。

图 7-1-1 制动系统

/任务一/ 制动液的检查与更换

【学习目标】

通过本任务的学习，应达到以下学习目标：

- 能叙述制动传动装置的类型、液压制动传动装置的组成及工作原理；
- 能叙述制动液的种类和选用；
- 能叙述制动主缸、制动轮缸的结构及工作原理；
- 能叙述真空助力器的结构及工作原理；
- 能规范地进行制动液面的检查和添加；
- 能规范地进行制动液的更换；
- 能规范地进行制动管路排气及真空助力器的检查；
- 能规范地进行制动主缸的拆装及主要零件的检查。
- 树立安全意识、节约意识、环保意识和客户至上的意识。
- 养成职业规范和精益求精的工作作风。

【任务引入】

一辆丰田卡罗拉 ZRE151 轿车，在行驶过程中，紧急踩制动踏板时，有一脚到底的感觉。检查前后制动摩擦片、制动盘都正常，前后制动轮缸及各管路连接也正常，无泄漏，制动主缸液面也正常，怀疑是制动液太脏所致。车主需要你对制动液进行更换。

【任务准备】

一、制动传动装置的类型、组成及工作原理

1.制动传动装置的类型

制动传动装置按传力介质的不同可分为液压式、气压式和气-液综合式；按制动管路的套数可分为单管路和双管路制动传动装置。

2.液压制动传动装置的组成及工作原理

如图 7-1-2 所示，液压制动传动装置由制动踏板、制动主缸、储液罐、制动轮缸、油管等组成。其作用是利用液压油作为传力介质，将驾驶人施加在制动踏板上的力通过液压管路传至车轮制动器，产生制动作用。

双管路液压制动传动装置是利用彼此独立的双腔制动主缸，通过两套独立管路，分别控制两桥或三桥的车轮制动器。常见的双管路布置方案有前后独立式和交叉式两种形式。

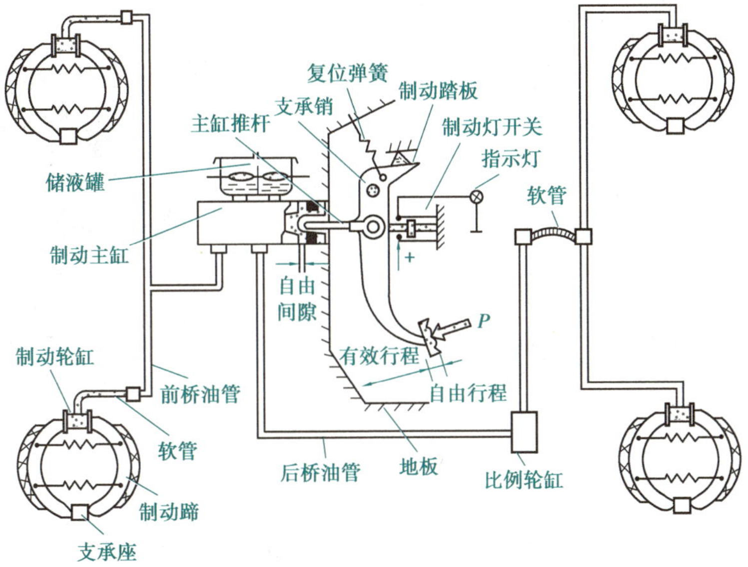

图 7-1-2　液压制动传动装置的组成

二、制动液的种类及选用

制动液又称为制动油，是用于汽车液压制动系统中传递压力的液体。

1.制动液的种类

- 中国国家标准（GB12981—2003）分类：HZY3，HZY4，HZY5。
- 美国汽车工程师协会（SAE）分类：SAEJ1702，SAEJ1703，SAEJ1704。
- 美国联邦机动车安全标准（FMWSS）的 DOT 分类：DOT3，DOT4，DOT5。

2.制动液的选用

制动液级别有高低，级别越高，安全保障性越好。一般情况下，微型、中低档汽车适合选取符合 HZY3 标准的制动液，而中高档汽车建议选用 HZY4 标准的制动液。HZY5 标准的制动液主要用于军用车辆，适合用于沙漠等苛刻条件。

三、制动主缸的作用及类型

1.制动主缸的作用

制动主缸又称为制动总泵，如图 7-1-3 所示。制动主缸处于制动踏板与管路之间，其作用是将制动踏板输入的机械力转化为液压力。

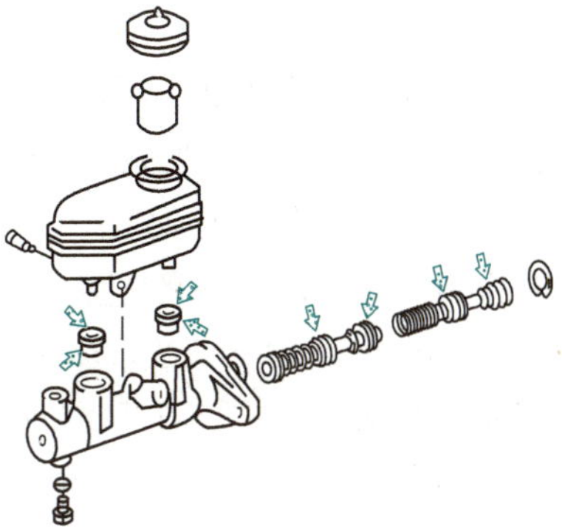
图 7-1-3　制动主缸

2.制动主缸的类型

制动主缸按活塞数分为单活塞制动主缸与串联双活塞制动主缸两种类型，如图 7-1-4、图 7-1-5 所示。

单活塞制动主缸对应的单管路制动系统安全性较差，按照国家标准规定汽车必须配置双管路制动系统，以提高汽车行驶过程的安全性。在双管路制动系统中，一般使用串联双活塞制动主缸。

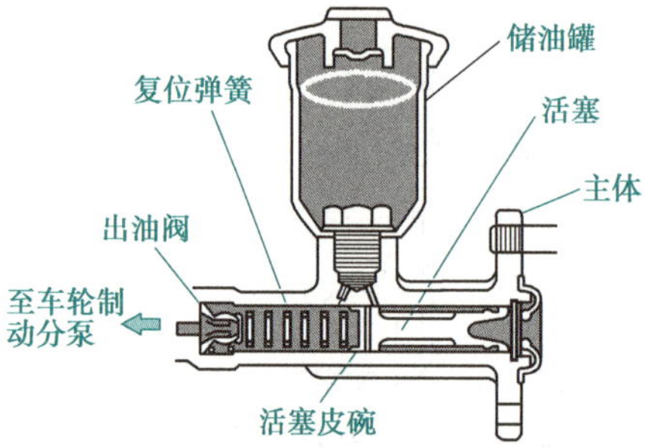

图 7-1-4　单活塞制动主缸

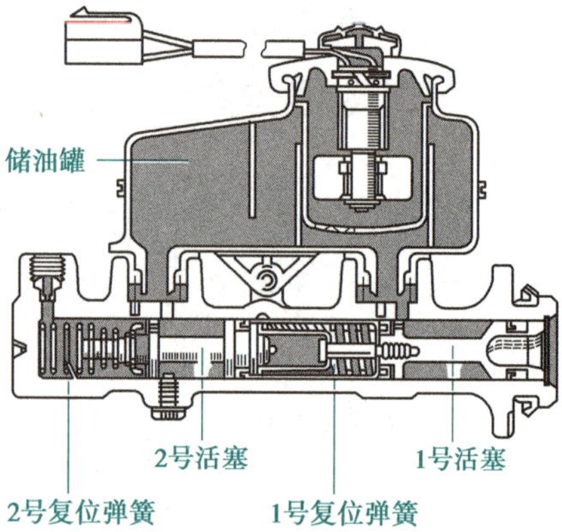

图 7-1-5　串联双活塞制动主缸

四、制动液压的产生、制动主缸的结构原理、制动轮缸的作用

1.制动液压的产生

如图 7-1-6 所示，驾驶人踩制动踏板的力通过推杆和活塞作用在被密闭的制动液上，由于液体是不可压缩的，制动液将受到的压力从主缸传递到各轮缸。

2.制动主缸的结构原理

如图 7-1-7 所示，在制动主缸上端装有储油罐，制动主缸内的活塞通过真空助力器内的推杆和制动踏板相连。踩下制动踏板推动活塞运动，进油孔关闭，各制动轮缸产生制动油压。松开制动踏板，活塞恢复到初始位置，制动油压消失，制动解除。

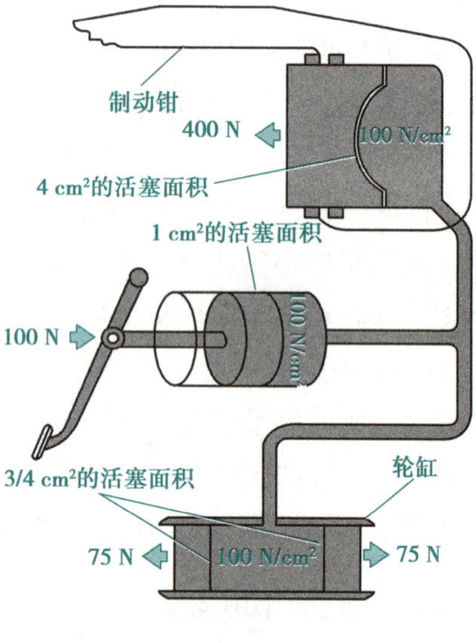

图 7-1-6　制动液压的产生示意图

制动液经过制动主缸及液压管路到达制动轮缸。当踩下制动踏板时，两活塞在主缸推杆的作用下使两活塞运动，并将进油口关闭，在 *A*、*B* 工作腔内产生油压，如图 7-1-7(b)所示。车轮制动器产生制动力。解除制动时，活塞在弹簧作用下复位，液压油自轮缸和管路中流回到制动主缸。当后轮制动管路发生泄漏时，如图 7-1-7(c)所示，在 *B* 工作腔内不能产生油压，但在 *A* 工作腔内仍会产生油压。当前轮制动管路发生泄漏时，如图 7-1-7(d)所示，在 *A* 工作腔内不能产生油压，活塞①推动活塞②使其顶到制动主缸缸体上，此时在 *B* 工作腔内产生油压。

3.制动轮缸的结构

如图 7-1-8 所示，制动轮缸也称为制动分泵。制动轮缸固定在制动底板上，其作用是将制动主缸传来的液压力转变为使制动蹄张开的机械推力。制动轮缸主要由缸体、活塞、皮碗、弹簧和放气螺钉等组成。放气螺钉的作用是排出制动液中的空气。

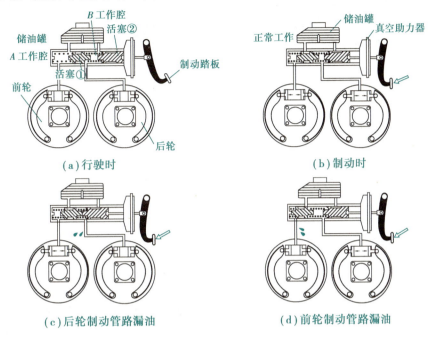

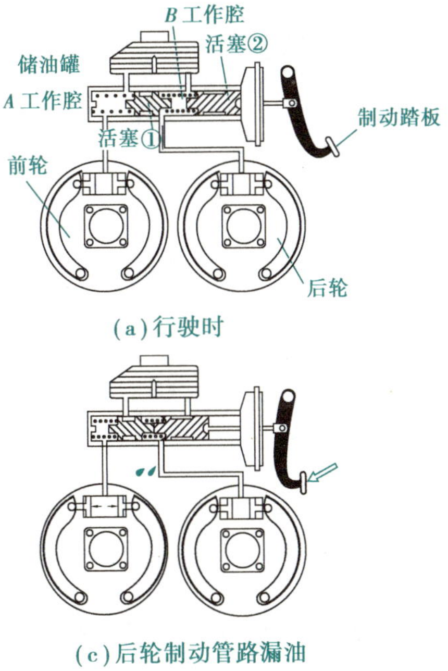

图 7-1-7　制动主缸的结构及工作原理

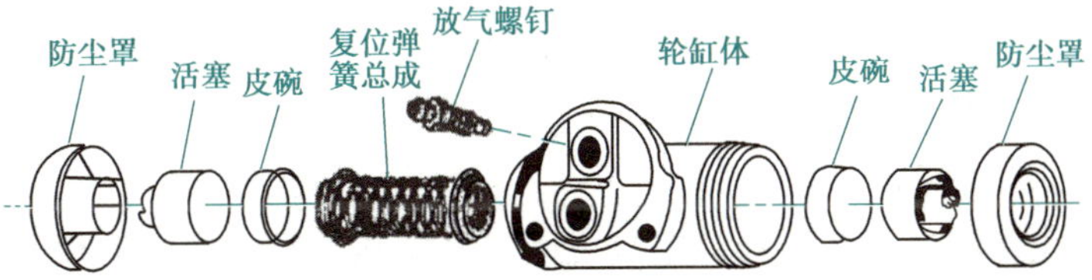

图 7-1-8　双活塞制动轮缸的分解图

五、制动助力器的作用及类型

1.制动助力器的作用

制动助力器的作用是将踩制动踏板的力放大，产生更大的汽车制动力，减轻驾驶人的操作强度，提高驾驶的舒适性和行车安全性。如果制动助力器失效，制动力将会大幅度下降，甚至造成交通事故。

2.制动助力器的类型

制动助力器常见的类型有真空助力器和液压助力器，如图 7-1-9 和图 7-1-10 所示。

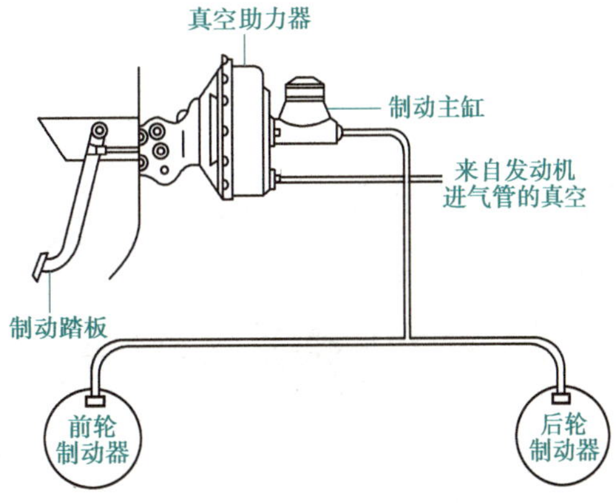

图 7-1-9　真空助力器

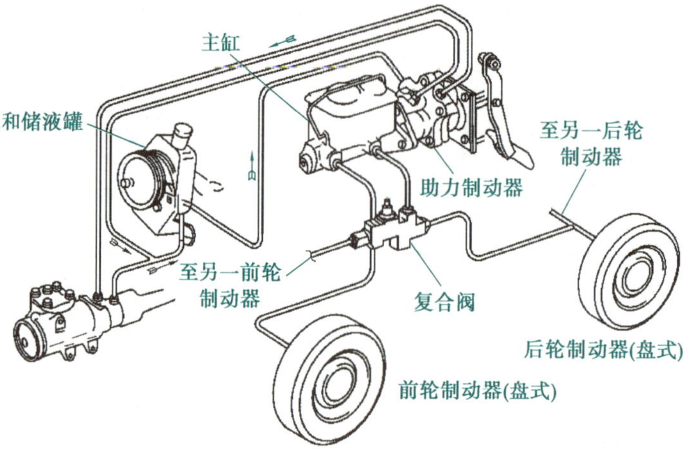

图 7-1-10　液压助力器

六、真空助力器的结构、原理及工作过程

1.真空助力器的结构

真空助力器的结构如图 7-1-11 所示，其内部有薄而宽的活塞，通过固定在活塞上的膜片将空气室和负压室隔离。负压室和发动机进气管相通。复位弹簧安装受负压室的推杆上和推杆一起运动。橡胶阀门与在膜片座上加工出来的阀座组成真空阀，与控制阀柱塞的大气阀座组成大气阀。真空阀将负压室与空气室相连，空气阀将空气室和外界空气相连。发动机不工作时真空助力器不工作。

2.真空助力器的工作原理

真空助力器装在制动踏板和制动主缸之间。其结构原理如图 7-1-12 所示，膜片将助力装置分隔为两个腔，当踩下制动踏板时，膜片的一侧接通大气，而另一侧连通真空源，于是膜片的两侧产生压力差，压力差通过膜片形成的推力与踩踏板上的力同时作用在主缸推杆上，即作用在制动主缸上有两个力：一是踩踏板的力，二是助力器产生的增力。

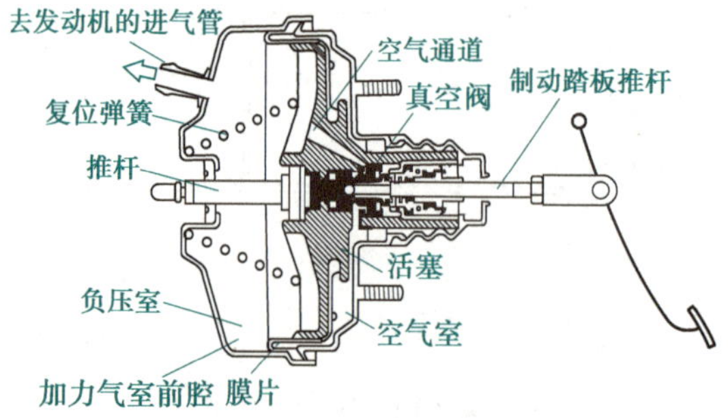

图 7-1-11　真空助力器的结构

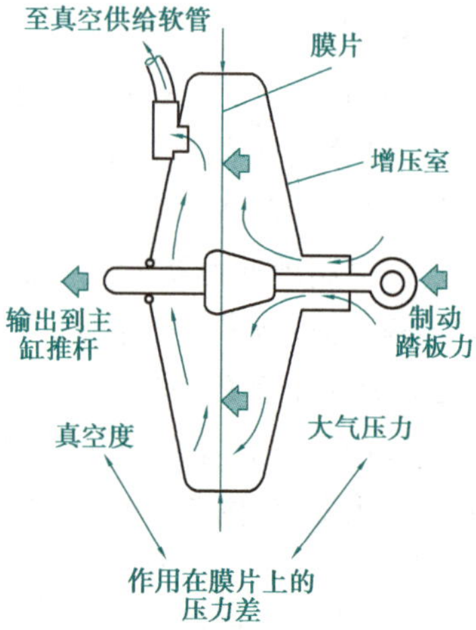

图 7-1-12　真空助力器工作原理示意图

当真空助力器或真空源失效时，作用于主缸推杆上的力取决于驾驶人对制动踏板施加的踏板力，但踏板力要比未失效时大得多。

3.真空助力器的工作过程

1）当制动系统不工作时

如图 7-1-13 所示，不踩制动踏板时，助力器活塞在复位弹簧的作用下恢复到原来的位置，制动踏板推杆也往复运动，空气阀关闭，真空阀打开，使真空室和空气室相通，维持相同的真空。其他制动机构也保持在原来的位置。

2）踩下制动踏板时

如图 7-1-14 所示，踩下制动踏板时，真空室内的空气被吸进发动机进气管，产生负压，此时真空阀关闭，空气阀打开。空气进入空气室，使空气室压力大于真空室压力，活塞向前运动，于是带动制动主缸内的活塞运动，产生制动油压。

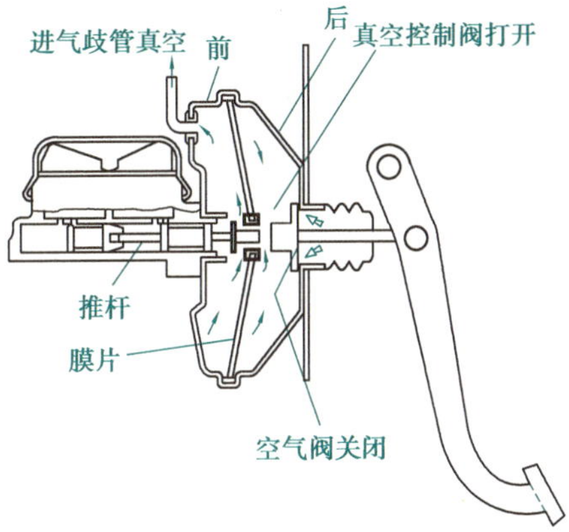

图 7-1-13 不踩制动踏板时

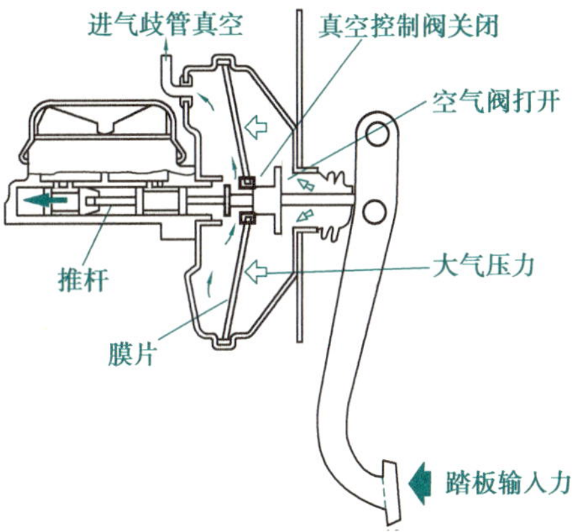

图 7-1-14 踩下制动踏板时

3）踩下制动踏板并保持时

如图 7-1-15 所示，当制动踏板力不再增加时，真空阀关闭，空气阀也关闭。真空室内的负压、空气室的气压、制动踏板力与膜片复位弹簧力达成平衡，制动力油压保持不变。

4）松开制动踏板时

如图 7-1-13 所示，松开制动踏板，助力器活塞在复位弹簧的作用下恢复到原来的位置，制动踏板推杆也往复运动，空气阀关闭，真空阀打开，使真空室和空气室相通。其他制动机构也恢复到原来的位置，制动油压下降，制动解除。

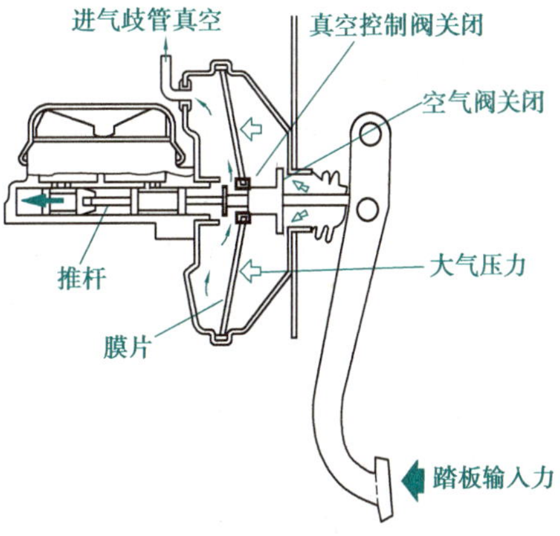

图 7-1-15 踩下制动踏板并保持时

【任务实施】

一、作业前准备工量具和设备

(1)工量具:排气专用扳手、连接螺母扳手(10 mm)等。

(2)设备:丰田卡罗拉 ZRE151 轿车或其他轿车、制动液、容器、漏斗及软管,防护手套等。

(3)维修手册、评分表等。

二、作业前的准备工作

(1)现场安全确认:车辆、举升机、工位。

(2)车辆防护:三件套、翼子板布、前格栅布、车轮挡块等。

三、完成车辆基本信息表的填写

请完成车辆基本信息表,见表 7-1-1。

表 7-1-1 车辆基本信息表

项 目	具体信息
车牌号码	
行驶里程	
发动机型号及排量	
车辆识别代码(VIN)	

四、制动液的检查与更换

请查阅维修手册,根据以下步骤进行作业。

1.制动液的检查

制动系统的储油罐安装在制动主缸上,为制动主缸提供工作油液。

如图 7-1-16 所示,检查储油罐内的制动液面是否正常。

2.制动液的添加

(1)拆下制动储油罐上的装饰板。

①拆下前围板密封条。

②脱开卡夹,取下右侧防水片。

(2)拆下储液罐盖,擦净油液。

(3)如图 7-1-17 所示,将漏斗放入储液罐加油口中并扶稳,然后将油液缓慢倒入储油罐内,直到液面达到规定要求为止。

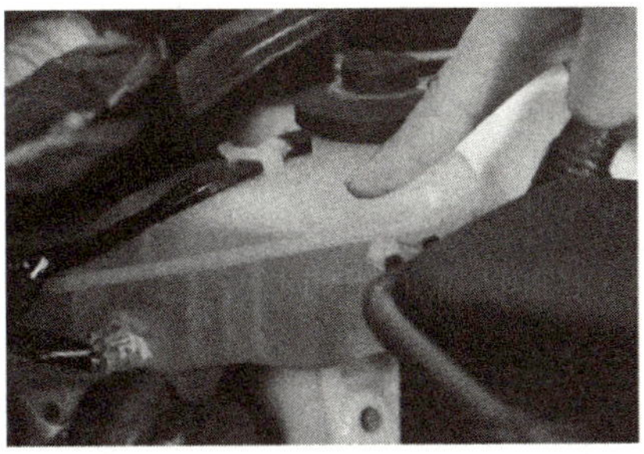

图 7-1-16　检查储油罐内的制动液面

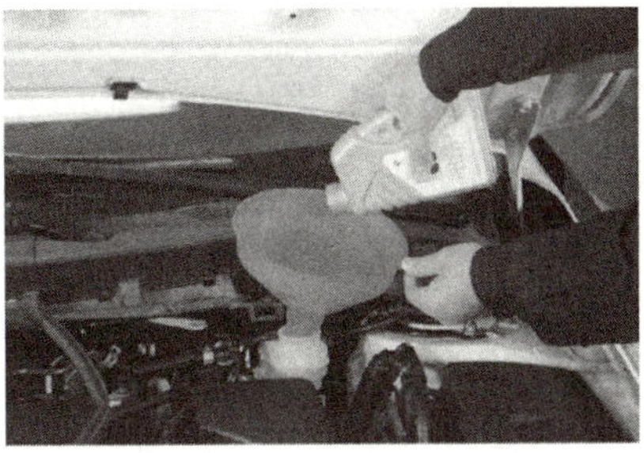

图 7-1-17　添加制动液至规定要求

(4)用棉纱擦净加油口处油迹，并盖上储液罐盖。

3.制动液的更换

1)排放制动液

制动液更换通常有人工更换和用机器更换两种方法。人工更换需要两人协作完成，一人踩踏制动踏板，给液压制动系统加压；另一人打开制动分泵上的放气阀，排出制动系统中的空气，如图 7-1-18 所示。

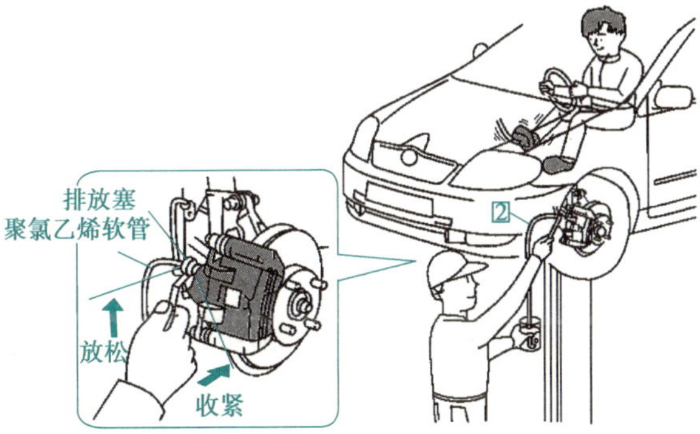

图 7-1-18　人工更换制动液

(1)进入驾驶室，关闭车门，降落车窗玻璃，放松驻车制动器操纵杆。

(2)操纵举升机，将车辆举升至适当高度，并可靠锁止举升机。

(3)用手取下右后车轮制动轮缸放气阀上的防尘帽，并放置到零件车上。

(4)准备好塑料软管、接油容器。将塑料软管一端插入制动轮缸的放气阀上，另一端插入接油容器中。

(5)一人使用专用扳手，拧松制动轮缸上的放气阀；另一人开始踩踏制动踏板。

(6)随时观察制动液排放情况，当无油液排放时，拧紧放气阀，取下塑料软管。至此，右后车轮轮缸内的制动液排放完毕。

按照相同的操作要求，依次排放左后车轮、右前车轮和左前车轮。

2)清洗制动液管路

基本操作步骤类似于“排放制动液”。

3）加注制动液

基本操作步骤类似于“制动液的添加”。

4）制动主缸排气

（1）用连接螺母扳手从主缸上断开两个制动管路，缓慢踩下制动踏板并保持。

（2）用手指堵住两个孔，并松开制动踏板。

（3）重复步骤（1）和步骤（2）3~4 次。

（4）用连接螺母扳手将两个制动管路连接至主缸。

5）制动管路排气

（1）一人进入驾驶室，关闭车门，降落车窗玻璃，放松驻车制动器操纵杆。

（2）将塑料软管连接至放气螺栓。

（3）连续踩踏制动踏板数次，当感觉制动踏板下行阻力增大时，踩住并保持制动踏板位置，开始排气。

（4）当制动液流动速度变慢时，拧紧制动轮缸上的放气阀。

（5）重复多次，直到管路中排出的制动液在接油容器中不再有气泡生成为止。拧紧放气阀，取下放气软管，擦净油迹。

（6）对每个车轮均重复上述程序，从而完成对制动管路的排气。

（7）踩踏制动踏板 2~3 次，间隔时间 5~10 s，确定制动管路中空气排放的情况。

6）制动性能的测试

（1）彻底放松驻车制动器操纵杆，然后用力踩下制动踏板并保持制动位置。

（2）用力转动前后车轮，进行制动性能测试，如图 7-1-19所示。

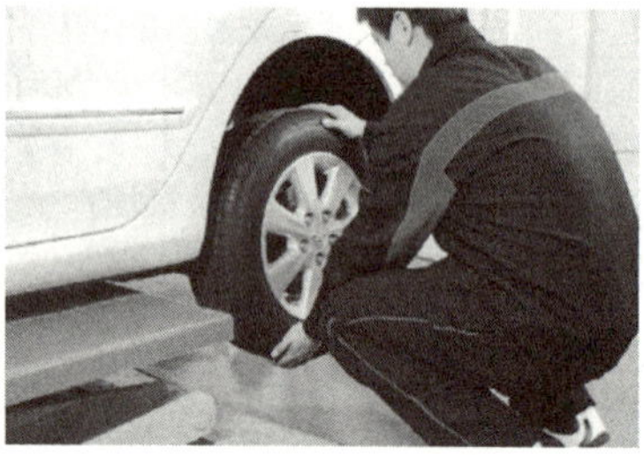

图 7-1-19　制动性能测试

4.制动主缸的拆卸

（1）拔下液位传感器的电插头，旋下储液罐盖擦净。

（2）使用吸管将储液罐内的制动液吸出，盛放到接油容器中，如图 7-1-20 所示。

（3）在供油管下方铺设棉纱，如图 7-1-21 所示。

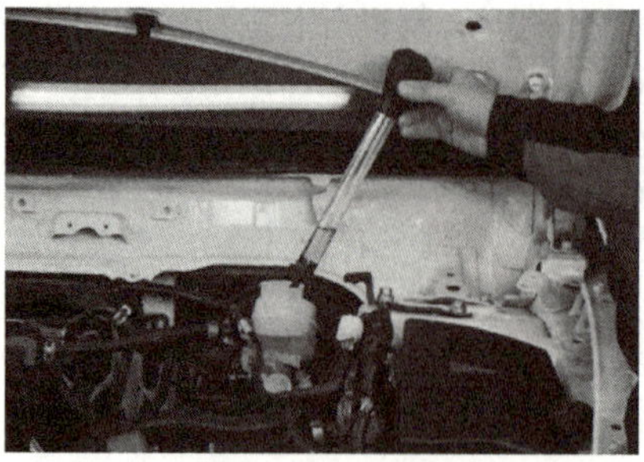

图 7-1-20　吸出制动液

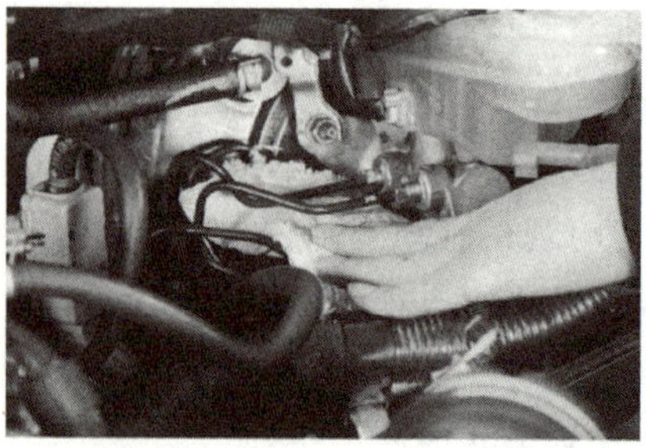

图 7-1-21　在供油管下方铺设棉纱

（4）使用 10 mm 开口扳手，拧松制动主缸两出油管路压紧螺母，如图 7-1-22 所示。

(5)用手旋出制动主缸的出油管压紧螺母后，稍微用力将出油管拉离制动主缸，将油管堵头安装到两出油管口上，如图 7-1-23 所示。

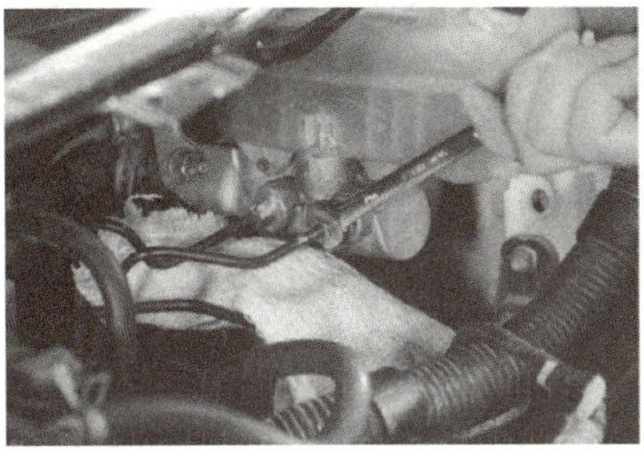

图 7-1-22　拧松出油管路压紧螺母

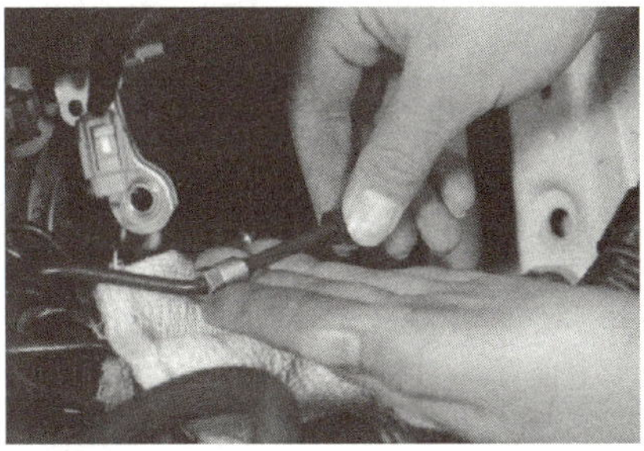

图 7-1-23　用手旋出出油管压紧螺母

(6)将 ϕ14 mm 套筒、接杆、棘轮扳手组合，拧松制动主缸两只固定螺母，如图 7-1-24 所示。

(7)一手扶住制动主缸，一手旋下固定螺母，如图 7-1-25 所示。

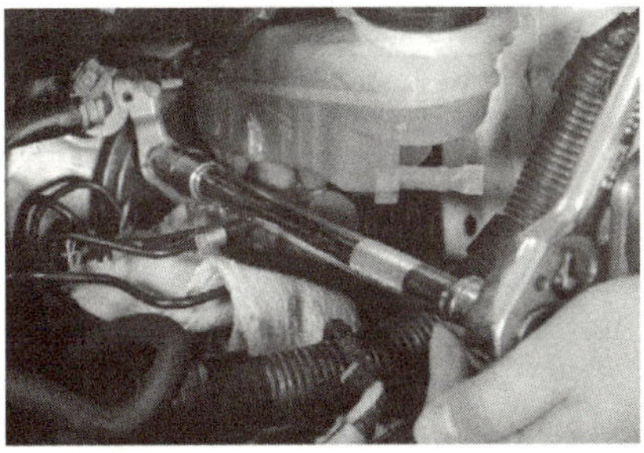

图 7-1-24　拧松制动主缸固定螺母

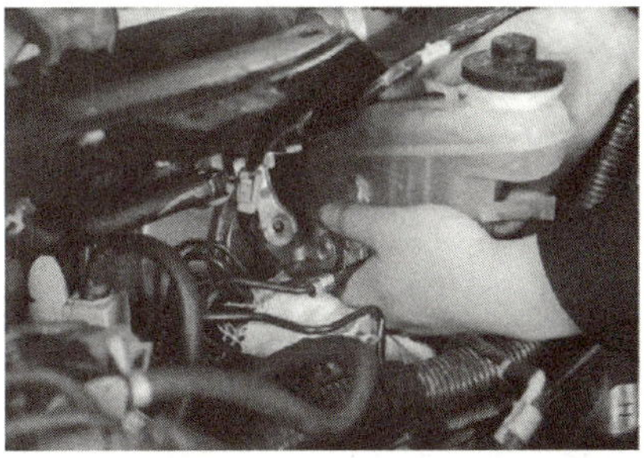

图 7-1-25　旋下固定螺母

(8)取下制动主缸。

(9)取下储油罐，并检查储油罐与制动主缸的密封圈。

5.制动主缸的解体

图 7-1-26 为制动主缸总成分解图。

(1)拆卸活塞限位螺栓。

(2)拆卸活塞和弹簧。

6.制动主缸零件的检查

(1)使用制动液和刷子清洗制动主缸，再用高压空气吹净各零件，如图 7-1-27 所示。

(2)检查制动主缸缸壁是否生锈或有刮痕，如图 7-1-28 所示。

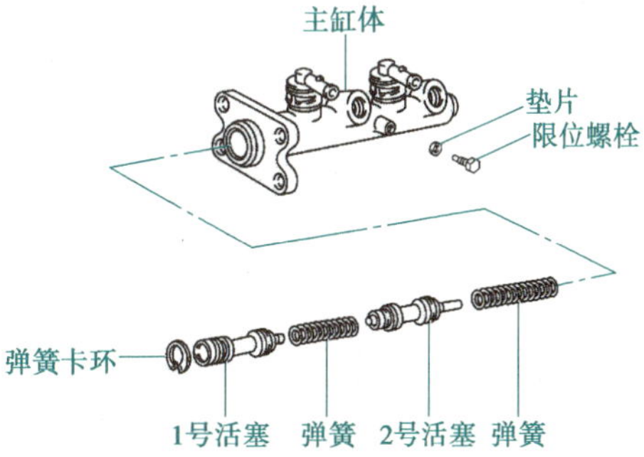

图 7-1-26　制动主缸总成分解图

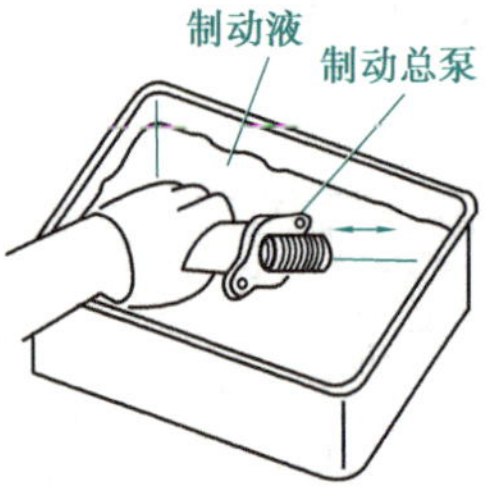

图 7-1-27　清洗制动主缸

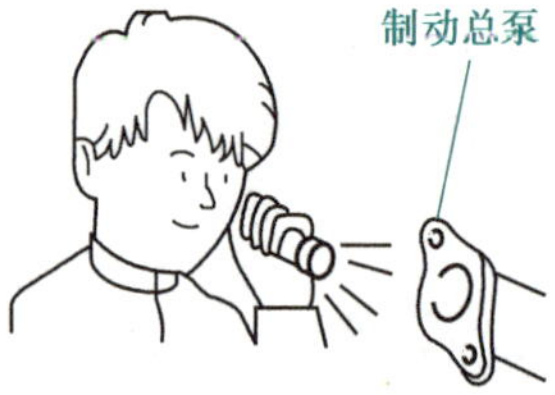

图 7-1-28　检查制动主缸

(3)检查缸壁是否有磨损。

(4)检查皮碗是否有磨损或破裂。

(5)检查活塞弹簧是否有弯曲变形、生锈或断裂等现象。

7.制动主缸的装配

(1)涂敷润滑脂。在各活塞的橡胶零件上涂敷指定的润滑脂,如图 7-1-29 所示。

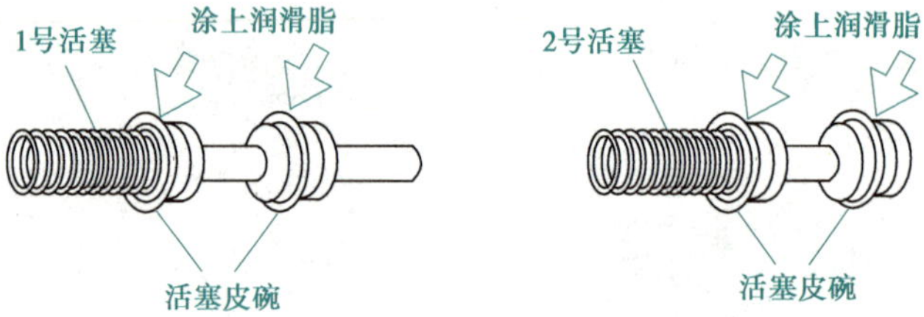

图 7-1-29　涂敷润滑脂

(2)安装活塞和弹簧。

①按如图 7-1-30 所示的方式将两个弹簧和活塞装入主缸。

②用裹有胶带的螺丝刀将活塞垂直推入制动主缸,并用卡簧钳装上弹簧卡簧。

(3)安装活塞限位螺栓。如图 7-1-31 所示,使用螺丝刀将活塞完全推到底,并装上套有垫片的活塞限位螺栓,用规定力矩拧紧螺栓。

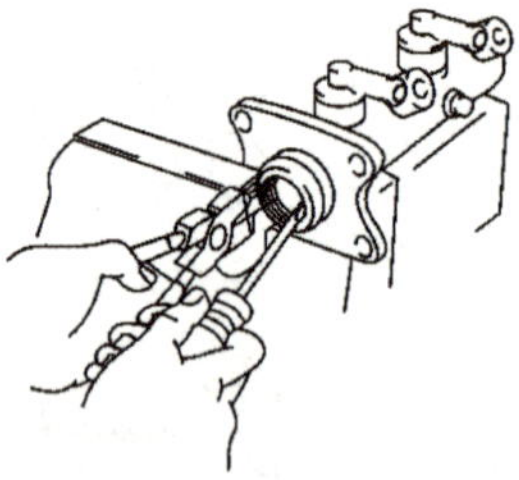
图 7-1-30　安装活塞和弹簧

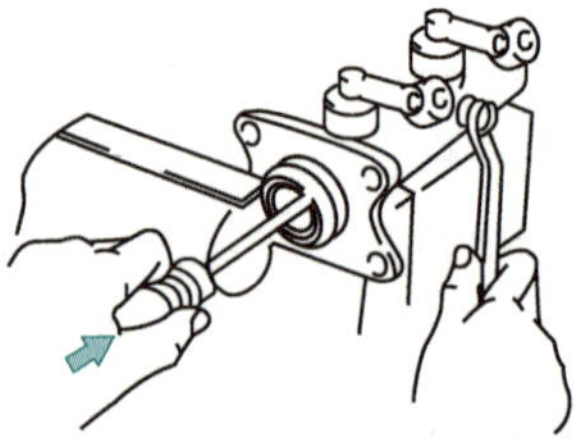
图 7-1-31　安装活塞限位螺栓

(4)将密封圈上均匀涂抹一薄层制动液。

(5)检查并安装制动主缸和制动助力器间的密封圈。

(6)在制动主缸后活塞凹坑中涂抹适当的润滑脂。

(7)将储油罐安装到制动主缸上。

8.制动主缸的安装

(1)检查和调整真空助力器推杆与主缸活塞之间的间隙。

(2)将制动主缸的活塞凹坑与推杆对齐,将制动主缸壳体上的螺栓孔与制动助力器壳体上的螺栓对齐;然后,将制动主缸用手安装到制动助力器上。

(3)装上制动主缸。

(4)连接储液罐 2 根软管。

(5)连接 2 根制动器管。

(6)将 14 mm 套筒、接杆、棘轮扳手组合后,拧紧制动总泵 2 个固定螺母(螺母规定力矩为 13 N · m)。

(7)取下油管堵头后,用手将制动主缸的两出油管的压紧螺母旋入螺纹孔中。

(8)使用 10~12 mm 开口扳手,拧紧制动总泵两出油管的压紧螺母。螺母规定力矩为 15 N · m。

9.制动液的加注

1)排出制动主缸的空气

(1)向制动主缸储液罐中加注制动液。

(2)从制动主缸上拆下制动管。

(3)慢慢踩下制动踏板,踩到底后保持住。

(4)在松开制动踏板前,先用手指堵住输出孔,再松开制动踏板。

(5)踩下踏板后,松开手指。重复步骤(3)和步骤(4)3~4 次,直到输出孔没有空气喷出为止。

(6)将各制动管路连接到制动主缸上。

2)排出制动管路的空气

排出制动管路空气的方法在此不再赘述。

10.制动助力器的更换

1)真空助力器功能检查

(1)在发动机启动之前连续踩下制动踏板数次。

(2)如图 7-1-32 所示,踩住制动踏板并启动发动机,检查踏板是否下沉。

2)真空助力器的气密性检查

• 检查方法一:如图 7-1-33 所示,启动发动机运转 1~2 min 后熄火,慢慢踩下制动踏板数次。若第一次踩下的行程最大,第二次或第三次后渐渐回抬,则表示其气密性良好。

• 检查方法二:在发动机运转时踩下制动踏板,然后使发动机熄火,并保持踏板在踩下位置约 30 s 后,若踏板高度无变化,则密封良好。

3)真空软管和单向阀就车检查

(1)检查软管。目测软管是否连接正确和牢固,有无损坏。

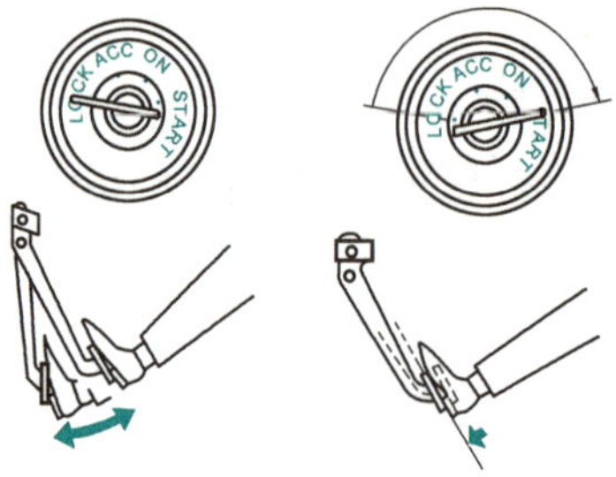

图 7-1-32　检查真空助力器功能

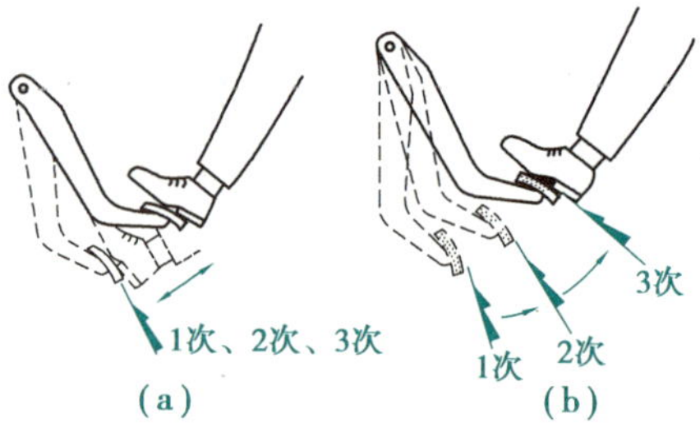

图 7-1-33　真空助力器的气密性检查

(2)检查单向阀。如图 7-1-34 所示,气流能从真空助力器一侧流向接软管一侧,而反方向不通。

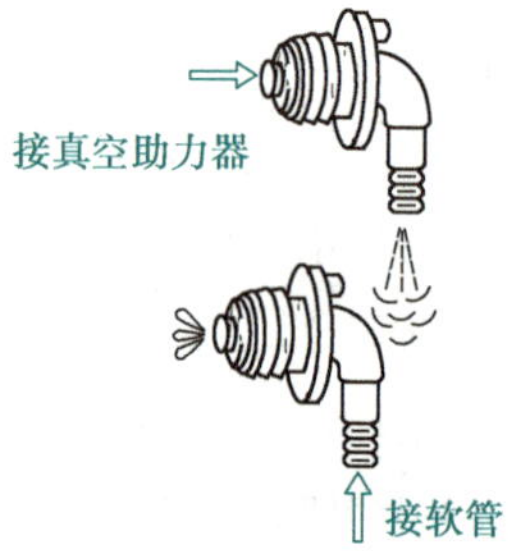

图 7-1-34　检查单向阀

4)拆卸制动主缸和真空助力器

(1)松开真空助力器安装支架与车身的紧固螺母(拧紧力矩 15 N·m)。

(2)松开真空助力器安装支架与助力器的紧固螺母(拧紧力矩 20 N·m)。

(3)松开制动主缸与真空助力器连接的两个紧固螺母(拧紧力矩 20 N·m),使制动主缸和真空助力器分离。

(4)拧松真空软管的卡箍和管接头,取下真空助力器上的软管。

5)安装真空助力器

真空助力器的安装按分解的相反顺序进行。

【任务评价】

(1)请完成制动液的检查与更换评价项目,填写表 7-1-2。

表 7-1-2　评价表

评价内容	记录要点
本次任务中,你主要完成了哪些操作?	
本次任务中,你掌握了哪些知识点?	
在学习过程中,你做了哪些安全措施?请举例。	
在学习过程中团队合作和6S 管理践行情况如何?	
你在本次任务学习中还存在哪些问题?	

(2)请根据你实训的实际情况完成以下内容的填写。

①检查制动系统和离合器液压系统是否共用一个储油罐:____________________。

②检查储油罐内的制动液面是否正常:____________________。

③排放制动液时两人如何配合:____________________。

④制动管路排气时两人如何配合:____________________。

⑤真空助力器的气密性好坏的判断方法:____________________。

/任务二/ 制动踏板位置的检查与调整

【学习目标】

通过本任务的学习,应达到以下学习目标:

- 能叙述制动系统的作用、组成及工作原理;
- 能叙述制动踏板位置检查与调整的必要性;
- 能规范地对制动踏板高度进行检查和调整;
- 能规范地对制动踏板自由行程进行检查和调整;
- 能对制动踏板位置的检查与调整修复后进行质量检验。
- 树立安全意识、节约意识、环保意识和客户至上的意识。
- 养成职业规范和精益求精的工作作风。

【任务引入】

一辆丰田卡罗拉 ZRE151 轿车,该车制动踏板自由行程过大。车主需要你对制动踏板进行检查与调整。

【任务准备】

一、制动系统的作用及组成

1.制动系统的作用

制动系统的作用:按照需要使汽车减速或在最短距离内停车,下坡行驶时保持车速稳定,使停驶的汽车可靠驻停。

2.制动系统的组成

制动系统包括行车制动和驻车制动两大部分,如图 7-2-1 所示。行车制动用于使行驶中的车辆减速或停车,通常由驾驶人用脚操纵,一般包含制动踏板、制动主缸、制动轮缸、制动管路、车轮制动器等。驻车制动用于使停驶的车辆驻留原地,通常由驾驶人用手操纵,一般包含制动手柄、拉索或拉杆、制动器。另外,较为完善的制动系统还包括制动力调节装置以及报警装置、压力保护装置等。例如,现代汽车已经普遍采用的制动防抱死系统(即 ABS 系统)就是一个典型的制动力调节装置。同时,在一些中、高档轿车上还增加了制动力分配系统(EBD)及电子稳定系统(ESP)等。

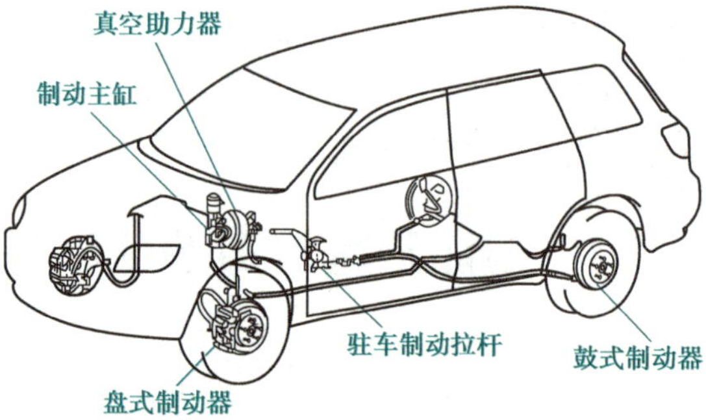

图 7-2-1 制动系统的组成

二、制动系统的工作原理

图 7-2-2 为行车制动系统的基本结构。制动系统的工作原理是将汽车的动能通过摩擦转化成热能,并释放到大气中。制动时,踩下制动踏板,制动主缸向各制动轮缸供油,活塞在油压的作用下把摩擦材料压向制动盘实现制动。

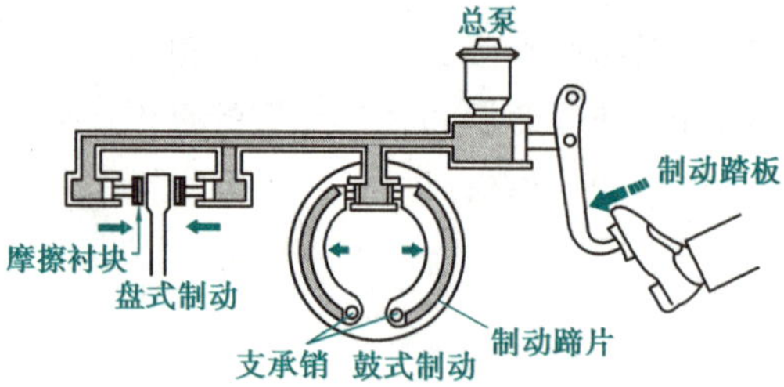

图 7-2-2 制动系统的基本结构

三、鼓式车轮制动器的组成及类型

1.鼓式车轮制动器的组成

鼓式车轮制动器由旋转部分、固定部分、促动装置和间隙调整装置组成,如图 7-2-3 所示。旋转部分为制动鼓;固定部分为制动底板和制动蹄;促动装置的作用是对制动蹄施加力使其向外张开;间隙调整装置的作用是保持和调整制动蹄与制动鼓间有正确的相对位置。

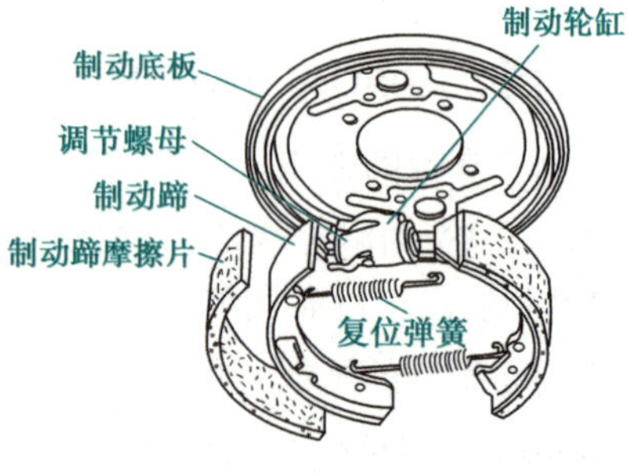

图 7-2-3 鼓式车轮制动器的组成

2.鼓式车轮制动器的类型

鼓式车轮制动器多为内张双蹄式,按促动装置的类型可分为轮缸式、凸轮式和楔块式,如图 7-2-4 所示。

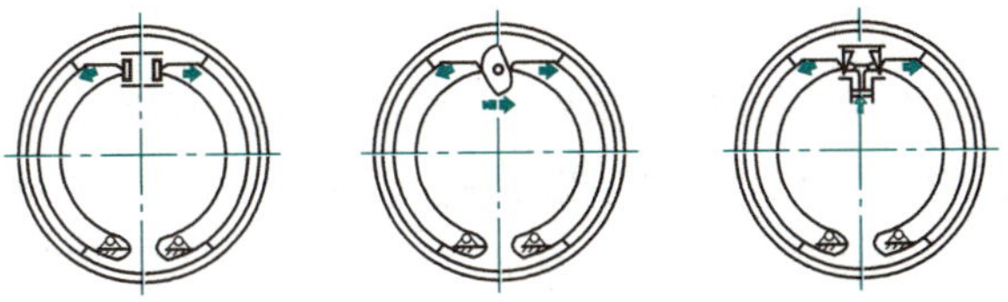

(a)轮缸式　(b)凸轮式　(c)楔块式

图 7-2-4　促动装置的类型

鼓式制动器根据制动过程中两制动蹄产生制动力矩的不同，可分为领从蹄式、单向双领蹄式、双向双领蹄式、单向自增力式和双向自增力式等，如图 7-2-5 所示。

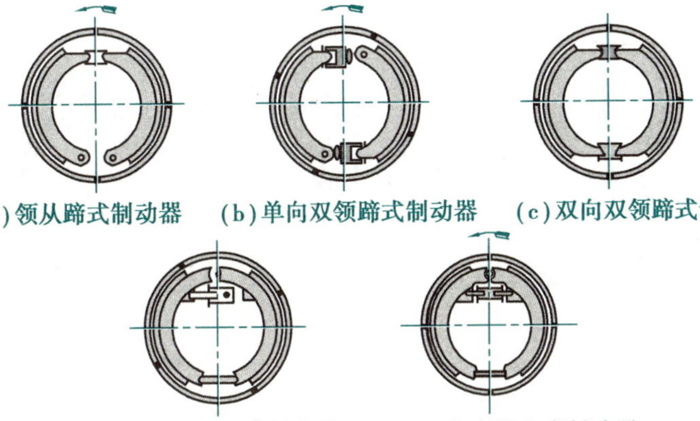

(a)领从蹄式制动器　(b)单向双领蹄式制动器　(c)双向双领蹄式制动器

(d)单向自增力式制动器　(e)双向自增力式制动器

图 7-2-5　鼓式制动器的类型

四、领从蹄式制动器的工作原理及结构

本书主要介绍轮缸式领从蹄式制动器。

1.领从蹄式制动器的工作原理

汽车前进时制动鼓按图示箭头方向旋转，如图 7-2-6 所示。制动时，前后制动蹄在制动轮缸活塞的推力作用下分别绕各自的支点旋转，前蹄的张开方向与制动鼓的旋转方向相同，称为领蹄；反之，后蹄的张开方向与制动鼓的旋转方向相反，称为从蹄。

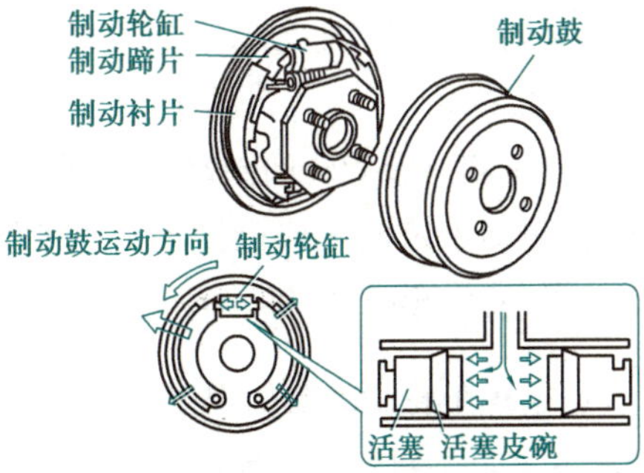

图 7-2-6　领从蹄式制动器的工作原理

领从蹄所产生的制动力矩不等，一般领蹄产生的制动力矩为从蹄产生的制动力矩的 2～2.5 倍。相同尺寸的领从蹄磨损程度也不同（领蹄的磨损较为严重）。此外，领从蹄式制动器的制动鼓受到的来自领从蹄的法向反力不平衡，则两蹄法向力不平衡，即两蹄法向力之和只能由车轮轮毂轴承的反力来平衡，这就对车轮轮毂轴承造成了附加径向载荷，使其寿命缩短。

2.领从蹄式制动器的结构

上海桑塔纳 2000GSi 轿车后轮的鼓式制动器如图 7-2-7 所示。该车制动轮缸为双活塞内张式液压轮缸,其制动底板由螺栓固定在后桥轴端的支承座上,制动轮缸用螺钉固定在制动底板上方,支架、止挡板用螺钉紧固在底板下方,构成制动底板总成。制动蹄定位销、弹簧及弹簧座将制动蹄紧压在制动底板的带储油孔的支承平面上,以防止制动蹄轴向窜动。制动蹄上固定有斜楔支承,用来支承调节间隙用的楔形块,称为带斜楔装置的制动蹄总成。制动蹄上铆有可以绕销轴自由转动的制动杆,制动杆下端做成钩形,与驻车制动钢索相连,制动蹄称为带杠杆装置的制动蹄总成。摩擦衬片用空心铆钉与制动蹄铆接在一起,铆钉头埋入摩擦片中,深度约为新摩擦片的 2/3。

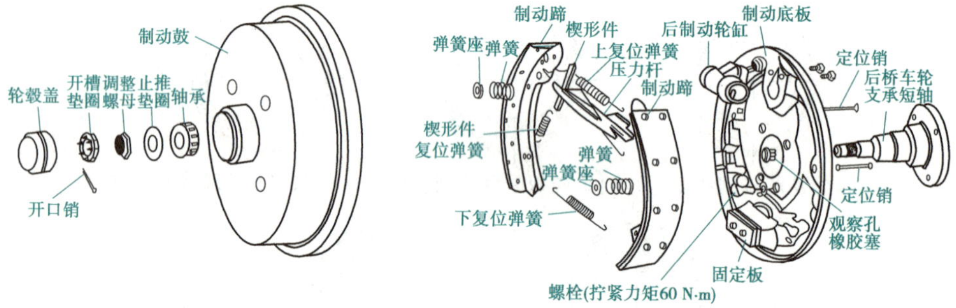

(a)鼓式制动器外部　　(b)鼓式制动器内部

图 7-2-7　后轮鼓式制动器的分解图

五、盘式制动器的组成及工作原理

1.盘式制动器的组成

盘式制动器主要由制动盘、制动片、制动卡钳、促动活塞等结构组成,如图 7-2-8 所示。

2.盘式制动器的工作原理

盘式制动器是由制动片夹紧制动盘产生制动的,如图 7-2-8 所示。盘式制动器是固定在轮毂上同车轮一起旋转的制动盘及制动片摩擦材料,在制动系统液压或机械力的作用下产生摩擦作用,使汽车减速或停车。

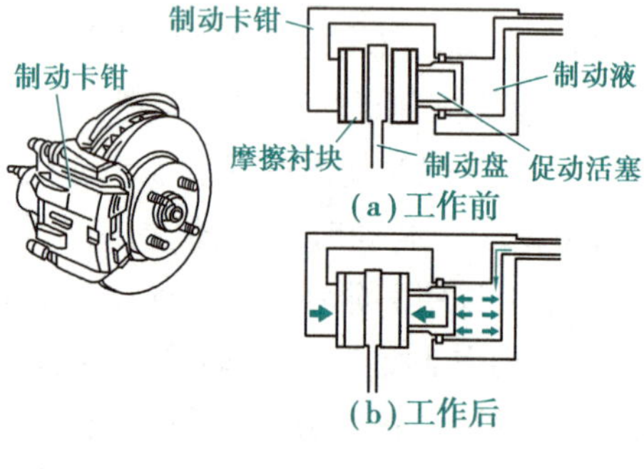

图 7-2-8　盘式制动器结构及工作原理

六、盘式车轮制动器的类型及工作原理

1.盘式车轮制动器的类型

盘式车轮制动器根据其固定元件的结构形式可分为钳盘式制动器和全盘式制动器。钳盘式制动器广泛应用在轿车、轻型货车和客车上。钳盘式制动器按制动钳固定在支架上的结构形式可分为定钳盘式制动器和浮钳盘式制动器,如图 7-2-9 所示。

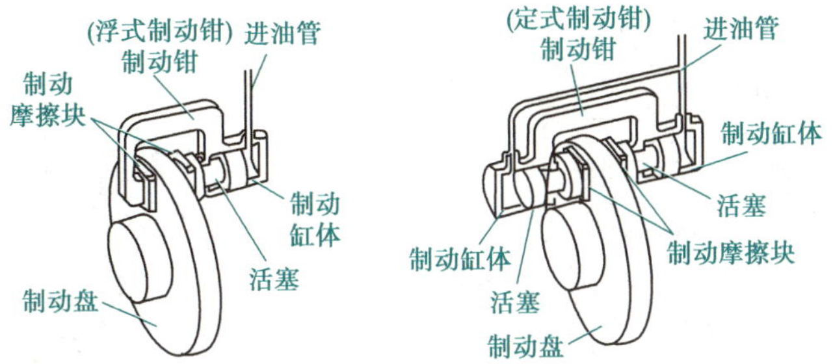

图 7-2-9　盘式制动器的类型

2.盘式制动器的工作原理

1)定钳盘式制动器的工作原理

定钳盘式制动器的工作原理如图 7-2-10 所示。定钳盘式制动器的旋转元件是制动盘，它和车轮固装在一起旋转，以其端面为工作摩擦表面。跨置在制动盘上的制动钳体固定安装在车桥上，它不能旋转也不能沿制动盘轴线方向移动，其内部的两个活塞分别位于制动盘的两侧。制动时，制动液由制动主缸(制动总泵)经过进油管进入钳体中两个相通的液压腔内，将两侧的摩擦块压向与车轮固定连接的制动盘，从而产生制动。

定钳盘式制动器的优点：油缸活塞与制动块之间通过消声片传力，可以减轻制动时产生的噪声。

定钳盘式制动器的缺点：油缸较多，制动钳结构复杂，尺寸过大。

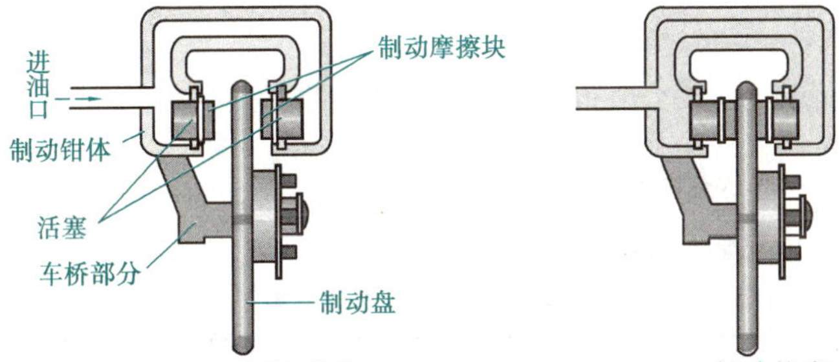

图 7-2-10　定钳盘式制动器的工作原理

2)浮钳盘式制动器的工作原理

浮钳盘式制动器的工作原理如图 7-2-11 所示。制动钳通过导向销(图中未画出)与车桥相连，可以相对于制动盘转向移动。制动钳体只在制动盘的内侧设置油缸，而外侧的制动块则附装在钳体上。制动时，液压油通过进油管进入制动轮缸，推动活塞及浮钳盘式制动器上的摩擦块向右移动，并压到制动盘上，使油缸连同制动钳整体沿导向销向左移动，直到制动盘右侧的摩擦块也压到制动盘上，夹住制动盘并使其制动。

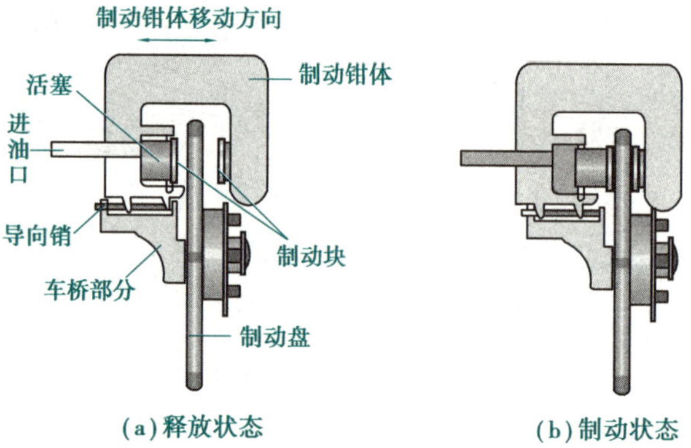

图 7-2-11　浮钳盘式制动器的工作原理

【任务实施】

一、作业前准备工量具和设备

(1)工量具:钢直尺(300 mm)等。

(2)设备:丰田卡罗拉 ZRE151 轿车或其他轿车。

(3)维修手册、评分表等。

二、作业前的准备工作

(1)现场安全确认:车辆、举升机、工位。

(2)车辆防护:三件套、翼子板布、前格栅布、车轮挡块等。

三、完成车辆基本信息表的填写

请完成车辆基本信息表,见表 7-2-1。

表 7-2-1　车辆基本信息表

项　目	具体信息
车牌号码	
行驶里程	
发动机型号及排量	
车辆识别代码(VIN)	

四、制动踏板位置的检查与调整

请查阅维修手册,根据以下步骤进行作业。

1.制动踏板高度的检查和调整

(1)进入驾驶室,关闭发动机。多次踩下制动踏板直至制动助力器内无真空。松开制动踏板,释放制动助力器中残余真空度。

(2)取出制动踏板下方的地板垫。

(3)制动踏板高度的检查。将直板尺垂直于地板面,观察踏板上平面在直尺上的显示数值,该数值即为踏板高度,如图 7-2-12 所示。

(4)制动踏板高度的调整。

①断开制动灯开关连接器。

②拆下制动灯开关总成,如图 7-2-13 所示。

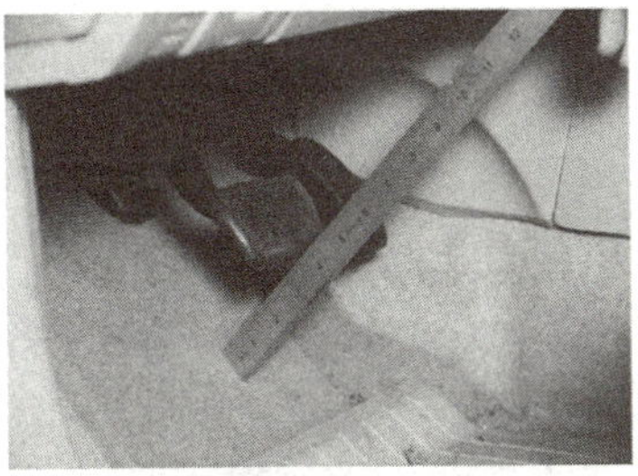

图 7-2-12　制动踏板高度的检查

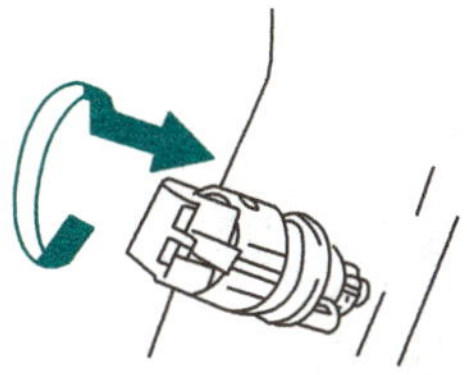

图 7-2-13　拆下制动灯开关总成

③松开推杆 U 形夹锁紧螺母。

④转动推杆以调整制动踏板高度。

⑤拧紧推杆 U 形夹锁紧螺母。

⑥将制动灯开关插入调节器固定架,直到开关壳体接触到制动踏板。

⑦调整制动灯开关。

⑧连接制动灯开关连接器。

2.制动踏板自由行程的检查

使用钢直尺测量制动踏板的自由行程。测量时,将钢直尺保持与地板垂直,踏板处于自然状态,确认此时的踏板高度值后,用手稍微用力下压踏板,当感觉到阻力增大时,停止下压,观察踏板上平面在钢直尺上显示的数值,计算得出两个数据的差值,即为制动踏板的自由行程,如图 7-2-14 所示。

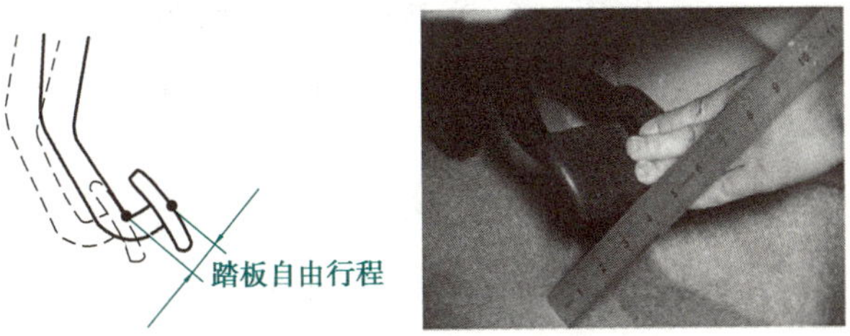

图 7-2-14　制动踏板自由行程的检查

3.制动踏板行程余量的检查

将发动机运转和驻车制动器松开,钢直尺垂直地板,然后使用 290 N 的力踩下制动踏板。此时观察钢直尺所显示的制动踏板的高度，此值即为制动踏板行程余量，如图 7-2-15 所示。

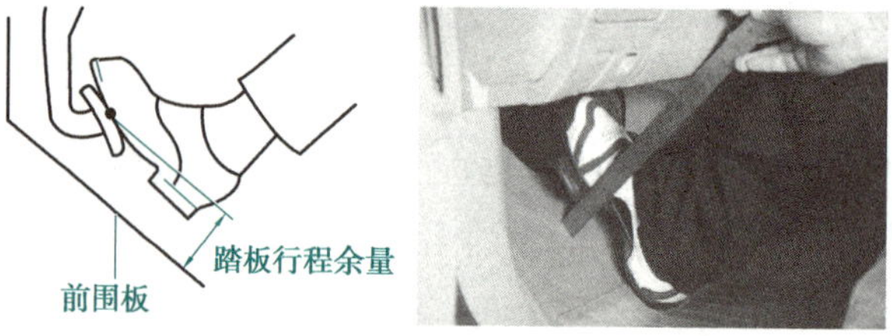

图 7-2-15　制动踏板行程余量的检查

如果制动系统泄漏可重点检查：

（1）制动主缸、储油罐，如图 7-2-16 所示。主要检查主缸前端、油管接口是否漏油，储油罐有无裂纹等。

（2）制动管路的检查，如图 7-2-17 所示。

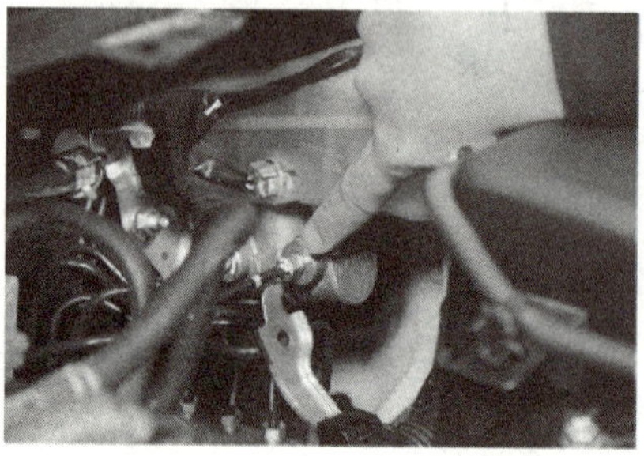

图 7-2-16　制动主缸、储油罐的检查

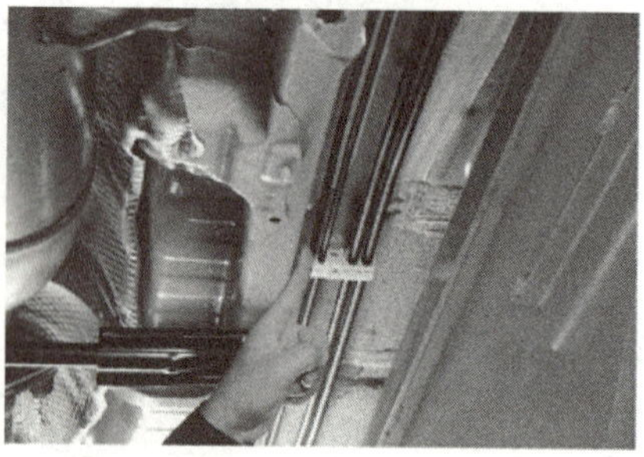

图 7-2-17　制动管路的检查

（3）制动轮缸及油管接头处和前后轮制动轮缸的检查，如图 7-2-18 所示。

图 7-2-18　制动轮缸及油管接头的检查

【任务评价】

（1）请完成制动踏板位置的检查与调整评价项目，填写表 7-2-2。

表 7-2-2　评价表

评价内容	记录要点
本次任务中，你主要完成了哪些操作？	
本次任务中，你掌握了哪些知识点？	
在学习过程中，你做了哪些安全措施？请举例。	
在学习过程中团队合作和 6S 管理践行情况如何？	
你在本次任务学习中还存在哪些问题？	

(2)请根据你实训的实际情况完成以下内容的填写。

①检查制动踏板高度时是否释放制动助力器中残余真空度：________________。

②制动踏板高度的检查记录数据为：________________。

③制动踏板自由行程的检查记录数据为：________________。

④制动踏板行程余量的检查记录数据为：________________。

/任务三/　驻车制动器的检查与调整

【学习目标】

通过本任务的学习，应达到以下学习目标：

- 能叙述驻车制动系统的作用及类型；
- 能叙述驻车制动系统的组成及工作原理；
- 能描述驻车制动器的检查与调整的检修方法；
- 能规范地对驻车制动器进行检查；
- 能规范地对驻车制动器进行调整；
- 能对驻车制动器的检查与调整修复后进行质量检验。
- 树立安全意识、节约意识、环保意识和客户至上的意识。
- 养成职业规范和精益求精的工作作风。

【任务引入】

一辆轿车，拉起驻车手动拉杆时特别费力，而且驻车效果不理想。车主需要你对该车的驻车制动器进行检查与调整。

【任务准备】

一、驻车制动系统的作用及类型

1.驻车制动系统的作用

驻车制动系统的作用：车辆停驶后防止滑溜；使车辆在坡道上能顺利起步；行车制动系统失效后临时使用或配合行车制动器进行紧急制动。驻车制动系统是除汽车行车制动系统之外的第二套制动系统，若驻车制动系统工作性能下降，会影响驻车的可靠性。

2.驻车制动系统的类型

按驻车制动器在汽车上安装位置的不同，驻车制动系统分中央制动器和车轮制动器两种。

- 中央制动器：通常安装在变速器后面，其制动力矩作用在传动轴上，如图 7-3-1 所示。
- 车轮制动器：和行车制动装置共用制动器（通常为后轮制动器），又称为复合制动器，只是传动装置互相独立，如图 7-3-2 所示。驻车制动装置一般采用机械传动装置，通过钢索或杠杆来驱动。

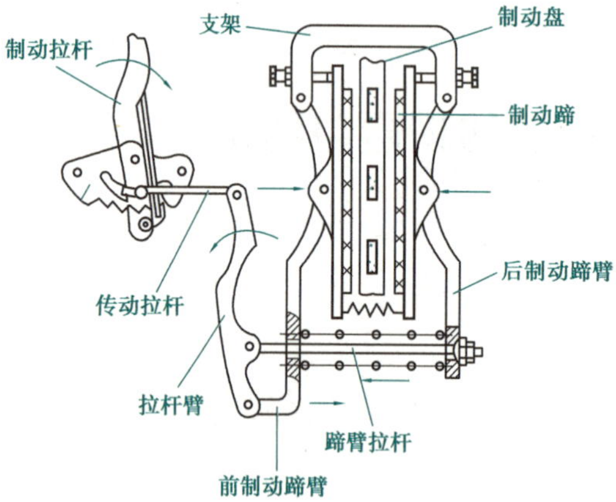

图 7-3-1　中央制动器的结构

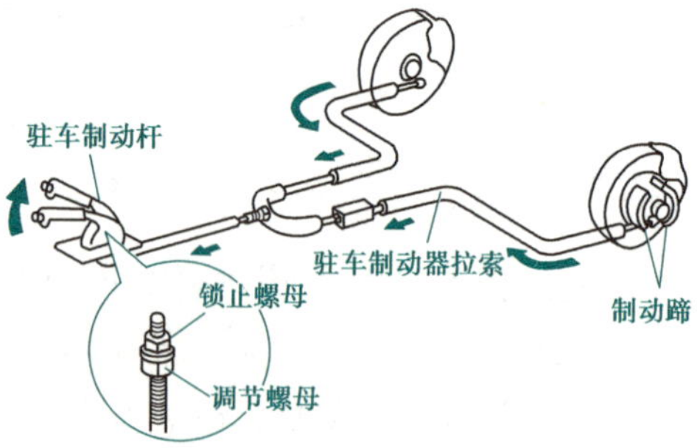

图 7-3-2　后轮制动器的结构

二、驻车制动系统的组成及工作原理

1.驻车制动系统的组成

驻车制动系统主要由驻车制动杆、制动拉索及后轮制动器中的驻车制动器等组成，如图 7-3-3 所示。驻车制动器通常作用于后轮，主要用于在坡路或平路上停车或在紧迫情况下紧急停车。

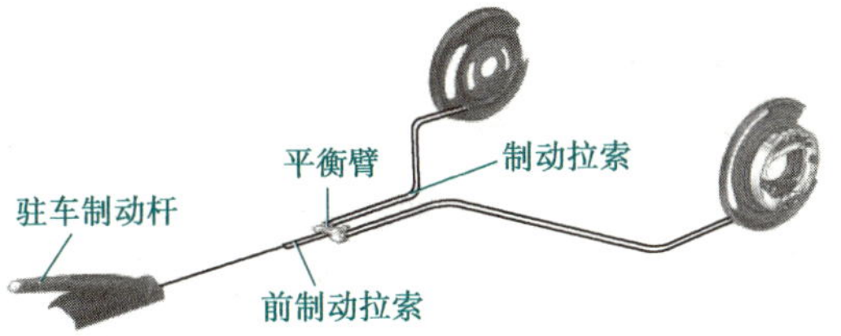

图 7-3-3　驻车制动系统的组成

2.驻车制动器的工作原理

如图 7-3-4 所示，驻车制动时，拉起驻车制动杆，驻车制动杆力通过操作机构使驻车制动拉索收紧，拉索则拉动驻车制动杠杆的下端，使之绕上端支点顺时针转动，制动杆转动过程中，其中间支点推动驻车制动推杆左移，使前制动蹄压向制动鼓。前制动蹄压向制动鼓后，制动推杆停止运动，则驻车制动杠杆的中间支点变成其继续移动的新支点，于是驻车制动杠杆的上端右移，使后制动蹄压靠在制动鼓上，产生制动作用。此时，驻车制动杆上的棘爪嵌入齿扇上的棘齿内，起锁止作用。

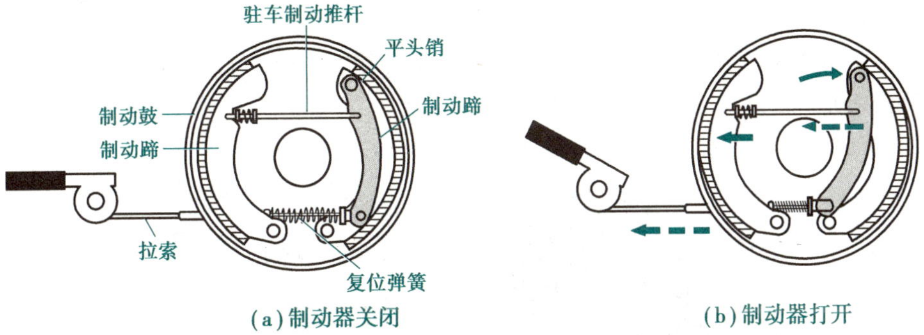

图 7-3-4　驻车制动器的工作原理

解除驻车制动时，按下驻车制动杆上的按钮，使棘爪脱离棘齿，将驻车制动杆退回到释放制动位置，松开驻车制动拉索，则制动蹄在复位弹簧的作用下复位。

【任务实施】

一、作业前准备工量具和设备

(1)工量具：10 号套筒、拉杆及棘轮扳手、扭力扳手等。

(2)设备：丰田卡罗拉轿车或其他轿车。

(3)维修手册、评分表等。

二、作业前的准备工作

(1)现场安全确认：车辆、举升机、工位。

(2)车辆防护：三件套、翼子板布、前格栅布、车轮挡块、干净抹布等。

三、完成车辆基本信息表的填写

请完成车辆基本信息表，见表 7-3-1。

表 7-3-1　车辆基本信息表

项　目	具体信息
车牌号码	
行驶里程	
发动机型号及排量	
车辆识别代码(VIN)	

四、驻车制动器的检查与调整

请查阅维修手册，根据以下步骤进行作业。

1.驻车制动器的检查

(1)进入驾驶室，按下驻车制动器操纵杆前端的按钮，放松驻车制动器。

(2)踩制动踏板 2~3 次，然后彻底放松制动踏板。

(3)用手转动各个车轮，检查车轮转动情况，如图 7-3-5 所示。

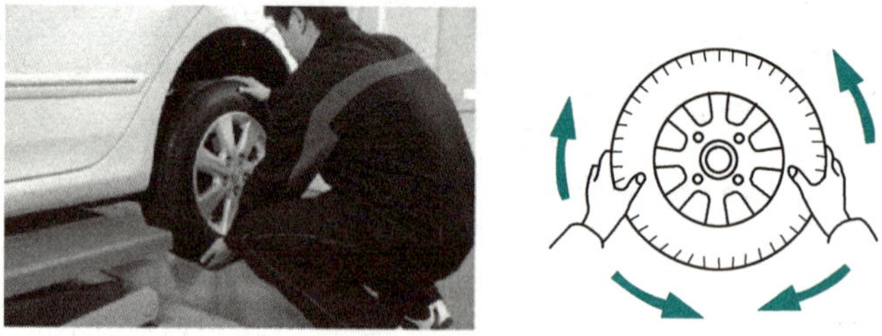

图 7-3-5　检查车轮转动情况

(4)拉紧驻车制动器的操作杆，检查棘爪的锁定性能，如图 7-3-6 所示。

(5)按下驻车制动器操纵杆前端按钮，检查制动器解除锁定性能，如图 7-3-7 所示。

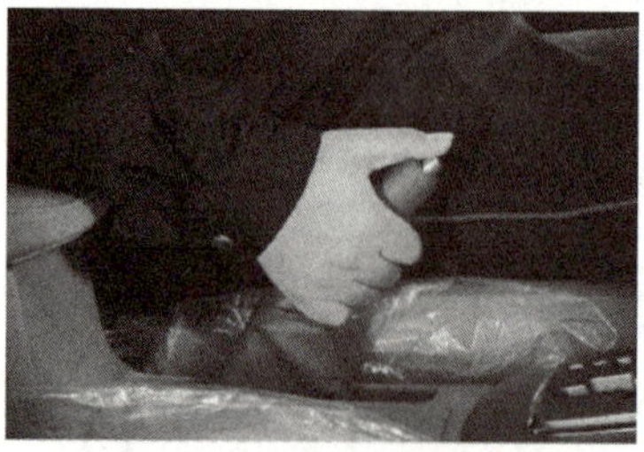

图 7-3-6　检查棘爪的锁定性能

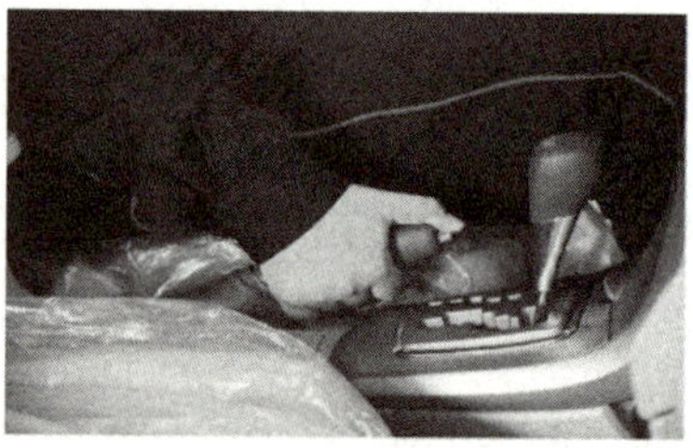

图 7-3-7　检查制动器解除锁定性能

(6)转动两后轮，检查车轮转动情况。

(7)缓慢向上拉紧驻车制动器的操作杆，并计算“咔嗒”声响次数。

2.驻车制动器的调整

（1）拉动驻车制动器操纵杆，当听到棘轮“咔咔”两响后，使操纵杆锁止于该位置。

（2）拆卸驻车制动器操纵杆上的装饰板，找到驻车制动器调整螺母并进行调整。

①拆卸左、右下装饰板。

②拆卸换挡杆装饰板。

③拆卸地板控制台面板总成。

④找到驻车制动器拉线上的调整螺母，如图 7-3-8 所示。

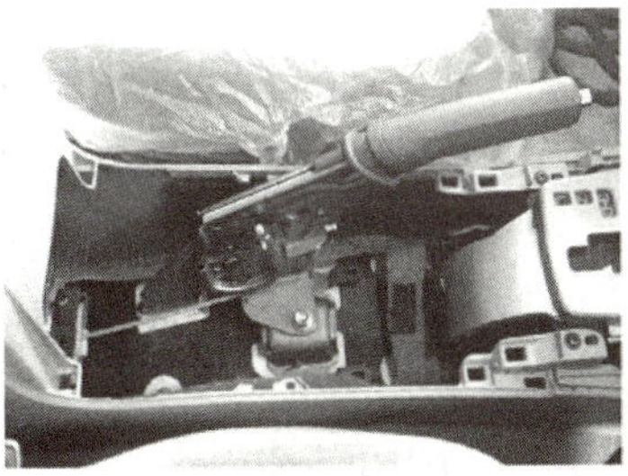

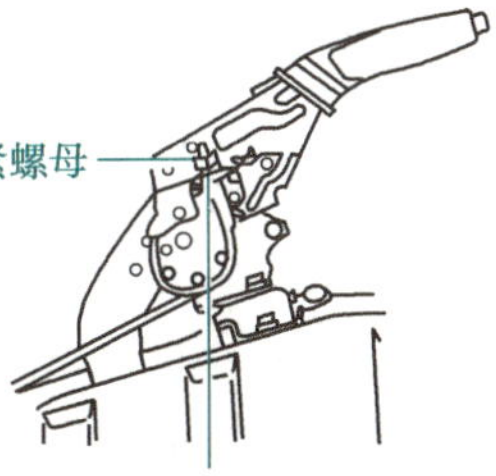

图 7-3-8　驻车制动器拉线上的调整螺母

⑤使用两把扳手将驻车制动拉线的锁紧螺母松开。

⑥两人相互配合，调整驻车制动器。具体方法：一人转动后轮，另一人调整驻车制动器拉线上的调整螺母，当达到车轮不能转动时，即停止旋入调整螺母；然后将驻车制动拉线的锁紧螺母锁紧，如图 7-3-9 所示。

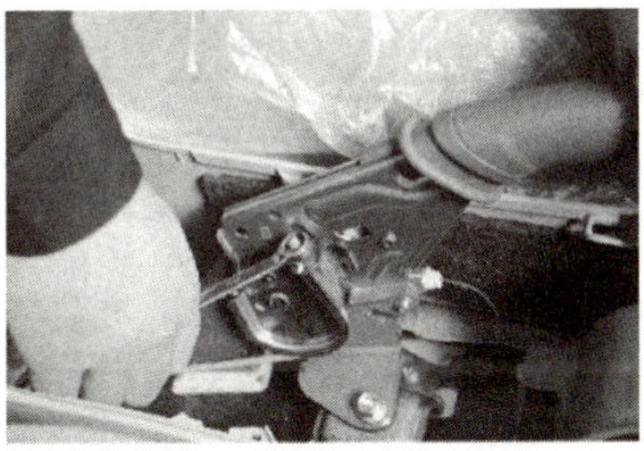

图 7-3-9　调整螺母

（3）彻底放松驻车制动器操纵杆。

（4）转动两后轮，检查后轮转动阻力。

（5）用 200 N 的力拉驻车制动器手柄，拉到底手柄应有 6~9 个槽口行程。

（6）恢复驻车制动器操纵杆的装饰板。

【任务评价】

（1）请完成驻车制动器的检查与调整评价项目，填写表 7-3-2。

表 7-3-2　评价表

评价内容	记录要点
本次任务中，你主要完成了哪些操作？	
本次任务中，你掌握了哪些知识点？	

续表

评价内容	记录要点
在学习过程中，你做了哪些安全措施？请举例。	
在学习过程中团队合作和6S管理践行情况如何？	
你在本次任务学习中还存在哪些问题？	

（2）请根据你实训的实际情况完成以下内容的填写。

①用手转动各个车轮，车轮转动情况：________________________________。

②某个车轮转动阻力过大，表明车轮制动器的复位性能是否正常：________________。

③按下驻车制动器操纵杆前端按钮，检查制动器解除锁定性能，操纵杆能快速复位，表面：____。

④调整驻车制动器时两人如何配合：________________________________。

任务四 ABS警告灯点亮的检修

【学习目标】

通过本任务的学习，应达到以下学习目标：

- 能叙述防抱死制动系统的作用；
- 能叙述ABS的组成及工作原理；
- 能叙述ABS传感器和制动压力调节器的类型及工作原理；
- 能规范地读取和清除制动防抱死系统故障码；
- 能规范地对轮速传感器、制动压力调节器等主要部件进行检查；
- 能对ABS警告灯点亮修复后进行质量检验。
- 树立安全意识、节约意识、环保意识和客户至上的意识。
- 养成职业规范和精益求精的工作作风。

【任务引入】

一辆一汽大众捷达轿车，在汽车行驶中发现ABS警告灯一直点亮。车主需要你对制动防抱死系统进行检查，排除系统存在的故障。

【任务准备】

一、制动防抱死系统的作用和影响制动力大小的因素

1.制动防抱死系统的作用

制动防抱死系统(Anti-Lock Brake System,ABS),它是一个制动控制装置,采用计算机自动控制制动压力的大小,防止车轮因紧急制动而抱死。ABS 的作用如下:

①缩短制动距离。

②使车辆操控性提高。

③延长轮胎使用寿命。

④降低驾驶人劳动强度。

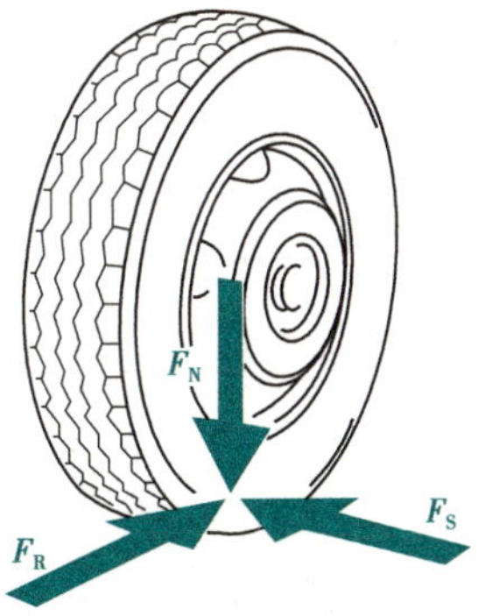

图 7-4-1　制动时轮胎受力图

F_N—轴重力;F_R—制动力;F_S—侧向力

2.影响制动力大小的因素

汽车制动时,轮胎与路面接触处受到的各种力,如图 7-4-1所示。其中,影响制动力大小的主要因素有汽车速度、踏板制动力大小、轴质量、路面情况、轮胎表面情况、轮胎气压、轮胎断面宽度等。在干燥路面上,汽车最大制动力比湿路面上的要大,因为干路面上的附着系数比湿路面上的要大。因此,当路面的附着系数较高时,制动时获得的最大制动力就越大。

二、ABS 的组成和分类基本原理及控制回路的形式

1.ABS 的组成和分类

ABS 是在传统制动系统的基础上增加的一套防止车轮制动时抱死的控制系统。ABS 主要有传感器、ABS 执行机构、ABS 电控单元和 ABS 警告灯等,如图 7-4-2 所示。

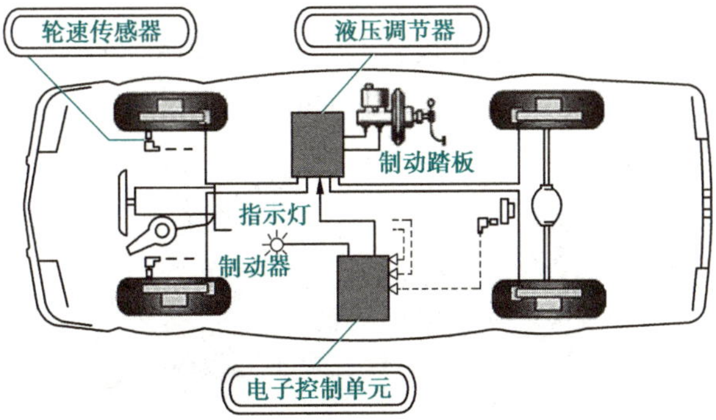

图 7-4-2　ABS 的组成

2.ABS 的基本原理

汽车制动时,车轮转速传感器将各车轮的转速信号输入电子控制单元(ECU),ECU 根据每个车轮轮速传感器输入的信号对车轮的运动状态进行监测和判定,利用制动压力调节

系统对制动管路油压高速进行“增压—保压—减压”的循环调节过程，使车轮的滑移率始终维持在15%～20%，防止制动车轮抱死，如图7-4-3所示。

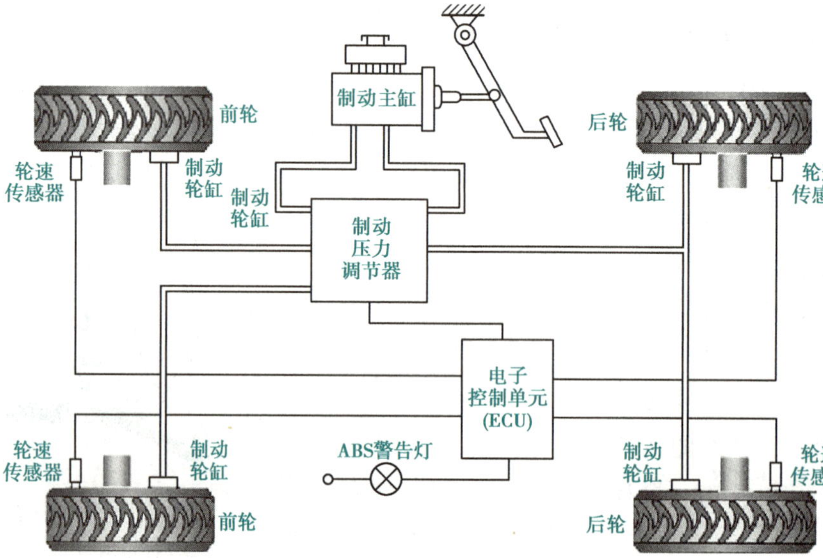

图 7-4-3　ABS 的基本原理

3.ABS 系统控制回路的形式

按控制形式分，有独立控制和一同控制两种形式。一同控制又可分为按高选原则一同控制和按低选原则一同控制。

按控制通道数目分，有四通道、三通道、二通道和单通道4种形式，而布置形式却多种多样。

三、ABS 系统的传感器种类及工作原理

1.轮速传感器

轮速传感器的功用是检测车轮的速度，并将速度信号输入ECU，其安装位置如图7-4-4所示。目前，用于ABS系统的轮速传感器主要有电磁式和霍尔式两种。

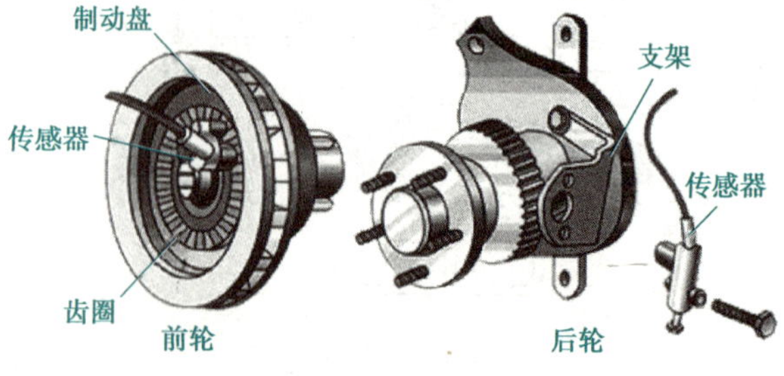

图 7-4-4　轮速传感器的安装位置

● 电磁式轮速传感器：一种通过磁通量的变化产生感应电压的装置，主要由传感头和齿圈两部分组成。齿圈一般安装在轮毂或轴座上，对于后驱动车辆，也可安装在差速器或传动

轴上。齿圈随轮毂或传动轴一起转动，传感头通过固定在车身上的支架安装在齿圈附近。

电磁式轮速传感器的类型根据极轴的结构形式分为凿式和柱式两种，如图 7-4-5 所示。

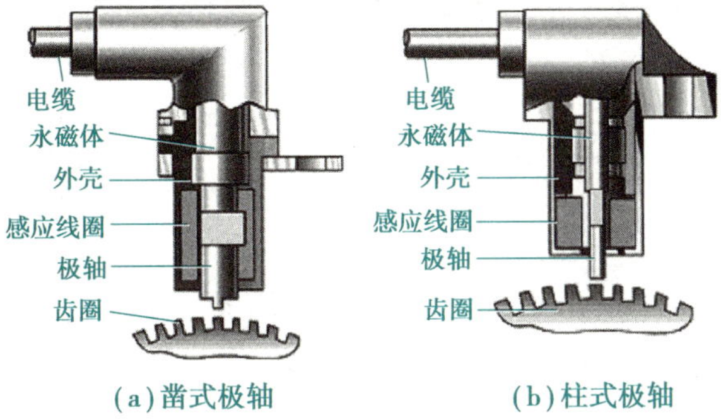

图 7-4-5　电磁式轮速传感器

● 霍尔式轮速传感器：由传感头和齿圈组成。传感头由永磁体、霍尔元件和电子电路等组成，如图 7-4-6 所示。

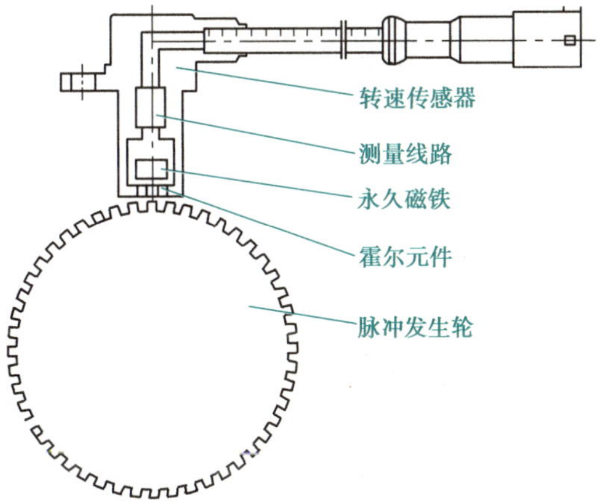

图 7-4-6　霍尔式轮速传感器

霍尔式轮速传感器的工作原理，如图 7-4-7 所示。永磁体的磁力线穿过霍尔元件通向齿轮，当齿顶对正霍尔元件时，通过霍尔元件的磁力线最密，磁场强度较强；当齿隙对正霍尔元件时，磁力线较疏，磁场强度较小。齿轮转动时，使得穿过霍尔元件的磁力线密度发生变化，因而引起霍尔电压的变化，霍尔元件将输出一个毫伏级的准正弦波电压。

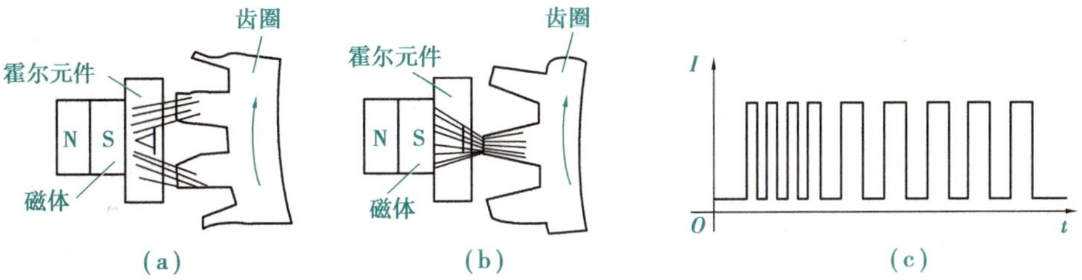

图 7-4-7　霍尔式轮速传感器的工作原理

2.加速度传感器(G传感器)

有些新设计的ABS系统采用了加速度传感器,可以对由车轮转速计算出来的车速进行补偿,使制动时滑移率的计算更加精确,现在只用于四轮驱动汽车。加速度传感器有水银型、摆型和应变仪型3种,如图7-4-8所示。

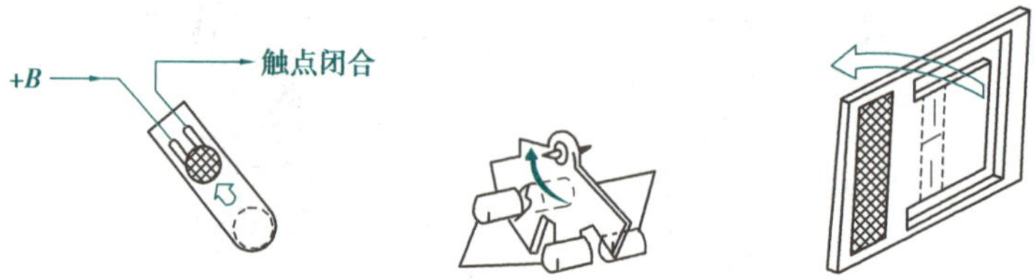

(a)水银型　(b)摆型　(c)应变仪型

图7-4-8　加速度传感器类型

四、制动压力调节器的结构类型及工作过程

1.制动压力调节器的结构类型

制动压力调节器俗称ABS泵。它根据控制单元(ECU)发出的控制信号自动调节制动轮缸的制动压力。制动压力调节器中一般有多个电磁阀和1~2个回油泵。

制动压力调节器按照结构的不同,可分为分置式(下左)和整体式(下右)两种,如图7-4-9所示。制动压力调节器装在制动主缸和制动轮缸之间,主要包括泵电机总成、蓄压器、压力开关和电磁阀等相关部件。

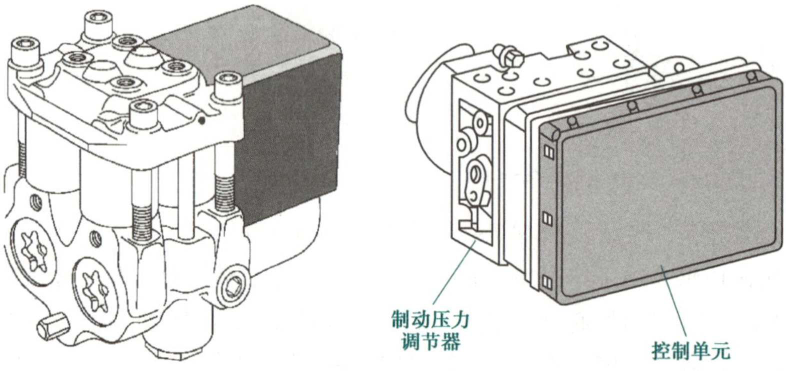

图7-4-9　制动压力调节器

制动压力调节器按照调节方式的不同,可分为循环式制动压力调节器和可变容积式制动压力调节器两种。循环式制动压力调节器是通过电磁阀直接控制轮缸的制动压力;可变容积式制动压力调节器是通过电磁阀间接改变轮缸的制动压力。

2.制动压力调节器的工作过程

1)循环式ABS系统的工作过程

循环式ABS系统通过压力调节器的工作,分别实现升压状态、保压状态和减压状态。

（1）三位三通电磁阀式压力调节器

升压控制过程：当驾驶人踩下制动踏板，制动主缸的压力升高，或者当 ABS 的 ECU 根据轮速传感器传来的信号判断车轮滑移率太低，ECU 控制制动压力调节器中的电磁阀不通电，此时电磁阀处于如图 7-4-10 所示位置，来自制动主缸的制动液直接进入制动轮缸，制动轮缸压力随主缸压力增加而增加。这时压力调节器的回油泵不工作。

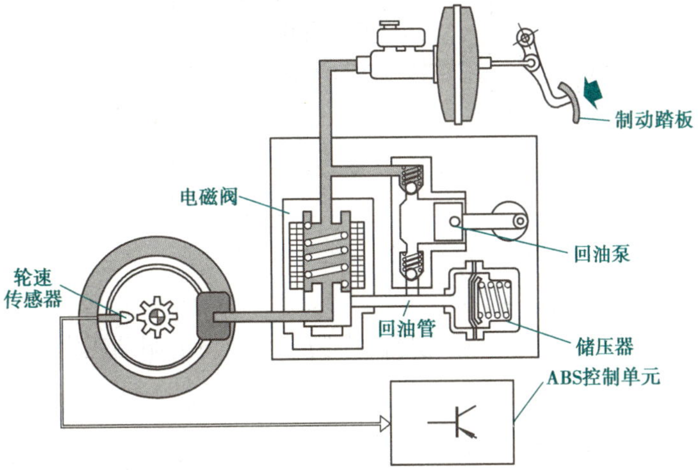

图 7-4-10　升压控制过程

保压控制过程：当驾驶人继续踩住制动踏板，制动主缸的压力继续升高，此时 ABS 的 ECU 根据轮速传感器传来的信号判断车轮有抱死的趋势，开始控制制动压力调节器中的电磁阀通小电流，此时电磁阀处于如图 7-4-11 所示位置，来自制动主缸的制动液不进入轮缸，轮缸压力不变。这时压力调节器的回油泵不工作。

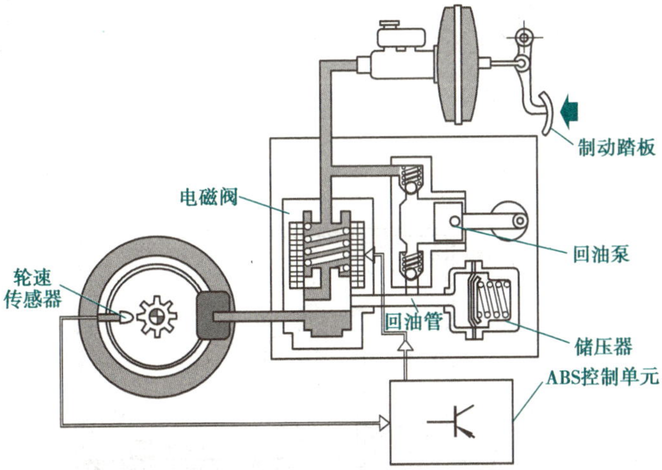

图 7-4-11　保压控制过程

减压控制过程：当 ABS 的 ECU 根据轮速传感器传来的信号判断车轮仍然有抱死的趋势时，开始控制制动压力调节器中的电磁阀通大电流，此时电磁阀处于如图 7-4-12 所示位置，来自轮缸的制动液由回油泵送回主缸，轮缸压力减小。这时制动压力调节器的回油泵工作。

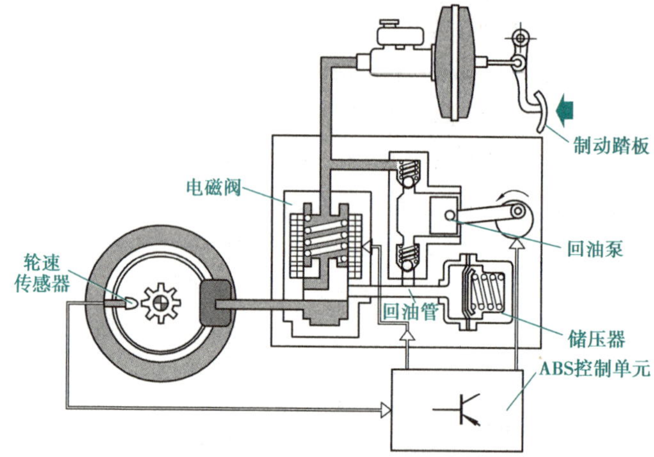

图 7-4-12 减压控制过程

(2)双电磁阀压力调节器

该调节器的调节原理与三位三通电磁阀控制一个通道的制动压力基本一致,具体过程如图 7-4-13 所示。

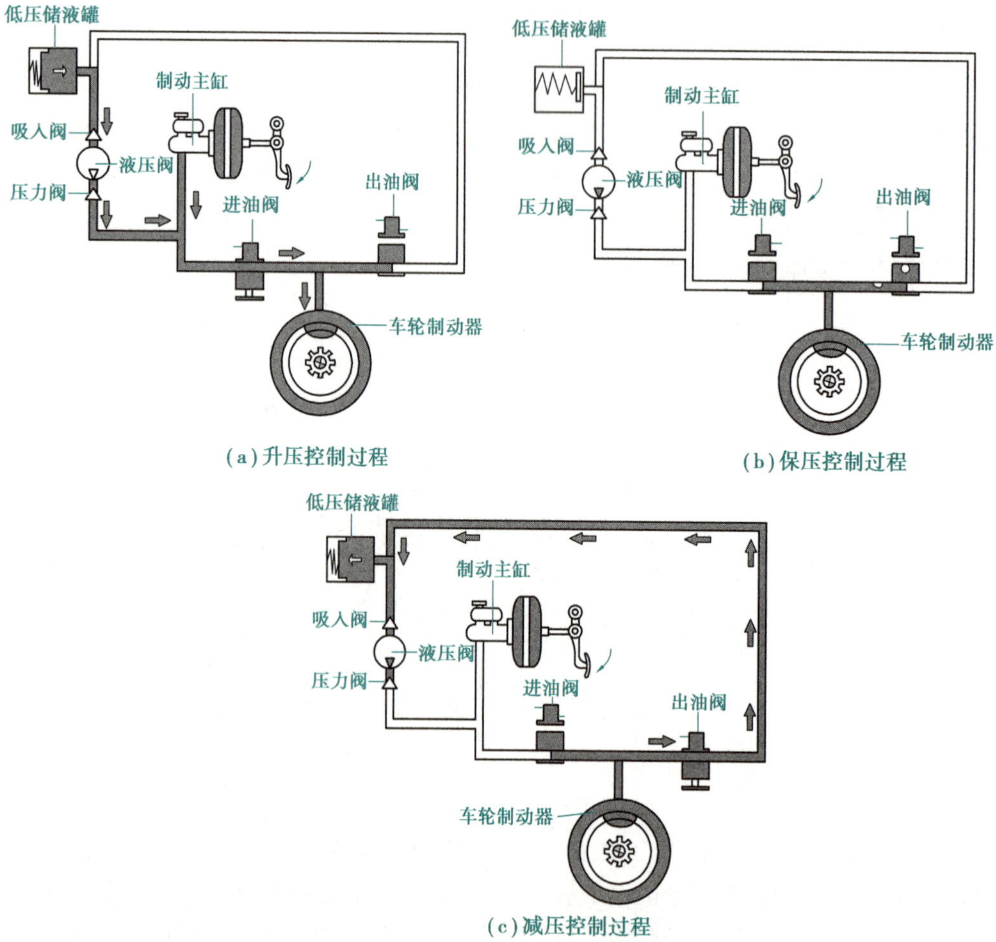

图 7-4-13 双电磁阀压力调节器的工作原理

2)可变容积式 ABS 系统的工作过程

可变容积式 ABS 系统是在汽车原有的制动管路上增加的一套液压装置,用它控制制动管路容积的增减,从而控制制动压力的变化,特征是有一个动力活塞,主要由电磁阀、控制活塞、液压泵和储能器等组成。其工作过程如图 7-4-14 所示。

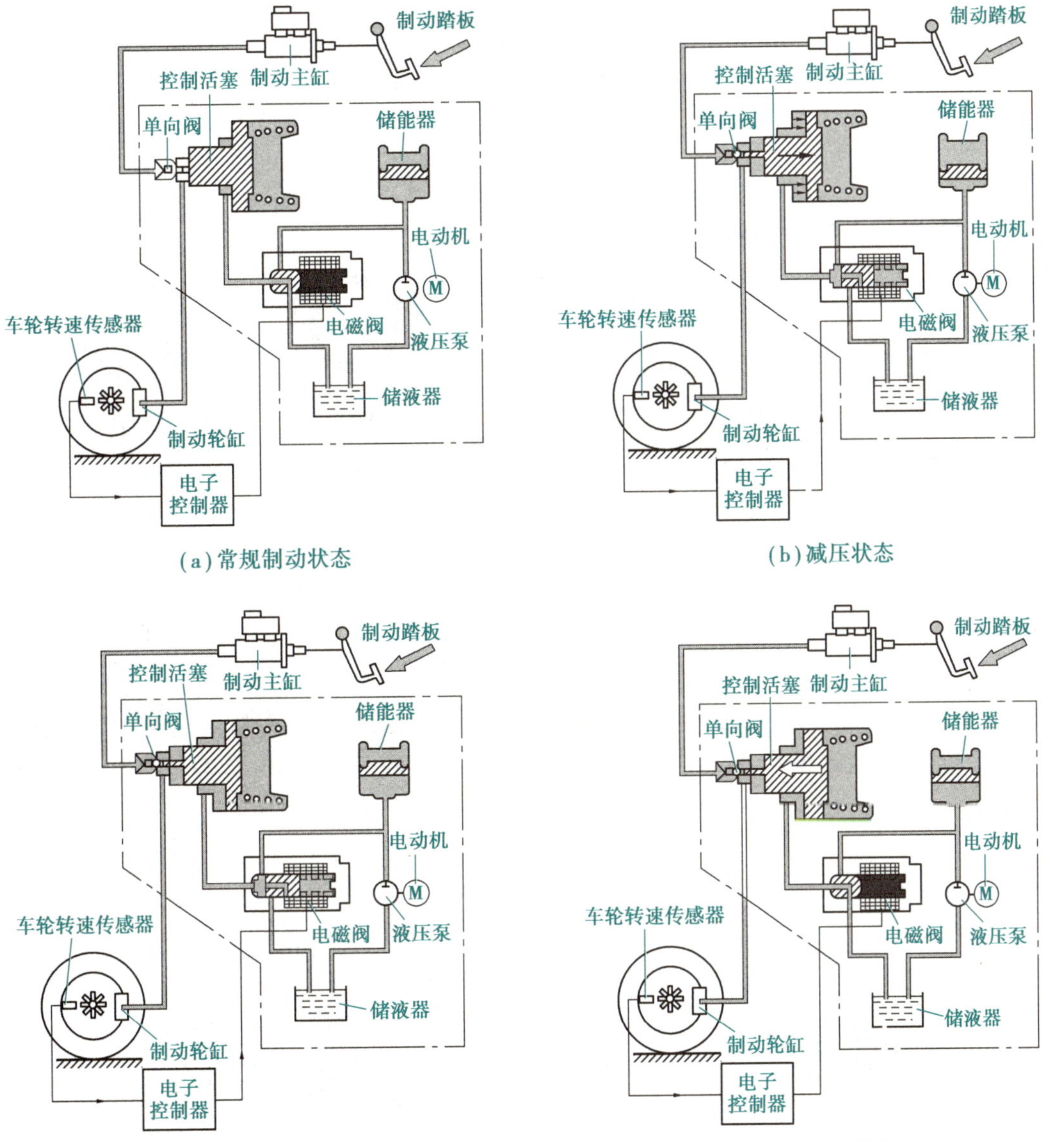

(a)常规制动状态　(b)减压状态

(c)保压状态　(d)增压状态

图 7-4-14　可变容积式 ABS 系统的工作过程

五、ABS 控制单元的作用、ABS 警告灯和驻车制动警告灯的作用及诊断接口的作用

1.ABS 控制单元(ECU)的作用

如图 7-4-15 所示,ABS 控制单元根据来自轮速传感器的信号,确定车轮与路面之间的滑

移率并加以控制。此外，它还监控整个 ABS 系统工作情况，如果有故障，将 ABS 系统关闭，并存储相应的故障码。当代的 ABS 系统都是将控制单元和制动压力调节器做成一体。

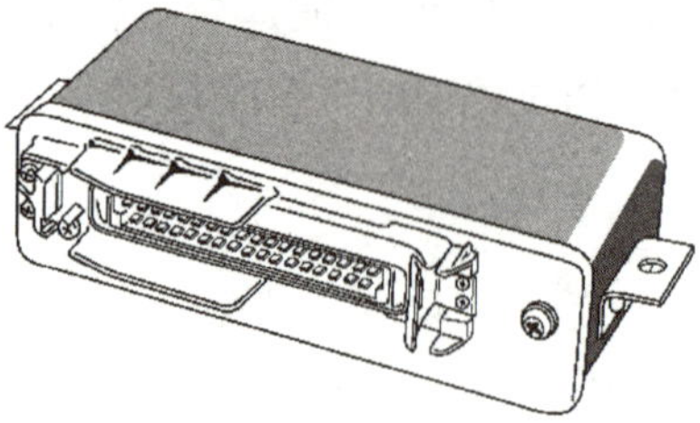

图 7-4-15 ABS 控制单元

2.ABS 警告灯和驻车制动警告灯的作用

图 7-4-16 为 ABS 警告灯和驻车制动警告灯标志。

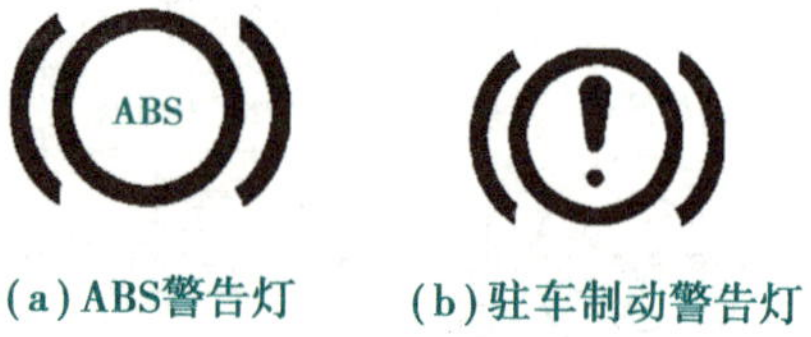

图 7-4-16 ABS 警告灯和驻车制动警告灯标志

1)防抱死制动系统警告灯的作用

当控制单元检测到 ABS 系统中有故障时，该灯处于长亮状态，提醒驾驶人注意。

2)驻车制动警告灯的作用

驻车制动警告灯除了驻车制动显示和制动液液面过低等常规制动系统提示作用之外，在某些车型或带有 EBD 系统的车辆上，该灯也用作 ABS(或 EBD)系统警告灯，用于提醒驾驶人 ABS 系统和 EBD 系统中有故障。

3.ABS 诊断接口的作用

如图 7-4-17(a)所示，诊断接口用于连接汽车诊断仪器，使诊断仪器直接与 ABS 控制单元(ECU)接通。或者维修人员通过短接诊断接口的一些端子，将 ABS 警告灯激活至闪烁模式，如图 7-4-17(b)所示，进行人工读取 ABS 系统故障码或对传感器功能进行检查。

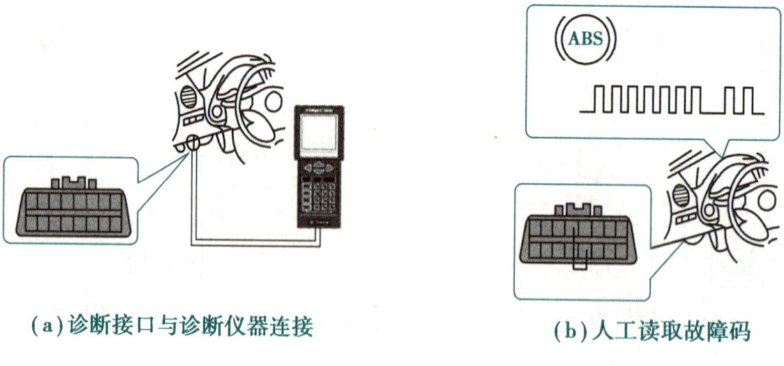

图 7-4-17 ABS 诊断接口

【任务实施】

一、作业前准备工量具和设备

(1)工量具:常用工具、量具、检测仪器等。

(2)设备:一汽大众捷达轿车(采用的美国 ITT 公司制造的 MK20-I 型防抱死制动系统)或其他轿车。

(3)维修手册、评分表等。

二、作业前的准备工作

(1)现场安全确认:车辆、举升机、工位。

(2)车辆防护:三件套、翼子板布、前格栅布、车轮挡块、干净抹布等。

三、完成车辆基本信息表的填写

请完成车辆基本信息表,见表 7-4-1。

表 7-4-1　车辆基本信息表

项　目	具体信息
车牌号码	
行驶里程	
发动机型号及排量	
车辆识别代码(VIN)	

四、ABS 警告灯点亮的检修

请查阅维修手册,根据以下步骤进行作业。

1.ABS 故障基本检查

基本检查是在 ABS 出现明显故障而不能正常工作时采取的检查方法。ABS 灯常亮,系统不能工作的检查方法如下:

(1)检查驻车制动器是否完全释放。

(2)检查制动液面是否在规定范围内。

(3)检查所有继电器、熔断丝是否完好,插接是否牢固。

(4)检查电子控制装置导线插头、插座是否连接良好,有无损坏,搭铁是否良好。

(5)检查下列各部件导线插头、插座和导线的连接是否良好,电动液压泵,液压单元,4 个车轮转速传感器,制动液面指示灯开关。

(6)检查传感器头与齿圈间隙是否符合规定,传感头有无脏污。

(7)检查蓄电池电压是否在规定范围内。

(8)检查轮胎花纹高度是否符合要求。

2.故障码的读取与清除

(1)读取故障码可用专用仪器进行检查,也可用人工跨接法进行检测,如图 7-4-18 所示。

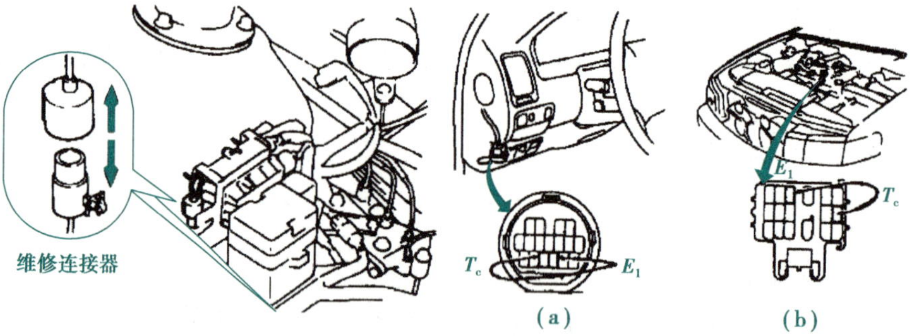

图 7-4-18　人工跨接法读取故障码(丰田车系)

(2)将读取的故障码做好记录。

(3)清除故障码,再次读取故障码。

(4)记录两次读取的故障码。

如果故障码能够被清除,说明该故障属于偶发故障,或者是第一次维修时,维修技师在排除完故障后没有将故障码清除。如果第二次也读到了同样的故障码,那么可以确定该故障为永久故障,且该故障没有被排除,故障码无法清除。

(5)根据读取的故障码,查 ABS 故障码表,见表 7-4-2,确定故障范围。

表 7-4-2　ABS 故障码表

故障码	故障描述	可能原因
65535	电子控制单元	损坏
01276	ABS 回油泵	电动机不工作
01044	ABS 编码错误	
00668	供电端子 30	
01130	ABS 工作异常	信号不合理
00283	左前轮速传感器	电器及机械故障
00285	右前轮速传感器	
00290	左后轮速传感器	
00287	右后轮速传感器	

注:若 ABS 工作不正常,又没有故障码,则此种故障不易被诊断到。在排查 ABS 故障之前,首先要确保普通制动系统无故障,具体方法可参考相关车型的维修手册。

3.ABS 的泄压

通过 ABS 的检查，诊断出故障后，就可进行故障排除和修理。由于蓄压器中有很高的压力，因此只要修理到防抱死制动系统中的液压部件就必须对系统泄压，以免高压油喷出伤人。

一般 ABS 泄压的方法：将点火开关关闭（OFF 位置），然后反复踩制动踏板，踩踏的次数至少在 20 次以上，当踏板力明显增加，即感觉不到踩踏板的液压助力时，ABS 即泄压完毕。有的 ABS 在泄压过程中需要踩踏的次数较多，甚至需要踩踏 40 次以上。

通常修理以下部件时需要泄压：液压控制单元中的任何装置、蓄压器、电动泵、电磁阀体、制动液油箱、压力警告和控制开关、后轮分配比例阀、后轮制动轮缸、前轮制动轮缸及高压制动液管路等。

4.轮速传感器检测

（1）直观检查。

（2）检查轮速传感器的数据流与电阻。

（3）用示波器检测轮速传感器信号波形。车轮转速和轮速传感器信号波形之间的关系，如图 7-4-19 所示。

（4）检查各轮速传感器和 ABS 电控单元之间的线路。

（5）检查轮速传感器端部。

（6）检查轮速传感器齿圈。

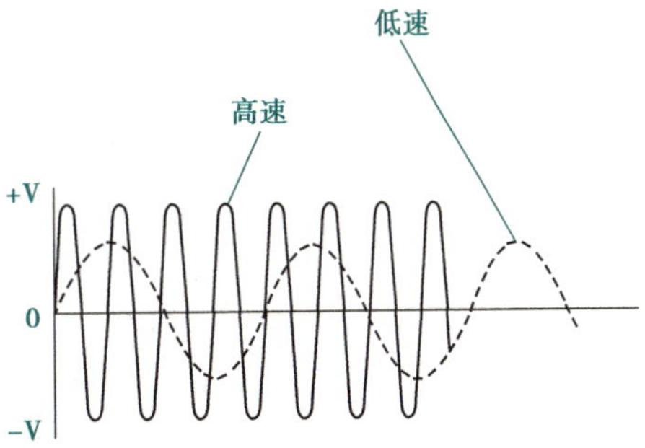

图 7-4-19　轮速传感器信号波形图

5.检查制动压力调节器、ABS 控制单元及其电路

（1）检查 ABS 控制单元线束插头安装是否正确，外观是否完好，插头是否连接良好。拔出插接器观察是否有锈蚀和松动。

（2）检查 ABS 熔断丝是否正常。

（3）检查蓄电池电压是否正常。

（4）检查 ABS 控制单元的电源与接地是否正常。

6.用专用诊断仪检查制动压力调节器的工作情况

（1）在操作专用诊断仪进入 ABS 电控系统后，在功能选择处输入通道号（03）之后，就可进入测试。

（2）根据表 7-4-3 所列的操作步骤进行检查。

表 7-4-3　ECU 自诊断数据记录表

步　骤	操作者动作	诊断仪器屏幕显示	备　注
1	踩住制动踏板不放	回油泵有没有工作	
2		踩下制动踏板	
3		常开阀:0 V 常闭阀:0 V 车轮抱死	
4		常开阀:通电 常闭阀:0 V 车轮抱死	
5		常开阀:通电 常闭阀:通电、车轮可自由转动	踏板回弹,可听见泵运转声音
6		常开阀:通电 常闭阀:0 V、车轮可自由转动	踏板自动微微下沉
7		松开制动踏板	
8	松开制动踏板		

7.更换有故障的 ABS 元件

(1)根据检查结果,作出正确的维修意见。

(2)参见维修手册,更换或修理有故障的元件,简要写出维修步骤及注意事项。

(3)清除故障码。

(4)路试检查 ABS 工作是否正常,ABS 警告灯是否异常(自检、低速、高速 3 种工况)。

(5)再次读取故障码。

【任务评价】

(1)请完成 ABS 警告灯点亮的检修评价项目,填写表 7-4-4。

表 7-4-4　评价表

评价内容	记录要点
本次任务中,你主要完成了哪些操作?	
本次任务中,你掌握了哪些知识点?	

续表

评价内容	记录要点
在学习过程中,你做了哪些安全措施?请举例。	
在学习过程中团队合作和6S管理践行情况如何?	
你在本次任务学习中还存在哪些问题?	

(2)请根据你实训的实际情况完成以下内容的填写。

①ABS出现明显故障时先检查驻车制动器是否完全释放:________________。

②读取故障码是用专用仪器还是人工跨接法:________________。

③将读取的故障码做好记录:________________。

④检查轮速传感器数据流情况:________________。

参考文献

[1] 陈建宏,许炳照.汽车底盘机械系统检修[M].2 版.北京:人民交通出版社,2011.

[2] 黄妹,付建伟.汽车修理工中级理论知识强化训练及模拟题集(修订版)[M].广东:广东科技出版社,2016.

[3] 樊永强,罗雷鸣.汽车传动系统维修[M].北京:人民交通出版社,2012.

[4] 丛树林,张彬.汽车底盘构造与维修[M].北京:人民交通出版社,2011.

[5] 梁家生,谭鹏程.汽车底盘构造与维修理实一体化教材[M].北京:人民交通出版社,2012.

[6] 戴良鸿.汽车变速器与驱动桥检修[M].北京:人民交通出版社,2013.

[7] 黄关山,孔国彦,苏小举. 汽车悬架及转向系统维修[M].北京:人民交通出版社,2011.

[8] 樊海林.汽车转向、悬架与制动系统检修[M].北京:人民交通出版社,2013.

[9] 谢伟钢,邱今胜,朱军.汽车制动系统维修[M].北京:人民交通出版社,2011.